무조건
따라하면
유창해지는

일상생활
유창한 일본어 회화
420

무조건 따라하면 유창해지는

일상생활 유창한 일본어회화 420

저 자 이원준
발행인 고본화
발 행 탑메이드북
교재 제작 · 공급처 반석출판사
2023년 3월 15일 초판 3쇄 인쇄
2023년 3월 20일 초판 3쇄 발행
홈페이지 www.bansok.co.kr
이메일 bansok@bansok.co.kr
블로그 blog.naver.com/bansokbooks

07547 서울시 강서구 양천로 583. B동 1007호
(서울시 강서구 염창동 240-21번지 우림블루나인 비즈니스센터 B동 1007호)
대표전화 02) 2093-3399 **팩 스** 02) 2093-3393
출 판 부 02) 2093-3395 **영업부** 02) 2093-3396
등록번호 제315-2008-000033호

Copyright ⓒ 이원준

ISBN 978-89-7172-890-1 (13730)

필자가 지금까지 경험한 바로는 대다수의 일본어 학습자가 착각하기 쉬운 점은 일본어는 어순이 한국어와 비슷하기 때문에 간단한 문법과 단어만 알고 있으면 일본인과 쉽게 대화가 가능하다고 생각한다는 점입니다. 하지만, 직접 상대와 대화를 나누게 되면 아주 쉬운 표현도 입에서 나오지 않아 당황하는 경우가 많습니다.

예를 들면, 몸이 아파서 약을 먹을 때 우리말로 직역하여 薬を食べる(약을 먹다)라고 하면 일본인은 의아하게 생각할 것입니다. 이럴 때는 薬を飲む라고 해야 올바른 표현이 됩니다. 이처럼 한국어로 직역해서는 안 되는 관용적인 표현들이 너무나 많이 존재하므로 유창하고 자연스런 회화를 위해서는 무엇보다 일본어다운 표현을 익히는 것이 중요합니다.

이 책은 일본어 기초 정도의 실력을 가지고 회화를 막 시작하려는 학습자를 대상으로 일상생활, 여행 등에 기본적으로 쓰일 수 있는 회화 표현만을 엄선하였습니다.

- 일본어 초보자도 쉽게 접근할 수 있는 기본적인 회화 표현
- 일상생활에서 흔히 접할 수 있는 2,300여 개 회화 표현 수록
- 장면별 회화를 어느 상황에서든 유용하게 쓸 수 있는 사전식 구성
- 일본어 초보자도 가볍게 접근할 수 있도록 한글로 발음 표기
- 한권으로 일본어 초급회화에서 중급회화까지 마스터
- 즉석에서 바로바로 활용할 수 있는 구성 및 기획서

이 책은 어떤 장면이나 상황에서도 일본어 회화를 가능한 정확하고 다양하게 익힐 수 있도록 체계적으로 배려하였습니다.

끝으로 이 책이 세상에 나오기까지 기획에서 편집, 제작에 이르기까지 정성을 다해 주신 여러 분들께 감사드립니다. 아무쪼록 이 책이 독자 여러분의 학습에 많은 도움이 된다면 더 이상 바랄 것이 없으며, 아낌없는 성원과 질정을 부탁드립니다.

저자

Japanese Conversation for Beginners

Japanese Conversation for Beginners

Japanese Conversation for Beginners

Japanese Conversation for Beginners

PART 8   긴급상황에 관한 표현

발음편

1 청음 · 淸音(せいおん)

あ行은 우리말의 「아·이·우·에·오」와 발음이 같다. 단, う는 「우」와 「으」의 중간음으로 입술을 내밀지도 당기지도 않는 자연스런 상태에서 발음한다.

あ	い	う	え	お
ア	イ	ウ	エ	オ
아[a]	이[i]	우[u]	에[e]	오[o]

か行은 단어의 첫머리에 올 때는 입천장에서 나오는 강한 「카·키·쿠·케·코」와 비슷하며, 단어의 중간이나 끝에 올 때는 「까·끼·꾸·께·꼬」로 발음한다.

か	き	く	け	こ
カ	キ	ク	ケ	コ
카[ka]	키[ki]	쿠[ku]	케[ke]	코[ko]

さ行은 우리말의 「사·시·스·세·소」와 발음이 같다. 단, す는 「수」와 「스」의 중간음으로 입술을 내밀지도 당기지도 않는 자연스런 상태에서 발음한다.

さ	し	す	せ	そ
サ	シ	ス	セ	ソ
사[sa]	시[si]	스[su]	세[se]	소[so]

た·て·と는 단어의 첫머리에 올 때는 「다·데·도」로 발음하고, 중간이나 끝에 올 때는 「따·떼·또」로 발음한다. ち·つ는 「찌·쯔」와 「치·츠」의 중간음으로 「찌·쓰」에 가깝게 발음한다.

た	ち	つ	て	と
タ	チ	ッ	テ	ト
타[ta]	치[chi]	츠[tsu]	테[te]	토[to]

な行은 우리말의 「나 · 니 · 누 · 네 · 노」와 발음이 같다.

な	に	ぬ	ね	の
ナ	ニ	ヌ	ネ	ノ
나[na]	니[ni]	누[nu]	네[ne]	노[no]

は行은 우리말의 「하 · 히 · 후 · 헤 · 호」와 발음이 같다. 단 ふ는 「후」와 「흐」의 중간음으로 입술을 내밀지도 당기지도 않는 자연스런 상태에서 발음한다.

は	ひ	ふ	へ	ほ
ハ	ヒ	フ	ヘ	ホ
하[ha]	히[hi]	후[fu]	헤[he]	호[ho]

ま行은 우리말의 「마 · 미 · 무 · 메 · 모」와 발음이 같다.

ま	み	む	め	も
マ	ミ	ム	メ	モ
마[ma]	미[mi]	무[mu]	메[me]	모[mo]

や行은 우리말의 「야 · 유 · 요」와 발음이 같고 반모음으로 쓰인다.

や	ゆ	よ
ヤ	ユ	ヨ
야[ya]	유[yu]	요[yo]

ら行은 우리말의 「라 · 리 · 루 · 레 · 로」와 발음이 같다.

ら	り	る	れ	ろ
ラ	リ	ル	レ	ロ
라[ra]	리[ri]	루[ru]	레[re]	로[ro]

わ行의 わ・を는 우리말의 「와・오」와 발음이 같다. 단, を는 あ행의 お와 발음이 같지만 단어에는 쓰이지 않고 조사 「~을(를)」의 뜻으로만 쓰인다. ん은 はねる音을 참조할 것.

わ	ん	を
ワ	ン	ヲ
와[wa]	응[n, m, ng]	오[o]

2 반탁음·半濁音(はんだくおん)

반탁음은 は행의 오른쪽 윗부분에 반탁점(˚)을 붙인 것을 말한다. 반탁음은 우리말의 「ㅍ」과 「ㅃ」의 중간음으로 단어의 첫머리에 올 경우에는 「ㅍ」에 가깝게 발음하고, 단어의 중간이나 끝에 올 때는 「ㅃ」에 가깝게 발음한다.

ぱ パ	ぴ ピ	ぷ プ	ぺ ペ	ぽ ポ
파[pa]	피[pi]	푸[pu]	페[pe]	포[po]

3 탁음·濁音(だくおん)

탁음이란 か・さ・た・は(カ・サ・タ・ハ)행의 글자 오른쪽 윗부분에 탁점(˝)을 붙인 음을 말한다. だ행의 ぢ・づ는 ざ행의 じ・ず와 발음이 동일하여 현대어에서는 특별한 경우, 즉 연탁이 되는 경우 이외는 별로 쓰이지 않는다.

が ガ	ぎ ギ	ぐ グ	げ ゲ	ご ゴ
가[ga]	기[gi]	구[gu]	게[ge]	고[go]

ざ ザ	じ ジ	ず ズ	ぜ ゼ	ぞ ゾ
자[za]	지[ji]	즈[zu]	제[ze]	조[zo]

だ ダ	ぢ ヂ	づ ヅ	で デ	ど ド
다[da]	지[ji]	즈[zu]	데[de]	도[do]

ば バ	び ビ	ぶ ブ	べ ベ	ぼ ボ
바[ba]	비[bi]	부[bu]	베[be]	보[bo]

4 요음 · 拗音(ようおん)

요음이란 い단 글자 중 자음「き·し·ち·に·ひ·み·り·ぎ·じ·び·ぴ」에 작은 글자 「ゃ·ゅ·ょ」를 붙인 음을 말한다. 따라서「ゃ·ゅ·ょ」는 우리말의「ㅑ·ㅠ·ㅛ」같은 역할을 한다.

きゃ	しゃ	ちゃ	にゃ	ひゃ	みゃ	りゃ	ぎゃ	じゃ	びゃ	ぴゃ
キャ	シャ	チャ	ニャ	ヒャ	ミャ	リャ	ギャ	ジャ	ビャ	ピャ
캬	샤	챠	냐	햐	먀	랴	갸	쟈	뱌	퍄
きゅ	しゅ	ちゅ	にゅ	ひゅ	みゅ	りゅ	ぎゅ	じゅ	びゅ	ぴゅ
キュ	シュ	チュ	ニュ	ヒュ	ミュ	リュ	ギュ	ジュ	ビュ	ピュ
큐	슈	츄	뉴	휴	뮤	류	규	쥬	뷰	퓨
きょ	しょ	ちょ	にょ	ひょ	みょ	りょ	ぎょ	じょ	びょ	ぴょ
キョ	ショ	チョ	ニョ	ヒョ	ミョ	リョ	ギョ	ジョ	ビョ	ピョ
쿄	쇼	쵸	뇨	효	묘	료	교	죠	뵤	표

5 하네루음 · はねる音(おん)

はねる音인「ん」은 단어의 첫머리에 올 수 없으며, 항상 다른 글자 뒤에 쓰여 우리말의 받침과 같은 구실을 한다. 또한 ん 다음에 오는 글자의 영향에 따라「ㄴ·ㅁ·ㅇ」으로 소리가 난다. (이것은 발음의 편의를 위한 자연스런 변화이므로 특별히 신경 쓰지 않아도 된다.)

❶「ㄴ(n)」으로 발음하는 경우

「さ·ざ·た·だ·な·ら」행의 글자 앞에서는「ㄴ」으로 발음한다.

❷「ㅁ(m)」으로 발음하는 경우

「ば·ぱ·ま」행의 글자 앞에서는「ㅁ」으로 발음한다.

❸ 「ㅇ(ng)」으로 발음하는 경우

「あ・か・が・や・わ」행의 글자 앞에서는 「ㅇ」으로 발음한다. 또한, 단어의 끝에서도 「ㅇ」으로 발음한다.

6 촉음 · 促音(そくおん)

촉음이란 막힌 소리의 하나로 우리말의 받침과 같은 역할을 하는 것을 말한다. つ를 작은 글자 っ로 표기하여 다른 글자 밑에서 받침으로만 쓰인다. 이 촉음은 하나의 음절을 갖고 있으며, 뒤에 오는 글자의 영향에 따라 「ㄱ·ㅅ·ㄷ·ㅂ」으로 발음한다.

❶ 「ㄱ(k)」으로 발음하는 경우

か행의 글자 앞에서는 「ㄱ」으로 발음한다.

❷ 「ㅅ(s)」으로 발음하는 경우

さ행의 글자 앞에서는 「ㅅ」으로 발음한다.

❸ 「ㄷ(t)」으로 발음하는 경우

た행의 글자 앞에서는 「ㄷ」으로 발음한다.

❹ 「ㅂ(p)」으로 발음하는 경우

ぱ행의 글자 앞에서는 「ㅂ」으로 발음한다.

7 장음 · 長音(ちょうおん)

장음長音이란 같은 모음이 중복될 때 앞의 발음을 길게 발음하는 것을 말한다. 우리말에서는 장음의 구별이 어렵지만 일본어에서는 이것을 확실히 구분하여 쓴다. 음의 장단에 따라 그 의미가 달라지는 경우가 있으므로 주의해야 한다. 또, カタカナ에서는 장음부호를 「ー」로 표기한다. 이 책의 우리말 장음 표기에서도 편의상 「ー」로 처리하였다.

자연스런 만남의 표현

Chapter

01 일상적인 만남의 인사

02 소개할 때의 인사

03 헤어질 때 인사

일본인의 인사 방법은 우리와 비슷한 점이 있으나 표현 방법에 있어서는 다른 점이 많으므로 주의해야 합니다. 말로만 인사를 할 때는 상대방이 친밀감을 느낄 수 있도록 밝고 친절한 목소리로 말해야 하며, 이 때 밝은 미소를 지으면 더욱 좋습니다. 말과 동작을 동시에 사용할 때는 고개와 허리를 굽히는데, 이때 허리를 굽히는 정도를 상대방과 비슷하게 하는 것이 좋으며, 상대방보다 먼저 허리를 펴면 실례가 됩니다.

Chapter 01 일상적인 만남의 인사

우리는 아는 사람을 만났을 때 일상적으로 쓰는 말이 「안녕하세요?」이지만, 일본어에서는 영어에서처럼 아침(おはようございます), 낮(こんにちは), 저녁(こんばんは) 인사를 구분하여 쓰고 있습니다. 친한 사이라면 아침에 만났을 때 おはよう라고만 해도 무방하며, 더욱 줄여서 オッス라고도 합니다. 근황을 물을 때는 お元気ですか라고 하며, 이에 대한 응답으로는 おかげさまで元気です라고 합니다.

Unit1 일상적으로 인사할 때

평상시에 이웃들과 나누는 기본적인 인사말인 「おはようございます, こんにちは, こんばんは」만으로 질리면 날씨에 관한 인사를 다양하게 알아두어 멋진 일본어를 구사하도록 하자.

🌸 안녕하세요.(아침)

0001

おはよう ございます。
오하요-　　　고자이마스

※아침에 아는 사람을 만났을 때 쓰는 인사말로, 동료나 아랫사람을 만났을 때는 「ございます」를 생략하여 가볍게 「おはよう」만으로 표현한다. 속어적인 표현으로는 첫글자와 마지막 글자를 따서 「おっす」라고도 한다.

🌸 안녕하세요.(낮)

0002

こんにちは。
곤니찌와

🌸 안녕하세요.(밤)

0003

こんばんは。
곰방와

✿ 날씨가 좋네요.

0004

いい 天気ですね。
이-   뎅끼데스네

※우리말로 직역하여「天気が いい」라고 하지 않도록 주의한다.

✿ 어디에 가십니까?

0005

今、 どこへ?
이마   도꼬에

※이 표현은 상대의 행선지를 특별히 알고자 묻는 것이 아니라 단지 인사로 쓰인 것이다.

✿ 무슨 좋은 일이라도 있어요?

0006

何か いい ことでも あるんですか。
낭까   이-   고또데모   아룬데스까

Unit2 근황을 물을 때

일본 영화를 통해 익히 들어 알고 있는「お元気(げんき)ですか」는「잘 지내십니까?」의 뜻으로 상대의 안부를 물을 때 주로 쓰이는 인사말이다. 친한 친구 사이라면「元気?」로도 충분하다.

✿ 잘 지내십니까?

0007

お元気ですか。
오겡끼데스까

✿ 덕분에 잘 지냅니다. 당신은요?

0008

おかげさまで 元気です。 あなたの ほうは?
오까게사마데   겡끼데스   아나따노   호-와

✿ 별일 없으세요?

0009

お変わりありませんか。
오까와리 아리마셍까

일상적인 만남의 인사 **17**

기분은 어떠세요?

気分は どうですか。
기붕와　　도-데스까

※「どうですか(어떠세요?)」보다 더 정중한 표현은 「いかがですか(어떠십니까?)」이다.

요즘은 어떠십니까?

0011
この頃は いかがですか。
고노고로와　　　이까가데스까

그저 그렇습니다.

0012
まあまあです。
마-마-데스

※「まあまあ」는 그런대로 만족할 만한 정도를 나타낼 때 쓰이는 말로 일이나 상태가 별 탈이 없이 그럭저럭 진행되고 있을 때 대답하는 표현이다.

사업은 잘 되십니까?

0013
事業は うまく いっていますか。
지교-와　　우마꾸　　잇떼 이마스까

※「うまく いく」는 어떤 일이나 동작이 잘 진척되는 상태를 나타낸다.

무슨 별다른 일이라도?

0014
何か 変わった ことは?
나니까　가왓따　　　고또와

※変わる(변하다, 바뀌다)가 「変わった, 変わっている」의 형태로 쓰일 때는 「색다른, 별난, 이상한」의 뜻으로 체언을 수식한다.

아니, 별로.

0015
いや、別に。
이야　　베쯔니

Unit3 오랜만에 만났을 때

아는 사람이나 친지, 동료를 오랜만에 만났을 때는 「おひさしぶりですね」 또는 「しばらくですね」라고 하며, 그 동안의 안부를 물을 때는 「お元気でしたか」라고 하면된다.

✿ 오랜만이군요.
0016

おひさしぶりですね。
오히사시 부리데스네

> ※「ひさしぶり」는 「久(ひさ)しい(오래되다)」에 「ぶり(상당히 시간이 흐르고 …만에)」가 접속된 형태로 상당히 오랜만에 만났을 때 하는 인사말이다.

✿ 참 오랜만이군요.
0017

本当に ひさしぶりですね。
혼또ー니　히사시부리데스네

✿ 야, 몇 년 만입니까?
0018

やあ、何年ぶりですか。
야ー　난넴부리데스까

✿ 다시 만나서 반갑습니다.
0019

また お会いできて うれしいですね。
마따　오아이데끼떼　우레시ー데스네

> ※「お会いできる」는 「만나다」의 뜻을 가진 동사 「会う」의 존경 표현인 「お会いする」의 가능표현이다.

✿ 여전하군요.
0020

相変わらずですね。
아이까와라즈데스네

✿ 그동안 어땠습니까?
0021

その後 どうでしたか。
소노고　도ー데시따까

일상적인 만남의 인사　**19**

오랜만이군요.

しばらくぶりですね。
시바라꾸 부리데스네

※「しばらく」는 본래 「잠시, 잠깐」이라는 뜻으로 잠깐 동안 헤어졌다가 만났을 때 하는 인사이다.

0023 다시 뵙게 되어 반갑습니다.

また お目にかかれて うれしいです。
마따　　오메니카까레떼　　　우레시-데스

※「お目にかかる」는 「会う(만나다)」의 겸양 표현이다.

0024 모두가 적적해 하였습니다.

みんな さびしがっていましたよ。
민나　　　사비시갓떼 이마시따요

※형용사의 어간에 동사형 접미어인 「がる」를 접속하면 「~하다고 생각하다, ~하다고 느끼다」의 뜻을 가진 동사가 된다.

0025 뵙고 싶었습니다.

お会いしたかったんです。
오아이시타깟딴데스

※「お会いしたい」는 「お会いする」의 희망 표현으로 「뵙고 싶다」의 뜻으로 겸양을 나타낸다.

0026 별고 없으셨습니까?

お変りありませんでしたか。
오까와리 아리마센데시따까

0027 세월 참 빠르네요.

歳月は 速いもんですね。
사이게쯔와　하야이몬데스네

※「~もんですね」는 「~ものですね」의 축약형으로 과거를 회상하는 듯이 말할 때 사용한다.

0028 어떻게 지냈니?

どうしていたの?
도-시떼 이따노

🌸 전혀 안 변했구나.

0029
ぜんぜん 変わらないね。
젠젱　　　가와라나이네

🌸 건강해 보이는데요.

0030
元気そうですね。
겡끼 소-데스네

🌸 오랫동안 소식을 못 드렸습니다.

0031
ごぶさたしました。
고부사따시마시따

※「ご無沙汰(ぶさた)」는 오랫동안 소식을 전하지 못해 죄송함을 나타낼 때 쓰이는 인사말이다.

Unit4 안부를 물을 때

또 다른 상대의 안부를 물을 때 쓰이는 기본적인 표현으로는 「～は お元気(げんき)ですか」가 있으며, 어떻게 지내고 있는지를 물을 때 「～は どう 過(す)ごしていますか」라고 한다.

🌸 가족 분들은 잘 지내십니까?

0032
ご家族の 皆さんは 元気ですか。
고카조꾸노　미나상와　　겡끼데스까

🌸 모두 잘 지냅니다.

0033
みんな 元気です。
민나　　겡끼데스

🌸 부모님은 잘 지내십니까?

0034
ご両親は お元気ですか。
고료-싱와　오겡끼데스까

요즘 어떻게 지내십니까?

この頃 どう 過されていますか。
고노고로　도－　스고사레떼 이마스까

※「過ごされる」는「過ごす(보내다, 지내다)」의 수동형이지만 여기서는 존경의 표현으로 쓰였다.

그는 요즘 어떻게 지내니?

0036 彼は このごろ どうしているの?
가레와　고노고로　　도－시떼 이루노

그는 건강하게 지내고 있습니다.

0037 彼は 元気で 過しています。
가레와　겡끼데　　스고시떼 이마스

여행은 어땠어요?

0038 旅行は どうでしたか。
료꼬와　　도－데시따까

무엇 때문에 바빴습니까?

0039 何のために 忙しかったんですか。
난노 따메니　　이소가시깟딴데스까

※「～のために」는 명사에 접속하여「～때문에」의 뜻으로 원인이나 이유를 나타낸다.

요시오카가 이번에 결혼한다며?

0040 吉岡君が 今度結婚するんだって?
요시오까꿍가　곤도 겟꼰스룬닷떼

※「～だって」는 문말에 접속하여 되물음을 나타내기도 한다.

Chapter 02 소개할 때의 인사

처음 만났을 때 상대에게 하는 인사로는 はじめまして가 있습니다. 이것은 「처음으로」라는 뜻이지만 관용적인 표현입니다. 이에 상대방도 마찬가지로 자신의 이름을 말하고 특별히 부탁할 것이 없어도 습관적으로 どうぞよろしく라고 합니다. 이에 대한 응답으로는 こちらこそ가 쓰입니다. 남에게 소개할 때는 보통 동성일 경우에는 아랫사람을 윗사람에게, 이성간일 경우에는 남성을 여성에게 소개하는 것이 원칙입니다.

Unit1 처음 만났을 때의 인사

아는 사람이나 친구, 가족 등을 타인에게 소개할 때는 보통 「こちらは ○○です(이분은 ○○입니다)」라고 하며, 소개받는 사람은 「はじめまして(처음 뵙겠습니다)」라고 인사를 건넨다.

✿ 처음 뵙겠습니다.

0041

はじめまして。
하지메마시데

※「はじめて」는 「처음」이라는 뜻으로 「はじめまして」로 쓰이면 처음 만났을 때 하는 관용적인 인사 표현이 된다.

✿ 잘 부탁합니다.

0042

どうぞ よろしく。
도-조   요로시꾸

※뒤에 「お願いします」를 생략한 형태로 간단하게 하는 첫대면의 인사이다.

✿ 뵙게 되어 매우 기쁩니다.

0043

お目にかかれて とても うれしいです。
오메니카까레떼   도떼모   우레시-데스

※「お目にかかる」는 우리말의 「만나뵙다」의 뜻을 가진 겸양어다.

✽ 알게 되어 기쁘게 생각합니다.

お知り合いになれて　うれしく　思います。
오시리아이니 나레떼　　　우레시꾸　　오모이마스

✽ 뵙게 되어 영광입니다.

0045
お目にかかれて　光栄です。
오메니카까레떼　　코-에-데스

※우리말에서는 「영광(榮光)」이라고 하지만 일본어에서는 반대로 「光栄」이라고 한다.

✽ 처음 뵙겠습니다. 잘 부탁드립니다.

0046
はじめまして、どうぞ　よろしく　お願いします。
하지메마시떼　　도-조　요로시꾸　오네가이시마스

✽ 저야말로 잘 부탁합니다.

0047
こちらこそ　よろしく。
고찌라꼬소　　요로시꾸

✽ 늘 가까이서 뵙고 싶었습니다.

0048
いつも　お近づきになりたいと　思っていました。
이쯔모　오치까즈끼니 나리따이또　　오못떼 이마시따

✽ 뵙기를 기대하고 있었습니다.

0049
お目にかかるのを　楽しみにしていました。
오메니카까루노오　　다노시미니 시떼 이마시따

✽ 말씀은 그전부터 많이 들었습니다.

0050
おうわさは　かねがね　うかがっておりました。
오우와사와　　가네가네　우까갓떼 오리마시따

✽ 요시무라에게 말씀은 들었습니다.

0051
吉村から　うわさを　聞いてましたよ。
요시무라까라　우와사오　기이떼 마시따요

✳ 성함만은 알고 있었습니다.
0052
お名前だけは 知っておりました。
오나마에다께와   싯떼 오리마시따

✳ 어디서 만난 적이 없습니까?
0053
どこかで お会いしたことは ありませんか。
도꼬까데   오아이시따 고또와   아리마셍까

Unit2 자신을 소개할 때

자신을 상대에게 정중하게 소개할 때는 「~と 申します(~라고 합니다)」라고 하지만, 보통 「~です(~입니다)」라고 해도 별 무리는 없다.

✳ 뵌 적이 없는 것 같은데요.
0054
お目にかかったことは ないと思いますが。
오메니카깟따 고또와   나이또 오모이마스가

✳ 당신과는 처음인 것 같은데요.
0055
あなたとは 初めてだと思いますが。
아나따또와   하지메떼다또 오모이마스가

✳ 잠깐 제 소개를 하겠습니다.
0056
ちょっと 自己紹介させてください。
촛또   지꼬쇼―까이 사세떼 구다사이

✳ 실례합니다. 어디서 뵌 적이 있지요.
0057
失礼、どこかで お会いしたことが ありますね。
시쯔레―   도꼬까데   오아이시따 꼬또가   아리마스네

※잘 기억은 안 나지만 상대가 어디선가 안면이 있다고 생각될 경우 일단 확인하고자 할 때 쓰는 표현이다.

안녕하세요, 저를 기억하십니까?

こんにちは、私のこと 覚えてます?
곤니찌와　　　　와따시노 고또 오보에떼마스

죄송합니다. 다른 사람으로 착각했습니다.

0059
すみません、別の人と 間違えてしまいました。
스미마셍　　　베쯔노 히또또　마찌가에떼 시마이마시따

제 명함입니다. 당신 것도 받을 수 있을까요?

0060
名刺を どうぞ。あなたのも いただけますか。
메-시오　도-조　　아나따노모　　이따다께마스까

Unit3　상대를 소개할 때

아는 사람을 제삼자에게 소개할 때는「내 친구인 누구」라든지,「직장 상사인 누구」라는 식으로 자기와의 관계를 먼저 말하는 것도 소개의 예법일 수 있다.

다나카 씨를 소개하겠습니다.

0061
田中さんを 紹介しましょう。
다나까상오　　　쇼-까이시마쇼-

친구 기무라 씨를 소개하겠습니다.

0062
友人の 木村さんを 紹介します。
유-진노　기무라상오　　　쇼-까이시마스

만난 적이 없으면 소개해 드리지요.

0063
会った ことが なければ 紹介しておきましょう。
앗따　　꼬또가　나께레바　　쇼-까이 시떼오끼마쇼-

김씨, 사토 씨를 만나는 것은 처음이지요.

0064
金さん、佐藤さんに 会うのは 初めてですね。
김상　　사또-산니　　아우노와　　하지메떼데스네

🌸 이씨, 이분은 다나카 씨입니다.

0065

李さん、こちらは 田中さんです。
이상　　　　고찌라와　　다나까산데스

🌸 이쪽은 한국에서 온 친구인 김입니다. 일본에 막 도착했습니다.

0066

こちらは 韓国の友人 金です。日本に 着いたばかりです。
고찌라와　칸꼬꾸노 유−진　김데스　니혼니　쓰이따 바까리데스

※「~たばかりだ」는 동작이나 행위가 막 완료되었음을 나타낼 때 쓰이는 표현으로 우리말의
「막 ~했다」로 해석한다.

🌸 마리코와 저는 초등학교부터 아는 사이입니다.

0067

真利子と 私は 小学校からの 知り合いです。
마리꼬또　와따시와 쇼−각꼬−까라노　시리아이데스

Unit4 상대와 친해지기 위한 질문

처음 만난 사람과 대화를 나눌 때 고향, 학교, 가족 등에 대한 여러 가지 궁금한 점을
서로 묻고 대답하면서 친해진다. 여기서는 일본인을 처음 만났을 때 서로 주고받는
대화를 중심으로 익히도록 하자.

🌸 어디 태생입니까?

0068

どこの お生まれですか。
도꼬노　오우마레데스까

🌸 이곳 생활은 어떻습니까?

0069

こちらの 生活は どうですか。
고찌라노　세−까쯔와 도−데스까

🌸 이곳에는 자주 오십니까?

0070

こちらへは よく いらっしゃるのですか。
고찌라에와　요꾸　이랏샤루노데스까

※「いらっしゃる」는 「行(い)く、来(く)る、いる」의 존경어로 우리말의 「가시다, 오시다, 계시
다」에 해당한다.

어디에 근무하십니까?

どちらへ お勤めですか。
도찌라에　오쓰또메데스까

※「お〜です」는 존경 표현의 하나로 우리말의 「〜하시다」로 해석한다.

0072
어느 학교에 다닙니까?

学校は どちらですか。
각꼬—와　도찌라데스까

0073
어느 대학을 나왔습니까?

大学は どこでしたか。
다이가꾸와　도꼬데시따까

0074
흥미는 무엇입니까?

ご興味は 何ですか。
고쿄—미와　난데스까

※趣味(しゅみ) 취미

0075
가족은 몇 분입니까?

ご家族は 何人ですか。
고까조꾸와　난닌데스까

0076
일본어를 할 줄 아나요?

日本語が 話せますか。
니홍고가　하나세마스까

※어미가 「う, く, ぐ, す, つ, む, ぶ, ぬ, る」인 5단동사의 가능형은 어미를 「え, け, げ, せ, て, め, べ, ね, れ」로 바꾸어 동사형 접미어 「る」를 접속하면 된다.

0077
앞으로도 서로 연락을 취합시다.

これからも 連絡を 取り合いましょうね。
고레까라모　렌라꾸오　도리아이마쇼—네

✿ 어떻게 하면 연락이 됩니까?

0078

どうしたら 連絡が つきますか。
도-시따라　렌라꾸가　쓰끼마스까

✿ 여기는 놀러 왔습니까?

0079

ここへは 遊びに 来ているんですか。
고꼬에와　아소비니　기떼 이룬데스까

✿ 여기는 일로 왔습니까?

0080

ここへは 仕事で 来ていますか。
고꼬에와　시고또데　기떼 이마스까

✿ 일본의 생활에는 이제 익숙해졌습니까?

0081

日本の 生活には もう 慣れましたか。
니혼노　세-까쯔니와　모-　나레마시따까

✿ 일본에는 언제까지 있습니까?

0082

日本には いつまで いるんですか。
니혼니와　이쓰마데　이룬데스까

※체류기간을 물을 때는 위의 표현 이외에「いつまで お泊(と)まりですか(언제까지 머무르십
니까?)」,「いつまで ご滞在(たいざい)ですか(언제까지 체류하십니까?)」등이 있다.

Chapter 03 헤어질 때 인사

　　일본어를 조금이라도 알고 있는 사람이라면 누구나 다 알고 있는 さようなら만으로 헤어질 때 인사로는 부족하다는 것을 알 수 있습니다. 여기서는 헤어질 때의 다양한 인사 표현을 익히도록 합시다. 밤에 헤어질 때는 おやすみなさい를 사용하며, さようなら는 아주 헤어지는 느낌을 주므로 가까운 사이나 자주 만나는 사이라면 좀처럼 쓰지 않습니다. 대신 じゃ, またね!, 気をつけてね! 등이 일상적인 작별 인사로 많이 쓰입니다.

Unit1 헤어질 때

같은 직장이나 학교 등에서 매일 만나는 상대와 헤어질 때는 친한 사이라면 「じゃ、また(그럼 또 봐요)」라고 가볍게 인사하고, 오랫동안 헤어질 때는 「さようなら(안녕히 가세요)」라고 인사를 나눈다.

🌼 **안녕히 가세요.**

0083

さようなら。
사요—나라

🌼 **안녕히 가세요.**

0084

ごきげんよう。
고끼겡요—

🌼 **언제 가까운 시일에 또 만납시다.**

0085

いずれ 近いうちに また 会いましょう。
이즈레　치까이 우찌니　마따　아이마쇼—

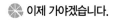

🌸 그럼, 또 내일 봐요.

0086

では、また あした。
데와　　마따　　아시따

※이 표현은 「じゃ、また あした 会(あ)いましょう(그럼, 내일 또 만납시다)」를 줄여서 표현한 것으로 매일 만나는 사이일 경우 헤어질 때 쓰이는 작별의 인사이다. 간편하게 말할 때는 「じゃ、またした」라고도 한다.

Unit2 자리에서 일어날 때

모임이나 회식 또는 남의 집을 방문했을 때, 다른 사람들보다 조금 일찍 자리를 떠야 할 때는 먼저 일어나겠다는 인사와 초대한 대한 고마운 마음, 그리고 다음에 다시 만날 것을 기대한다는 인사말 정도는 기본적으로 해야 한다.

🌸 이제 가야겠습니다.

0087

もう おいとまいたします。
모－　　오이또마 이따시마스

※상대와의 용무나 접대가 끝나고 자리를 떠야 할 때 가볍게 쓰이는 작별 인사이다.

🌸 가야겠어요…….

0088

行かなくちゃならないので……。
이까나꾸쨔 나라나이노데…

※「～なくちゃならない」는 「～なくてはならない」의 축약형으로 「～지 않으면 안 된다」의 뜻이다.

🌸 늦었어.

0089

遅くなってきたよ。
오소꾸낫떼 기따요

🌸 이제 실례해야겠어.

0090

そろそろ 失礼しなくては。
소로소로　　시쯔레－ 시나꾸떼와

만나서 반가웠습니다.

お会いできて うれしかったです。
오아이데끼떼　　　우레시깟따데스

※「お会いできる」는 「会う」의 존경 표현인 「お会いする」의 가능 표현이다.

🌸 즐거웠습니다.
0092
楽しかったです。
다노시깟따데스

🌸 저녁을 잘 먹었습니다.
0093
夕食を ごちそうさまでした。
유-쇼꾸오　고찌소-사마데시따

🌸 초대해 줘서 고마워요. 정말 즐거웠습니다.
0094
ご招待 ありがとう。 すっかり 楽しんでしまいました。
고쇼-따이　아리가또-　　　　슥까리　　다노신데 시마이마시따

🌸 즐거운 주말을 보내십시오.
0095
楽しい 週末を お過ごしください。
다노시-　슈-마쯔오　오스고시구다사이

🌸 그럼 조심해서 가세요.
0096
では、気を つけて。
데와　기오　쓰께떼

※「気を つけて 行ってください(조심해서 가세요, 살펴 가세요)」는 상대방과 헤어질 때 조심
해서 잘 가라는 표현으로, 친근한 사이라면 줄여서 보통 「気を つけてね」라고 한다.

🌸 좀더 계시다 가세요.
0097
もう ちょっと いいじゃないですか。
모-　촛또　　　이-쟈 나이데스까

✿ 또 오세요.

0098
また 来^きてくださいね。
마따　기떼 구다사이네

Unit3 그밖에 작별인사와 안부를 전할 때

「~に よろしく おつたえください(~에게 잘 안부 전해 주십시오)」는 헤어지면서 다른 상대의 안부를 전할 때 쓰이는 표현으로 보통 간편하게 줄여서 「~に よろしく」라고 한다.

✿ 즐겁게 다녀와.

0099
楽^{たの}しんでらっしゃい。
다노신데 랏샤이

※「~でらっしゃい」는 「~でいらっしゃい」를 줄여서 표현한 형태이다.

✿ 좋은 여행이 되기를!

0100
よい 旅^{たび}を。
요이 다비오

✿ 성공을!

0101
ご成功^{せいこう}を!
고세이꼬ー오!

※문장 끝에 「祈(いの)ります(빌겠습니다)」가 생략된 형태로 간단히 축원을 할 때 쓰인다.

✿ 아버님께 안부 전해 주세요.

0102
お父^{とう}さんに よろしく。
오또ー산니　　요로시꾸

※안부 인사를 전할 때는 「お伝えください」를 생략하고 「よろしく」만으로 간단히 말한다.

✿ 기무라 선생님께 부디 안부 전해 주십시오.

0103
木村先生^{き むらせんせい}に どうぞ よろしく お伝^{つた}えください。
기무라 센세ー니　　도ー조　　요로시꾸　　오쓰따에구다사이

❀ 여러분께 안부 전해 주세요.

皆さまに よろしく。
미나사마니　　요로시꾸

❀ 부모님께 안부 전해 주세요.

0105
ご両親に よろしく。
고료-신니　　요로시꾸

❀ 다나카 씨를 우연히 만났는데, 당신에게 안부 전해 달라고 하던데요.

0106
田中さんに 偶然会いましたら、あなたに よろしくとのこ
とでした。
다나까산니　구-젠　아이마시따라　아나따니　요로시꾸또노　꼬또데시따

※「~とのことでした」는 남에게 들은 이야기를 전할 때 쓰이는 표현이다.

❀ 기무라에게 안부 전해 줘.

0107
木村に よろしく 言っておいてね。
기무라니　요로시꾸　잇떼 오이떼네

※「~に よろしく おつたえください(~에게 안부 좀 전해 주십시오)」는 헤어지면서 다른 상
대의 안부를 전할 때 쓰이는 표현으로 보통 간편하게 줄여서 「~に よろしく」라고 한다.

❀ 가족 모두에게 부디 안부 전해 주십시오.

0108
ご家族の方に ぐれぐれも よろしく お伝えください。
고가조꾸노 가따니　구레구레모　　요로시꾸　오쓰따에 구다사이

※ぐれぐれ는 주로 も를 수반하여 「되풀이하여 거듭, 부디, 간절히」의 뜻을 나타낸다.

「元気(げんき)でね」는 상대가 건강하게 지내기를 바라는 마음에서 하는 작별 인사로 우리말의 「잘 가, 잘 있어」 등에 해당하는 표현이다.

✿ 너를 만날 수 없게 되다니 외롭겠는데.

0109
君に 会えなくなると さびしくなるよ。
きみ　あ
기미니 아에나꾸나루또　　　사비시꾸나루요

✿ 당신과 함께 하지 못해서 유감이군.

0110
あなたと ご一緒でなくて 残念だね。
いっしょ　ざんねん
아나따또　고잇쇼데 나꾸떼　　잔넨다네

✿ 돌아와야 해.

0111
帰ってこなくちゃ だめだよ。
かえ
가엣떼 고나꾸쨔　　　다메다요

※ ~なくちゃ だめだ = なくては だめだ : ~하지 않으면 안 된다, ~해야 한다

✿ 그 사이에 전화 줘.

0112
そのうち 電話してね。
でん わ
소노우찌　뎅와시떼네

✿ 편지 줘.

0113
手紙を ちょうだい。
て がみ
데가미오　쵸ー다이

※ 「ちょうだい」는 「받음, 먹음, 마심」의 겸양어로, 여기서는 「ください」의 구어적인 표현으로 쓰였다.

✿ 다시 언제 만나자.

0114
また いつか 会おうね。
あ
마따　이쓰까　아오ー네

서로 연락을 취하자.

連絡を 取り合おうね。

れんらく　と　あ

렌라꾸오　도리아오－네

PART 2

세련된 교제를 위한 표현

Chapter

일본인과 세련되고 예의바른 교제를 원한다면 이 장에서 소개되는 감사, 사죄, 방문 등의 표현을 잘 익혀 두어야 합니다. 아무리 친한 친구라 하더라도 집에까지 초대하지는 않는다는 일본인도 많습니다. 집이 좁기 때문일지도 모르지만 대개 일본인들은 자기 집안을 남에게 보이는 것을 꺼리기 때문이기도 합니다. 그러므로 일본인 집에 손님으로 초대받는 것은 친구 관계가 상당히 깊어졌거나 대단한 호의에 의한 것이라 생각해도 좋습니다.

Chapter 01 고마움을 나타낼 때

「~해 줘서 고마워요」라고 감사의 내용을 전할 경우에는 ~してくれてありがとう를 사용하면 편리합니다. 예를 들면 다음과 같이 사용합니다. 手伝ってくれてありがとう(도와줘서 고마워요), お招きいただいてありがとう(초대해 줘서 고마워요), 迎えに来てくれてありがとう(마중나와 줘서 고마워요) 감사 표현의 하나인 ありがとうございます에 대한 대표적인 응답 표현으로는 どういたしまして와 こちらこそ 등이 있습니다.

Unit1 고마움을 말할 때

상대방에 대한 고마움의 표시는 아무리 해도 지나치지 않으므로 일본인과의 원만한 인간관계를 위해서는 잘 익혀두는 게 바람직하다. 고마움을 표할 때 가장 일반적인 표현이 「ありがとう(고마워요)」이다.

 고마워요.

0116

ありがとう。
아리가또—

※「ありがとう」는 우리말의 「고마워요」에 해당하는 말로, 친근한 사이나 아랫사람에게 가볍게 고마움을 나타낼 때 쓰인다.

 네, 고마워요.

0117

はい、どうも。
하이　　도—모

※「どうも」는 본래 「매우, 전혀, 도무지, 정말로」의 뜻을 가진 부사어이지만, 「どうも ありがとう(정말 고맙습니다)」를 줄여서 「どうも」만으로도 쓰인다.

 고맙습니다.

0118

ありがとう ございます。
아리가또—　　　고자이마스

✽ 정말로 고맙습니다.
0119
本当に ありがとう ございます。
혼또-니 　 아리가또- 　 　 고자이마스

✽ 아무튼 고마워요.
0120
何はともあれ、ありがとう。
나니와 또모아레 　 　 아리가또-

✽ 이거 무척 고마워요.
0121
これは どうも ありがとう。
고레와 　 도-모 　 아리가또-

✽ 여러모로 신세를 많이 졌습니다.
0122
いろいろ お世話になりました。
이로이로 　 　 오세와니 나리마시따

> ※世話になる 신세를 지다, 世話をする 보살피다, 주선하다

✽ 수고를 끼쳐드렸습니다.
0123
ご面倒を おかけしました。
고멘도-오 　 오까께시마시따

Unit2 친절에 대해 고마움을 나타낼 때

상대의 친절한 행위나 동작, 말에 대한 배려에 대해서 구체적인 고마움을 나타낼 때는 「～に ありがとう」라고 하면 된다.

✽ 호의에 감사드려요.
0124
ご好意 ありがとう。
고코-이 아리가또-

✽ 친절에 대해 줘서 고마워요.
0125
ご親切に どうも。
고신세쯔니 　 도-모

🌸 친절하게 대해 줘서 많은 도움이 되었습니다.

ご親切に、たいへん 助かりました。
고신세쯔니   다이헨   다스까리마시따

🌸 몸 둘 바를 모르겠어요!

なんと ご親切に!
난또   고신세쯔니!

※상대의 배려나 친절에 고마움을 나타낼 때 쓰이는 표현이다. 이처럼 「ありがとう ございます」를 생략하여 간편하게 허물없는 사이에 쓰인다.

🌸 당신 덕택에 도움이 되었습니다.

あなたの おかげで 助かりました。
아나따노   오까게데   다스까리마시따

🌸 칭찬해 주셔서 고마워요.

誉めていただいて、どうも。
호메떼 이따다이떼   도-모

Unit3 배려에 대해 고마움을 나타낼 때

상대의 행위에 감사를 표현할 때는 「~て くれて ありがとう(~해 줘서 고마워요)」라고 하며, 더욱 정중하게 표현할 때는 「~て くださって ありがとう ございます(~해 주셔서 고맙습니다)」라고 한다.

🌸 마중을 나와 주셔서 정말로 고맙습니다.

お出迎えいただいて 本当に ありがとうございます。
오데무까에 이따다이떼   혼또-니   아리가또- 고자이마스

🌸 그렇게 말해 줘서 고마워요.

そう 言ってくれて ありがとう。
소-   잇떼 구레떼   아리가또-

🌸 알려 줘서 고마워.

0132 知らせてくれて ありがとう。
　　し
시라세떼 구레떼　　아리가또—

🌸 격려해 줘서 고마워요.

0133 励ましてくれて ありがとう。
　　はげ
하게마시떼 구레떼　　아리가또—

🌸 만나러 와 줘서 고마워.

0134 会いに 来てくれて ありがとう。
　　あ　　き
아이니　기떼 구레떼　　아리가또—

🌸 음악회 표, 고마웠습니다.

0135 音楽会の 切符、ありがとう ございました。
　　おんがくかい　きっぷ
옹가꾸까이노　깁뿌　아리가또—　고자이마시따

🌸 거들어 줘서 고마워요.

0136 お手伝い ありがとう。
　　て つだ
오테쓰다이　아리가또—

Unit4 선물을 주고받을 때

선물을 주고받는다는 것은 상대와의 친밀감을 한층 더한다. 일본인은 명절이나 특별히 기념할 만한 날이 있으면 가깝게 지내는 사람에게 선물(お土産)를 주고받는 풍습이 있다.

🌸 선물 무척 고마워요.

0137 プレゼントを どうも ありがとう。
푸레젠또오　도—모　아리가또—

※우리말의 「선물」에 해당하는 일본어는 세 가지가 있다. 「贈(おく)り物(もの)」는 명절 등 특별한 날에 주는 선물을 말하고, 「プレゼント」는 생일 따위의 기념하는 날의 선물을 말한다. 「お土産(みやげ)」는 여행 등에서 사온 선물을 말하다.

🌸 멋진 선물을 줘서 고마워요. 풀어도 될까요?

すてきな プレゼントを ありがとう。開けても いいですか。
스떼끼나　　푸레젠또오　　　아리가또-　　　아께떼모　　이-데스까

🌸 저에게 주시는 겁니까? 너무 고마워요.

私に くださるのですか。どうも ありがとう。
와따시니 구다사루노데스까　　　도-모　　아리가또-

🌸 우와, 기뻐! 정말 고마워.

うわあ、うれしい！本当に ありがとう。
우와-　　　우레시-！　　　혼또-니　아리가또-

🌸 뜻밖입니다. 너무 고마워요.

思いがけない ことです。どうも ありがとう。
오모이가께나이　　　고또데스　　도-모　　아리가또-

※思いがけない 뜻밖이다, 예상 밖이다

🌸 이런 것을 전부터 갖고 싶었습니다.

こういう 物を 前から 欲しいと 思っていました。
고-유-　　　모노오　마에까라　호시-또　　오못떼 이마시따

🌸 고마워요. 이런 것을 하시지 않아도 되는데…….

ありがとう。そんなこと なさらなくても よかったのに。
아리가또-　　　　손나 고또　　나사라나꾸떼모　　요깟따노니

※〜なくても よかったのに 〜하지 않아도 되는데, 〜하지 않아도 될 텐데

여기서는 상대에게 정중하게 감사를 전하는 표현을 익힌다. 「感謝(かんしゃ)する」
는 한자어의 감사 표현으로 「ありがとう」보다는 다소 격식을 차린 느낌으로 쓰인다.

🌸 그렇게 해 주시면 무척 고맙겠습니다만.

0144

そうして いただければ、とても ありがたいのですが。

소— 시떼　　이따다께레바　　　도떼모　　아리가따이노데스가

🌸 친절을 베풀어 주셔서 정말 감사하고 있습니다.

0145

ご親切に、本当に 感謝しております。

고신세쯔니　　혼또—니　　간샤시떼 오리마스

🌸 저희 회사에 방문해 주셔서 깊은 감사를 드립니다.

0146

ご来社くださり 厚く お礼を 申し上げます。

고라이샤 구다사리　　아쯔꾸　　오레—오　　모—시아게마스

🌸 뭐라 감사의 말씀을 드려야 좋을지 모르겠습니다.

0147

何と 御礼を 申したら いいのか わかりません。

난또　　오레—오　　모—시따라　　이—노까　　와까리마셍

🌸 아무리 감사를 드려도 부족할 정도입니다.

0148

いくら 感謝しても しきれない ほどです。

이꾸라　　간샤시떼모　　시끼레나이　　호도데스

※「~きれる」는 동사의 중지형에 접속하여 「완전히(끝까지) ~할 수 있다」의 뜻을 나타낸다.

상대가 감사의 표시를 하거나 사죄를 해 올 때 적절하게 대처할 수 있는 감사와 사죄에 대한 응답 요령을 배운다. 상대의 감사 표시에 대한 응답 표현으로는 どういたしまして와 こちらこそ 등이 있다.

천만에요.

0149

どういたしまして。
도- 이따시마시떼

※「どういたしまして」는 남에게 감사, 칭찬, 사과의 말을 들었을 때, 그것을 겸손하게 부정하는 인사말로 「별말씀 다 하십니다, 천만의 말씀입니다」의 뜻으로 쓰인다.

천만에요. 쉬운 일이에요.

0150

どういたしまして。 お安い ご用ですよ。
도- 이따시마시떼　　　　　오야스이　　고요-데스요

※お安いご用だ 쉬운 일이다, 간단한 일이다

천만에요. 도움이 되어서 기쁩니다.

0151

どういたしまして。 お役に 立てて うれしいです。
도- 이따시마시떼　　　　　오야꾸니　다떼떼　우레시-데스

천만에요. 감사할 것까지는 없습니다.

0152

どういたしまして。 礼には およびません。
도- 이따시마시떼　　　　　레-니와　오요비마셍

저야말로 감사합니다.

0153

こちらこそ どうも ありがとう。
고찌라꼬소　　　도-모　　아리가또-

※「こちら」는 여기서처럼 말하는 사람 자신을 가리키거나 또는 말하는 사람과 가까이 있는 사람을 공손하게 가리키기도 한다.

Chapter 02 사죄 · 사과를 할 때

　　　　일상생활에 자주 쓰이는 사죄의 표현 중 하나는 약속 시간에 늦는 경우일 것입니다. 그럴 때는 遅れてごめんなさい(늦어서 미안해요), お待たせしてごめんなさい(기다리게 해서 미안해요), 여기서 늦은 이유를 말하고 싶을 때는 バスが遅れたの(버스가 늦어서 말이야)라고 말하십시오. すみません과 ごめんなさい의 사죄에 대한 응답 표현으로는 いいですよ와 かまいませんよ, 大丈夫です 등이 있습니다.

Unit1 실례를 할 때

　　일본인은 어렸을 때부터 상대에게 「폐 迷惑(めいわく)」를 끼치지 않고 살아가기를 철저하게 교육받는다. 이런 교육의 영향으로 상대에게 피해라고 여겨지면 실례나 사죄의 말이 입에서 저절로 나올 정도이다.

🌸 실례합니다만, 일본 분입니까?

0154
失礼ですが、日本の 方ですか。
시쯔레-데스가　　니혼노　가따데스까

※일본사람이냐고 물을 때는 「日本人ですか」라고 하는 것보다는 「日本の 方ですか」라고 정중하게 말하는 것이 좋다.

🌸 실례합니다만, 성함을 여쭤도 되겠습니까?

0155
失礼ですが、お名前を うかがって よろしいですか。
시쯔레-데스가　　오나마에오　우까갓떼　　　요로시-데스까

🌸 잠깐 실례합니다. 지나가도 될까요?

0156
ちょっと すみません。通り抜けても いいでしょうか。
촛또　　　스미마셍　　도-리누께떼모　　이-데쇼-까

잠깐 실례하겠습니다. 곧 돌아오겠습니다.

ちょっと 失礼します。すぐ 戻ります。
촛또　　　시쯔레ー시마스　　스구　　모도리마스

※「失礼(しつれい)する」는「실례하다, 미안하다」의 뜻으로 정중하게 말할 때는「する」의 겸양어인「いたす」로 표현한다.

Unit2 사죄를 할 때

상대방에게 실수나 잘못을 하여 사죄나 사과를 할 때는 보통「すみません(미안합니다)」,「ごめんなさい(미안합니다)」가 가장 일반적이며, 이보다 더욱 정중하게 사죄를 할 때는「申し訳ありません(죄송합니다)」이라고 한다.

 미안해요.

ごめんなさい。
고멘나사이

※더욱 정중하게 말할 때는「ごめんください」라고 한다.

 미안합니다.

すみません。
스미마셍

※「すみません」은 편하게「すいません」이라고도 하며, 사과의 뜻을 나타낼 때는「죄송합니다」, 사람을 부르거나 불러서 부탁할 때는「실례합니다」, 감사의 뜻을 나타낼 때는「고맙습니다, 감사합니다」의 뜻으로 쓰인다.

 너무 죄송했습니다.

どうも すみませんでした。
도ー모　　　스미마센데시따

 제가 잘못했습니다.

私が いけなかったんです。
와따시가　이께나깟딴데스

❀ 너무 죄송해요. 그럴 생각이 아니었어요.

0162

どうも すみません。そんな つもりじゃなかったんです。
도-모　스미마셍　　손나　　쓰모리쟈 나깟딴데스

❀ 뭐라고 사죄를 드려야 좋을지 모르겠습니다.

0163

何と お詫びして よいか わかりません。
난또　오와비시떼　　요이까　와까리마셍

❀ 죄송합니다.

0164

申し訳ありません。
모-시 와께 아리마셍

Unit3　행위에 대해 사과할 때

「~て すみません」은 「~해서 미안합니다」의 뜻으로 구체적으로 잘못을 인정하면서 사과를 할 때 쓰이는 표현이다. 사죄의 응답 표현으로는 「いいですよ」, 이외에 「大丈夫(だいじょうぶ)ですよ」나 「気(き)に しないでください」 등이 있다.

❀ 늦어서 미안합니다.

0165

遅くなって すみません。
오소꾸낫떼　　스미마셍

❀ 폐를 끼쳐 드려서 죄송합니다.

0166

ご迷惑を おかけして 申し訳ありません。
고메-와꾸오　오까께시떼　모-시와께 아리마셍

※「迷惑(めいわく)を かける」는 「폐를 끼치다」의 뜻으로, 자신의 잘못이나 실수로 인해 상대가 폐를 입었을 때 사죄하는 표현이다.

❀ 이렇게 되고 말아 죄송합니다.

0167

こんな ことに なってしまって ごめんなさい。
곤나　　고또니　낫떼 시맛떼　　고멘나사이

기다리게 해서 죄송했습니다.

お待たせして すみませんでした。

오마따세시떼 　스미마센데시따

약속을 지키지 못해서 죄송합니다.

約束を 守らないで すみません。

약소꾸오　마모라나이데　스미마셍

※約束を守る 약속을 지키다 ↔ 約束を破(やぶ)る 약속을 어기다

비위에 거슬렸다면 미안해요.

お気にさわったら ごめんなさい。

오끼니 사왓따라 　고멘나사이

지나쳤다면 죄송해요.

行き過ぎてたら ごめんなさい。

유끼스기떼따라 　고멘나사이

미안해요. 부주의였습니다.

すみません。不注意でした。

스미마셍 　후쮸ー이데시다

정말로 미안합니다. 깜빡했습니다.

本当に すみません。うっかりしました。

혼또ー니 　스미마셍 　욱까리 시마시따

바보 같은 짓을 해서 죄송합니다.

ばかなことをして 申し訳ありません。

바까나 고또오 시떼 　모ー시와께 아리마셍

Unit4 용서를 구할 때

상대에게 중대한 실수나 폐를 끼쳤다면 우선 사죄를 하고 용서를 구하는 것이 당연하다. 여기서는 기본적으로 쓰이는 용서의 표현을 익히도록 하자.

제발 용서해 주세요.

0175
どうか 許してください。
도-까 　유루시떼 구다사이

※「どうか」는 「아무쪼록, 부디」의 뜻으로 남에게 공손하게 부탁하거나 바랄 때 쓰인다.

용서해 주시겠습니까?

0176
許して いただけますか。
유루시떼 　이따다께마스까

제가 한 짓을 용서해 주십시오.

0177
私のしたことを お許しください。
와따시노 시따 고또오 　오유루시 구다사이

앞으로는 주의를 하겠습니다.

0178
今後は 気を つけます。
공고와 　기오 　쓰께마스

※気をつける 주의하다, 조심하다

어쩔 수 없었습니다.

0179
仕方が なかったんです。
시까따가 　나깟딴데스

폐를 끼쳐 드릴 생각은 없었습니다.

0180
ご迷惑を おかけする つもりは なかったのです。
고메-와꾸오 　오까께스루 　쓰모리와 　나깟따노데스

폐가 되지 않는다면 좋겠습니다만.

お邪魔に ならなければ よろしいんですが。
오쟈마니 　　　나라나께레바 　　　　요로시인데스가

0181

 실례가 되지 않는다면 좋겠습니다만.

ぶしつけじゃ なければ いいんですが。
부시쓰께쟈 　　　나께레바 　　　이인데스가

0182

Unit5 사죄·용서에 대한 응답

사죄나 사과를 할 때 쓰이는 すみません과 ごめんなさい 등에 대한 응답 표현으로
는 いいですよ와 かまいませんよ, 大丈夫です 등이 있다.

 괜찮아요.

いいんですよ。
이인데스요

0183

※이 표현은 화가 난 듯이 하면 상대에게 실례를 끼칠 수 있다.

 괜찮아요. 아무것도 아닙니다.

大丈夫。何でも ありませんよ。
다이죠-부 　　난데모 　　　아리마셍요

0184

 대수로운 것은 아닙니다.

たいした ことは ありませんよ。
다이시따 　　　고또와 　　　아리마셍요

0185

※「大した」는 뒤에 부정어가 오면 「이렇다 할, 대단한, 별」의 뜻으로 쓰이고, 반대로 긍정어가
　오면 「엄청난, 대단한, 굉장한」의 뜻이 된다.

 상관없어요.

かまいませんよ。
가마이마셍요

0186

✽ 괜찮아요. 걱정하지 말아요.

0187

いいんですよ。気に しないでください。
이인데스요　　　기니 시나이데 구다사이

※「~ないでください」는 「~하지 말아 주세요」의 뜻으로 양보를 나타낼 때 쓰인다.

✽ 아무것도 아니에요. 걱정하지 말아요.

0188

何でも ないですよ。ご心配なく。
난데모　　나이데스요　　　고심빠이 나꾸

✽ 저야말로 죄송합니다.

0189

私のほうこそ ごめんなさい。
와따시노 호–꼬소　　고멘나사이

※「こそ」는 앞 말을 특히 강조하여 「~(이)야말로」의 뜻으로 쓰인다.

✽ 제가 잘못했습니다.

0190

私が いけませんでした。
와따시가 이께마센데시따

✽ 저야말로 잘못했습니다.

0191

私こそ 悪かったんです。
와따시꼬소 와루깟딴데스

※「悪(わる)い」는 본래 「나쁘다」라는 뜻의 형용사이지만, 여기서처럼 폐를 끼쳐서 「미안하다」
의 뜻으로 사과를 할 때도 쓰인다.

✽ 괜찮아요. 누구라도 틀려요.

0192

いいんですよ。誰だって 間違えますよ。
이인데스요　　　다레닷떼　　　마찌가에마스요

※「~だって」는 「~라도, ~일지라도」의 뜻으로 강조를 나타낸다.

✽ 아니, 괜찮아요. 어쩔 수 없어요.

0193

いや、大丈夫。仕方ありませんよ。
이야　　다이죠–부　　시까따 아리마셍요

Chapter 03 축하와 환영을 할 때

축하를 할 때 쓰이는 표현으로는 よくやりましたね, おめでとう처럼 어떤 성과에 대한 축하와 誕生日おめでとう나 新年おめでとう처럼 인사로 축하할 때가 있습니다. 친근한 사이라면 おめでとう라고 해도 무방하지만, 정중하게 말할 때는 ございます를 덧붙여 おめでとうございます라고 합니다. 또한 축하에 대한 응답으로는 ありがとう나 おかげさまで로 하면 됩니다.

Unit1 축하할 때

「おめでとう」는 축하 표현으로 좋은 결과에 대해 칭찬할 때도 쓰인다. 축하할만한 일이 있으면 다음의 표현을 작 익혀두어 아낌없이 축하해주도록 하자.

 축하해요.

0194

おめでとう。
오메데또-

※정중하게 말할 때는 「おめでとう ございます」라고 한다.

 축하합니다.

0195

おめでとう ございます。
오메데또-　　　　고자이마스

 생일 축하해.

0196 たんじょう び

誕生日おめでとう。
탄죠-비 오메데또-

※「생일」을 우리말로 직역하여 「生日」이라고 하지 않도록 주의한다.
※生年月日(せいねんがっぴ)

✿ 졸업, 축하해.

0197
ご卒業おめでとう。
고소쯔교- 오메데또-

※卒業(そつぎょう) 졸업 ↔ 入学(にゅうがく) 입학

✿ 승진을 축하드립니다.

0198
ご昇進 おめでとう ございます。
고쇼-싱   오메데또-   고자이마스

✿ 합격을 축하해요.

0199
合格 おめでとう。
고-까꾸 오메데또-

✿ 출산을 진심으로 축하드립니다.

0200
ご誕生を 心から お祝い致します。
고탄죠-오   고꼬로까라   오이와이 이따시마스

※心から 진심으로

✿ 결혼을 축하드립니다.

0201
ご結婚 おめでとう ございます。
고켓꽁   오메데또-   고자이마스

✿ 축하해요. 다행이네요.

0202
おめでとう。良かったですね。
오메데또-   요깟따데스네

※「よかった」는 「よい」의 과거형이지만 관용적으로 「다행이다, 잘 됐다」의 뜻으로도 쓰인다.

✿ 축하해요. 선물입니다.

0203
おめでとう。プレゼントです。
오메데또-   푸레젠또데스

축하와 환영을 할 때   53

여기서는 명절이나 새해, 기념일에 기원과 축복을 빌 때 쓰이는 기본적인 표현을 익힌다. 「おめでとう」는 「めでたい(경사스럽다)」에 「ございます」가 접속되었을 때 「う음편」을 한 형태로 축하할 때 쓰이는 기본적인 표현이다.

🌸 다행이군요. 행복을 빌게요.

0204
よかったですね。 しあわせを 祈^{いの}ります。
요깟따데스네   시아와세오   이노리마스

🌸 부디 행복하세요.

0205
どうぞ お幸^{しあわ}せに。
도–조   오시아와세니

🌸 새해 복 많이 받아요.

0206
新年^{しんねん} おめでとう。
신넹   오메데또–

🌸 새해 복 많이 받아요.

0207
あけまして おめでとう ございます。
아께마시떼   오메데또–   고자이마스

※일본에서는 음력으로 설을 지내지 않고 양력으로 설을 지낸다. 설 연휴 중에 만났을 때 쓰이는 관용적인 표현이므로 잘 익혀 두도록 하자.

🌸 메리 크리스마스!

0208
メリー クリスマス!
메리–   쿠리스마스!

🌸 발렌타인데이, 축하해.

0209
バレンタインデー、 おめでとう。
바렌따인데–   오메데또–

❀ 내 애인이 되어 줘.

0210

ぼくの 恋人に なってくれ。
보꾸노　　고이비또니　낫떼 구레

❀ 어머니날, 축하해요.

0211

母の日、おめでとう。
하하노 히　　오메데또―

❀ 정말 훌륭한 어머니가 되어 주셔서 고마워요.

0212

本当に すてきな お母さんで いてくれて ありがとう。
혼또―니　　스떼끼나　　오까―산데　　이떼 구레떼　　아리가또―

❀ 결혼기념일 축하해요.

0213

結婚記念日 おめでとう。
겟꼰 기넴비　　오메데또―

❀ 당신과 함께 올 수 있어서 다행이야.

0214

あなたと 歩いてこられて よかった。
아나따또　　아루이떼 고라레떼　　요깟따

❀ 행운을 빌겠습니다.

0215

幸運を 祈ります。
코―웅오　　이노리마스

Unit3　환영할 때

いらっしゃいましたや おいでくださいましたを 省略して ようこそだけで 방문
해 온 사람을 맞이하는 환영의 인사말로 쓰인다.

❀ 잘 오셨습니다.

0216

ようこそ。
요―꼬소

참으로 잘 와 주셨습니다.

ようこそ おいでくださいました。
요-꼬소　오이데 구다사이마시따

※「おいでになる」는 「行く(가다), 来る(오다), いる(있다)」의 높임말이다.

한국에 잘 오셨습니다.

ようこそ 韓国へ。
요-꼬소　캉꼬꾸에

입사를 환영합니다.

入社を 歓迎します。
뉴-샤오　캉게-시마스

기무라 씨, 진심으로 환영합니다.

木村さん、心より 歓迎いたします。
기무라상　고꼬로요리 캉게- 이따시마스

Japanese Conversation for Beginners

Chapter 04 초대를 할 때

일단 알게 된 사람이나 친구와 한층 더 친해지기 위해서 자신의 집이나 파티에 초대해서 대화를 나누는 것은 서로의 거리낌 없는 친분을 쌓는 데 매우 중요한 의미를 갖습니다. 아무리 친한 친구라 하더라도 집으로 초대하지 않는다는 일본인도 많습니다. 이것은 집이 좁기 때문이기도 하지만 대개 자기 집안을 남에게 보이는 것을 꺼리기 때문입니다. 그러므로 일본인 집에 초대받는 것은 관계가 상당히 깊어졌다고 볼 수 있습니다.

Unit1 초대를 제의할 때

초대를 할 때는 우선 상대의 사정을 물은 뒤 폐가 되지 않도록 ~ませんか나 お~ください 등의 표현을 써서 정중하면서도 완곡하게 제의해야 한다.

🌸 우리 집에 오지 않겠어요?

0221
わたしの 家に 来ませんか。
와따시노　이에니　기마셍까

🌸 우리 집에 식사하러 오지 않겠어요?

0222
わたしの 家に 食事に 来ませんか。
와따시노　이에니　쇼꾸지니　기마셍까

🌸 이번 일요일 저녁에 식사하러 오시지 않겠습니까?

0223
今度の 日曜の夕方、お食事に いらっしゃいませんか。
곤도노　니찌요-노 유-가따　오쇼꾸지니　이랏샤이마셍까

※「동작성 명사+にいらっしゃる」~하러 오시다(가시다)

오늘밤에 나와 식사는 어때?

今晩、わたしと 食事は どう?
こんばん
곰방　　　와따시또　　　쇼꾸지와　　도-

※「どう」는 상대에게 뭔가를 제의할 때 쓰이며, 더 정중하게 말할 때는 「いかが」를 사용한다.
여기서는 「~ですか」가 생략된 형태로 친근한 사이에 쓰이는 표현이다.

함께 밖으로 식사하러 가지 않겠어요?

いっしょに 外へ 食事に 出ませんか。
そと　しょくじ　で
잇쇼니　　　소또에　　쇼꾸지니　　데마셍까

※동사의 중지형이나 동작성 명사 뒤에 이동을 나타내는 동사가 오면 동작의 목적을 나타낸다.

근간 함께 식사라도 하시지요.

そのうち いっしょに 食事でも いたしましょうね。
しょくじ
소노 우찌　　잇쇼니　　　쇼꾸지데모　　이따시마쇼-네

언제 놀러 오세요.

いつか 遊びに 来てください。
あそ　き
이쯔까　　아소비니　　기떼 구다사이

집에 와서 이야기라도 하지 않겠어요?

うちへ 来て おしゃべりを しませんか。
き
우찌에　　기떼　　오샤베리오　　　시마셍까

기분이 내킬 때는 언제든지 들르십시오.

気の向いた ときは いつでも お立ち寄りください。
き　む　た　よ
기노 무이따　　　도끼와　　이쯔데모　　오타찌요리 구다사이

생일 파티에 와?

誕生の パーティーに 来てね。
たんじょう　き
탄죠-노　　파-띠-니　　기떼네

초대를 제의받았을 때 기꺼이 승낙을 표현하고자 할 때는 喜(よろこ)んで, もちろん, きっと 등의 부사어를 사용하여 초대에 대한 고마움을 확실히 표현해 보자.

기꺼이 가겠습니다.

0231
喜んで うかがいます。
요로꼰데　　우까가이마스

※「喜んで」는 「喜ぶ(기뻐하다)」에서 파생되어 「기꺼이」라는 뜻으로 부사어처럼 쓰인다.

물론 가겠습니다.

0232
もちろん 行きます。
모찌롱　　　　이끼마스

꼭 가겠습니다.

0233
きっと 行きます。
깃또　　　이끼마스

초대해 줘서 고마워.

0234
招いてくれて ありがとう。
마네이떼 구레떼　　아리가또-

※「～てありがとう ございます」는 「～해 줘서 고맙습니다」의 뜻으로, 여기서는 초대해 줘서 상대방에게 고맙다는 감사의 인사 표시이다.

좋지요.

0235
いいですねえ。
이-데스네-

모처럼의 초대를 거절할 때는 상대방이 기분이 나쁘지 않도록 우선 사죄를 하고 응할 수 없는 사정을 적절하게 표현할 수 있어야 한다.

🌸 유감스럽지만 갈 수 없습니다.

0236
残念ながら 行けません。
잔넨나가라　　　이께마셍

※「ながら」는 「~면서도, ~지만」의 뜻으로 앞의 사실과 모순됨을 나타내기도 한다.

🌸 그 날은 갈 수 없을 것 같은데요.

0237
その日は 行けないようですが。
소노히와　　　이께나이 요-데스가

🌸 공교롭게 그 때는 바쁩니다.

0238
あいにく その時は 忙しいんです。
아이니꾸　　소노 또끼와　이소가시인데스

🌸 미안하지만, 그 날은 안 됩니다.

0239
すまないけど、その日は だめです。
스마나이께도　　　소노 히와　　다메데스

🌸 꼭 그렇게 하고 싶은데, 유감스럽지만 안 되겠어요.

0240
ぜひ そうしたいのですが、残念ながら だめなんです。
제히　소-시따이노데스가　　　잔넨나가라　　다메난데스

🌸 가고 싶은 마음은 태산 같은데…….

0241
行きたいのは やまやまですが……。
이끼따이노와　　야마야마데스가…

※「やまやま」는 어떤 일을 하고 싶은 마음이 태산 같다는 것을 나타낸다.

🏵 그 날은 선약이 있어서요.

その日は 先約が ありますので。
소노히와　　셍야꾸가　　아리마스노데

🏵 고맙지만, 지금은 너무 바빠서 말이야.

ありがたいけど、今のところ 手が 離せないんだ。
아리가따이께도　　이마노 도꼬로　　데가　　하나세나인다

🏵 재미있을 것 같은데, 지금 시간이 없어요.

おもしろそうだけど、今 時間が ないんです。
오모시로소ー다께도　　이마 지깡가　　나인데스

🏵 재미있을 것 같은데, 오늘밤은 올 손님이 있어.

おもしろそうだが、今晩は 来客が あるんだ。
오모시로소ー다가　　곰방와　　라이꺄꾸가　아룬다

🏵 언제 다른 날로 하는 게 좋을 것 같군요.

いつか 別の日の ほうが よさそうですね。
이쯔까　　베쯔노 히노　　호ー가　　요사소ー데스네

🏵 다시 불러 주세요.

また 誘ってみてください。
마따　　사솟떼 미떼 구다사이

Japanese Conversation for Beginners

Chapter 05 방문을 할 때

약속하고 나서 방문하는 것이 일반적이지만, 아무런 예고도 없이 찾아가 만날 상대가 없을 때에 도움이 되는 표현도 함께 익힙시다. 집을 방문할 때는 ごめんください라고 상대를 부른 다음 집주인이 나올 때까지 대문이나 현관에서 기다립니다. 주인이 どちらさまですか라면서 나오면, こんにちは, 今日はお招きくださってありがとうございます, お世話になります 등의 인사말을 하고 상대의 안내에 따라 집안으로 들어서면 됩니다.

Unit1 방문한 곳의 현관에서

「ごめんください」는 본래 사죄를 할 때 쓰이는 말이지만, 남의 집 현관에서 안에 있는 사람을 부를 때도 쓰인다. 좀더 가벼운 표현으로는 「ごめんなさい」라고 한다.

기무라 씨 댁이 맞습니까?

0248
木村さんの お宅は こちらでしょうか。
기무라산노   오따꾸와   고찌라데쇼-까

요시다 씨는 댁에 계십니까?

0249
吉田さんは ご在宅ですか。
요시다상와   고자이따꾸데스까

※「お(ご) ~です」는 존경 표현의 하나이다.

김입니다. 야마자키 씨를 뵙고 싶습니다만.

0250
金です。山崎さんに お目にかかりたいんですが。
김데스   야마자끼산니   오메니카까리따인데스가

※「おめにかかる」는 「만나뵙다」의 뜻으로 「会(あ)う」의 겸양어이다.

세련된 교제를 위한 표현

✿ 기무라 씨와 3시에 약속을 했는데요.

0251 木村さんと3時に 約束してありますが。
기무라산또 산지니　　　약소꾸시떼 아리마스가

※「～て ある」는 타동사에 접속하여 상태를 나타낸다.

✿ 지나가다가 잠깐 들렀습니다.

0252 通りかかったので、 ちょっと お立ち寄りしました。
도―리카깟따노데　　　　　 촛또　　　　 오타찌요리시마시따

Unit2　만나고자 하는 사람이 없을 때

방문을 할 때는 미리 약속을 해야 헛수고를 면할 수 있다. 방문했을 때 만나고자 하는 사람이 없을 경우에는 방문 목적과 메시지를 남겨두는 것도 잊지 말자.

✿ 괘념치 마십시오. 나중에 다시 뵙겠습니다.

0253 ご心配なく。 あとで また うかがいます。
고심빠이나꾸　 아또데　 마따　 우까가이마스

✿ 다시 찾아뵙겠습니다.

0254 改めて ご訪問いたします。
아라따메떼　고호―몽 이따시마스

✿ 제가 왔다고 전해 주십시오.

0255 わたしが 来たと お伝えください。
와따시가　 기따또　 오쓰따에 구다사이

※「お～ください」는 요구를 할 때 쓰이는 「～て ください」의 존경 표현이다.

방문지에 도착하여 인사를 나눈 뒤 주인의 안내로 집안으로 들어간다. 일본도 우리와 마찬가지로 실내에서는 신발을 신지 않는다. 이 때 준비해온 선물을 これを どうぞ라고 하면서 건넨다.

🌸 좀 일찍 왔습니까?

0256

ちょっと 来るのが 早すぎましたか。
촛또　　구루노가　　하야스기마시따까

※「～すぎる」는 동사의 중지형에 접속하여 「너무(지나치게 ~하다」의 뜻을 나타낸다.

🌸 늦어서 죄송합니다.

0257

遅くなって すみません。
오소꾸낫떼　　스미마셍

※～てすみません ~해서 미안합니다

🌸 (선물을 내밀며) 이걸 받으십시오.

0258

これを どうぞ。
고레오　　도ー조

🌸 자, 저는 괘념치 마시십시오.

0259

どうぞ 私のことは おかまいなく。
도ー조　　와따시노 고또와　　오까마이나꾸

※「おかまいなく」는 방문했을 때 상대가 바쁘거나 다른 일로 인해 대접을 받을 수 없을 때 본인은 아무렇지도 않으니 신경 쓰지 말라는 의미로 쓰인다.

🌸 일하시는 데에 방해가 되지 않았으면 좋겠는데요.

0260

お仕事の お邪魔にならなければ いいのですが。
오시고또노　　오쟈마니 나라나께레바　　이ー노데스가

🌸 고맙습니다. 편히 하고 있습니다.

0261

どうも。 もう くつろいでいます。
도ー모　　모ー　　구쓰로이데 이마스

※주인이 편히 하기를 권할 때 쓰이는 응답 표현이다.

🌸 밝고 멋진 집이군요.

0262
明るい すてきな お住まいですね。
あか　　　　　　　　　す
아까루이　　스떼끼나　　오스마이데스네

🌸 이 방은 아늑하군요.

0263
この 部屋は 居心地が いいですね。
　　　へ や　　い ごこ ち
고노　　헤야와　　이고꼬찌가　　이-데스네

🌸 실례합니다만, 화장실은 어디?

0264
失礼ですが、トイレは?
しつれい
시쯔레-데스가　　토이레와

※방문해서 제일 먼저 알아두어야 할 것이 화장실이 아닌가 생각된다. 화장실뿐만 아니라 주인
의 물건을 사용할 때는 먼저 허락을 구하고 사용하는 것이 예의이다. 물론 주인의 아주 특별
한 경우가 아니고는 허락을 하는 편이지만…….

Unit4 방문을 마칠 때

おじゃまします는 남의 집을 방문했을 경우에 하는 인사말로, 대접을 받고 나올 때는
おじゃましました라고 말한다. 이에 주인은 何も おかまいしませんで(대접이 변변
치 못했습니다) 또는 また いらしてください(또 놀러 오세요) 등으로 인사를 한다.

🌸 슬슬 일어나겠습니다.

0265
そろそろ おいとまします。
소로소로　　오이또마시마스

※「暇(いとま)」는 본래「틈, 짬, 겨를」을 뜻하지만, 「おいとまする」의 형태로 쓰일 때는 작별
을 나타낸다.

🌸 너무 시간이 늦어서요.

0266
もう 時間が 遅いですから。
　　　じ かん　　おそ
모-　　지깐가　　오소이데스까라

아쉽지만, 더 이상 폐를 끼치고 있을 수 없습니다.

残念ですが、これ以上 お邪魔していられません。
잔넨데스가   고레 이조－   오쟈마시떼 이라레마셍

무척 즐거웠어. 정말로 고마워.

とても 楽しかった。ほんとうに ありがとう。
도떼모   다노시깟따   혼또－니   아리가또－

정말로 말씀 즐거웠습니다.

本当に 楽しく お話しできました。
혼또－니   다노시꾸   오하나시 데끼마시따

오늘은 만나서 즐거웠습니다.

今日は 会えて うれしかったです。
쿄－와   아에떼   우레시깟따데스

저희 집에도 꼭 오십시오.

私の方にも ぜひ 来てください。
와따시노 호－니모   제히   기떼 구다사이

Japanese Conversation for Beginners

Chapter 06 방문객을 맞이할 때

먼저 손님이 찾아오면 いらっしゃい, どうぞ라고 맞이한 다음 どうぞお入り
ください라고 하며 안으로 안내를 합니다. 안내한 곳까지 손님이 들어오면 何か飲み物はい
かがですか로 마실 것을 권유한 다음 식사를 합니다. 상대가 일찍 가려고 하면 もうお帰り
ですか라고 만류합니다. 방문을 마치고 돌아가는 손님에게 ぜひまたいらしてください라
고 다시 방문할 것을 의뢰합니다.

Unit1 방문을 받았을 때

いらっしゃい는 존경의 동사인 いらっしゃる의 명령형으로 높여서 말할 때는 ませ
를 붙여 말하기도 한다. 이것은 점원이 고객을 맞이할 때도 쓰인다.

🌸 누구십니까?

0272

どちら様でしょうか。
도찌라사마데쇼―까

※「どちらさまでしょうか」는 방문한 사람의 신원을 확인할 때 쓰는 말이다.

🌸 잘 오셨습니다.

0273

ようこそ いらっしゃいました。
요―꼬소　　　　　이랏샤이마시따

※「いらっしゃいました」나 「おいでくださいました」를 생략하여 「ようこそ」만으로 방문해
온 사람을 맞이하는 인사말로 쓰인다.

🌸 어머, 기무라 씨, 오랜만이에요.

0274

まあ、木村さん！ しばらくですね。
마―　　기무라상　　　　시바라꾸데스네

어서 오세요. 무척 기다리고 있었습니다.

0275

ようこそ。楽しみにお待ちしていました。

요-꼬소　　　　다노시미니 오마찌시떼 이마시따

잠깐 기다려 주십시오.

0276

ちょっと お待ちください。

촛또　　　　　오마찌 구다사이

이런 건 가지고 오시지 않아도 되는데. 고마워요.

0277

そんなこと なさらなくても 良かったのに。ありがとう。

손나 고또　　나사라나꾸떼모　　　요깟따노니　　　　아리가또-

곧 만나실 수 있는지 없는지 보고 오겠습니다.

0278

すぐ お会いになれるかどうか みて 参ります。

스구　　오아이니 나레루까 도-까　　　미떼　　마이리마스

지금 손님이 와 계십니다. 잠시 기다려 주시겠습니까?

0279

ただいま 来客中です。少々 お待ちいただけますか。

다다이마　라이꺄꾸쮸-데스　쇼-쇼-　오마찌 이따다께마스까

기다려 주시면 기꺼이 뵌다고 합니다.

0280

お待ちいただければ、喜んで お目にかかるそうです。

오마찌 이따다께레바　　　　요로꼰데　　오메니 카까루소-데스

<hr>

Unit2　부재중일 때

죄송합니다만, 지금 외출중입니다.

0281

申し訳ありませんが、ただいま 外出中でございます。

모-시와께 아리마셍가　　　　다다이마　가이슈쯔쮸-데 고자이마스

※「~でございます」는 단정을 나타내는 「~です」의 정중어이다.

❀ 미안합니다, 출장 중이어서 내일 아침까지 돌아옵니다.

0282
すみません、出張中で 明日の朝まで 帰ります。
스미마셍   슛쵸-쮸-데   아스노 아사마데   가에리마스

❀ 전하실 말씀은 없습니까?

0283
伝言が ございますか。
뎅공가   고자이마스까

방문객을 안으로 안내하여 접대할 때

どうぞ는 남에게 정중하게 부탁할 때나 바랄 때 하는 말로 우리말의 「부디, 아무쪼록」
에 해당하며, 또한 남에게 권유할 때나 허락할 때도 쓰이는 아주 편리한 말이다.

❀ 자 들어오십시오.

0284
どうぞ お入りください。
도-조   오하이리 구다사이

❀ 이쪽으로 오십시오.

0285
こちらへ どうぞ。
고찌라에   도-조

❀ 길은 금방 알았습니까?

0286
道は すぐ わかりましたか。
미찌와   스구   와까리마시따까

❀ 집안을 안내해 드릴까요?

0287
家の中を ご案内しましょうか。
이에노 나까오   고안나이시마쇼-까

※「ご+한자어+する」는 겸양 표현으로 「~해 드리다」의 뜻을 나타낸다.

🌸 이쪽으로 앉으십시오.

こちらへ おかけください。
고찌라에　　오까께 구다사이

🌸 자, 편히 하십시오.

どうぞ くつろいでください。
도-조　　　구쓰로이데 구다사이

※방문한 사람이 집안으로 들어오면 우선 마음을 편하게 하는 것이 무엇보다 중요하다. 이럴 때 주인은 「どうぞ くつろいでください」나 「どうぞ お楽(らく)に」라고 한다.

🌸 커피를 드시겠습니까?

コーヒーは いかがですか。
코-히-와　　　　이까가데스까

🌸 자, 마음껏 드십시오.

どうぞ ご自由に 召し上がってください。
도-조　　고지유-니　메시아갓떼 구다사이

※「めしあがる」는 「たべる(먹다), のむ(마시다)」의 존경어로 우리말의 「드시다」에 해당한다.

Unit4 손님을 배웅할 때의 인사

손님이 자리를 뜨려고 하면 일단 만류하는 것이 우리와 마찬가지로 일본에서도 예의이다. 그렇다고 마냥 눈치 없이 앉아 있는 것도 폐가 되므로 초대에 대한 감사를 표시한 다음 자리에서 일어나도록 하자.

🌸 벌써 가시겠습니까?

もう お帰りですか。
모-　　오까에리데스까

🌸 저녁이라도 드시고 가지 않겠습니까?

夕食を 召し上がって 行きませんか。
유-쇼꾸오　메시아갓떼　　　이끼마셍까

✿ 저야 괜찮습니다.
0294
わたしの方は かまわないんですよ。
와따시노 호-와　　 가마와나인데스요

✿ 그럼, 만류하지는 않겠습니다.
0295
それじゃ、お引き留めは いたしません。
소레쟈　　　 오히끼또메와　　 이따시마셍

✿ 와 주셔서 저야말로 즐거웠습니다.
0296
来ていただいて、こちらこそ 楽しかったです。
기떼 이따다이떼　　　 고찌라꼬소　　 다노시깟따데스

✿ 언제든지 또 오십시오.
0297
いつでも また 来てください。
이쯔데모　　　 마따　 기떼 구다사이

Chapter 07 약속을 할 때

상대와 약속을 할 때는 우선 상대방의 형편이나 사정을 물어본 다음 용건을 말하고 시간과 장소를 말하는 것이 순서입니다. 상대방의 사정이나 형편을 고려하지 않고 일방적으로 결정해서는 안 됩니다. 가능하면 장소와 시간은 상대방이 정하는 게 좋습니다. 이럴 때 쓰이는 일본어 표현이 ご都合はよろしいですか입니다. 시간을 정할 때는 …に会いましょう라고 하며, 약속 장소를 정할 때는 …で会いましょう라고 표현하면 됩니다.

Unit1 약속을 제의할 때

상대와의 약속은 매우 중요하다. 곧 그것은 그 사람의 신용과 직결되기 때문이다. 우리말의 「약속을 지키다」는 約束をまもる라고 하며, 「약속을 어기다(깨다)」라고 할 때는 約束をやぶる라고 한다.

🌸 지금 방문해도 될까요?

0298
これから お邪魔しても いいでしょうか。
고레까라　　오쟈마시떼모　　이-데쇼-까

🌸 말씀드리러 찾아뵈어도 될까요?

0299
お話ししに うかがっても いいですか。
오하나시시니　　우까갓떼모　　이-데스까

※「～ても いい」는 「～해도 좋다(된다)」의 뜻으로 허락을 나타내는 표현이다.

🌸 잠깐 말씀드리고 싶습니다만.

0300
ちょっと お話ししたいのですが。
촛또　　오하나시 시따이노데스가

※「お ～したい」는 존경 표현인 「お ～する」에 희망을 나타내는 「たい」가 접속된 형태로 「～해 드리고 싶다」의 뜻이다.

✿ 말씀드릴 게 있습니다.

0301
お話ししたい ことが あります。
<ruby>話<rt>はな</rt></ruby>

오하나시 시따이   고또가   아리마스

✿ 언제 시간이 있으면 뵙고 싶습니다만.

0302
いつか お時間が あれば お目にかかりたいのですが。
<ruby>時間<rt>じ かん</rt></ruby>   <ruby>目<rt>め</rt></ruby>

이쯔까   오지깡가   아레바   오메니 가까리따이노데스가

✿ 오늘, 조금 있다가 뵐 수 있을까요?

0303
今日、のちほど お目にかかれますでしょうか。
<ruby>今日<rt>きょう</rt></ruby>   <ruby>目<rt>め</rt></ruby>

쿄ー   노찌호도   오메니 가까레마스데쇼ー까

Unit2 약속 시간과 사정에 대해서

만나고자 하는 상대와 약속을 할 때는 가장 먼저 상대의 형편이나 사정을 물어본 뒤
약속을 해야 한다. 일방적으로 자신의 사정만을 생각하고 약속을 부탁해서는 안 된다.

✿ 언제가 가장 시간이 좋습니까?

0304
いつが いちばん 都合が いいですか。
<ruby>都合<rt>つ ごう</rt></ruby>

이즈가   이찌방   쓰고ー가   이ー데스까

※都合 형편, 상황, 상태, 사정

✿ 금요일 밤은 시간이 됩니까?

0305
金曜の夜は 都合が いいですか。
<ruby>金曜<rt>きんよう</rt></ruby> <ruby>夜<rt>よる</rt></ruby>   <ruby>都合<rt>つ ごう</rt></ruby>

깅요ー노 요루와   쓰고ー가   이ー데스까

※都合がいい ↔ 都合が悪(わる)い

✿ 토요일 오후 3시는 어때요?

0306
土曜の午後3時は どうです?
<ruby>土曜<rt>ど よう</rt></ruby> <ruby>午後<rt>ご ご</rt></ruby> <ruby>時<rt>じ</rt></ruby>

도요ー노 고고 산지와   도ー데스

이번 일요일에 무슨 약속이 있습니까?

今度の日曜日、何か 約束が ありますか。

곤도노 니찌요-비　　나니까 약소꾸가　아리마스까

몇 시까지 시간이 비어 있습니까?

何時まで 時間が あいてますか。

난지마데　　지깡가　아이떼마스까

Unit3 만날 장소를 정할 때

약속 장소를 정할 때는 상대가 쉽게 찾을 수 있는 곳을 염두에 두어야 한다. 그렇지 않고 일방적으로 자신만이 알고 있는 장소를 선택하면 상대에 대한 예의가 아닐 뿐만 아니라 제 시간에 만나지 못할 것이다.

어디서 만날까요?

どこで 会いましょうか。

도꼬데　　아이마쇼-까

어디서 만나는 게 가장 좋을까요?

どこが いちばん 都合が いいですか。

도꼬가　이찌반　　쓰고-가　이-데스까

일이 끝나면 5시에 사무실 앞에서 만날까요?

仕事が 終わったら 5時に 事務所の前で 会いましょうか。

시고또가　오왓따라　　고지니　지무쇼노 마에데　　아이마쇼-까

신주쿠 역에서 3시 무렵에 만나기로 합시다.

新宿駅で 3時ごろ 待ち合わせましょう。

신쥬꾸 에끼데　산지고로　　마찌아와세마쇼-

約束しますよ는 상대와의 약속을 다짐할 때 쓰이는 표현이다. 본래의 발음은 「やくそく(야꾸소꾸)」이지만, 주로 「く」가 촉음처럼 되어 「약소꾸」로 발음한다.

0313
좋아요. 그럼 그 때 만납시다.

いいですよ。じゃ、その時に 会いましょう。
이-데스요   쟈   소노 또끼니   아이마쇼-

0314
그게 좋겠습니다.

それで 好都合です。
소레데   코-쓰고-데스

0315
저도 그 때가 좋겠습니다.

わたしも それで 都合が いいです。
와따시모   소레데   쓰고-가 이-데스

0316
언제든지 좋으실 때 하십시오.

いつでも お好きな 時に どうぞ。
이쯔데모   오스끼나   도끼니 도-조

※「でも」는 「なに、だれ、どこ、どれ、いつ」에 접속하여 전부의 의미를 나타낸다.

0317
저는 어디든지 좋아요. 당신은?

私は どちらでも 都合が いいですよ。あなたは?
와따시와 도찌라데모   쓰고-가 이-데스요   아나따와

0318
그럼, 그 시간에 기다리겠습니다.

では、その時間に お待ちします。
데와   소노 지깐니   오마찌시마스

Unit5 약속을 거절할 때

상대에게 약속을 제의받았을 때 사정이 좋지 않을 때는 상대의 기분이 나쁘지 않도록 조심스럽게 別の日にしてもらえませんか라고 부탁하는 것도 요령이다.

🌸 유감스럽지만, 오늘 오후는 안 되겠습니다.

0319 残念ながら 今日の午後は だめなんです。
잔넨나가라　　코-노 고고와　　　다메난데스

🌸 미안하지만, 오늘은 하루 종일 바쁩니다.

0320 すみませんが、今日は 一日中 忙しいのです。
스미마셍가　　　코-와　　이찌니찌쥬- 이소가시-노데스

🌸 정말로 미안하지만, 이번 주에는 시간이 없습니다.

0321 本当に すまないけど、今週は 時間が ないんです。
혼또-니　스마나이께도　　　곤슈-와　지깡가　나인데스

※「すまない」는 남성이 주로 쓰는 말투로 정중한 표현은 「すみません」이다.

🌸 아쉽게도 약속이 있습니다.

0322 あいにくと 約束が あります。
아이니꾸또　　약소꾸가　　아리마스

🌸 오늘은 좀 그런데, 내일은 어때요?

0323 今日は まずいけど、明日は どうです?
코-와　　마즈이께도　　아시따와　도-데스

Unit6 약속을 지킬 수 없거나 변경할 때

경우에 따라서 약속을 취소할 때는 本当に すみませんが, お約束が 果たせません 이라고 하면 된다. 또한 약속을 연기하고 싶을 때는 来月まで 延ばしていただけませんか라고 한다. 여기서는 자연스럽게 약속의 제의에 대처하기 위한 표현과 요령을 익힌다.

🌸 다른 날로 해 주실 수 없을까요?

0324
別の日に していただけないでしょうか。
베쯔노 히니　시떼 이따다께나이데쇼–까

🌸 급한 일이 생겨서 갈 수 없습니다.

0325
急用が できてしまって 行けません。
큐–요–가　데끼떼 시맛떼　이께마셍

🌸 다음 달까지 연기해 주실 수 없습니까?

0326
来月まで 延ばしていただけませんか。
라이게쯔마데　노바시떼 이따다께마셍까

🌸 정말로 미안합니다만, 약속을 지킬 수 없습니다.

0327
本当に すみませんが, お約束が 果たせません。
혼또–니　스미마셍가　오약소꾸가　하따세마셍

🌸 폐가 되지 않는다면 괜찮겠습니까?

0328
ご迷惑にならなければ よろしいのですか。
고메–와꾸니 나라나께레바　요로시–노데스까

※迷惑になる 폐가 되다

Chapter 08 식사를 할 때

함께 식사를 하는 것도 상대와의 커뮤니케이션을 깊게 하는 데 절호의 기회입니다. 여기서는 배가 고플 때는 おなかがすいた, 배가 부를 때는 おなかがいっぱいだ, 식욕이 없을 때는 食欲がありません, 음식이 맛있을 때는 おいしい, 맛이 없을 때는 まずい, 음식을 먹기 전에는 いただきます, 음식을 먹고 나서는 ごちそうさま 등의 기본적인 식사와 음식 표현에 관한 모든 것을 살펴보기로 합시다.

Unit1 함께 식사하기를 제안할 때

상대에게 정중하게 식사나 음료 등을 권유할 때 많이 쓰이는 표현으로는 「~でもいかがですか (~라도 하시겠습니까?)」가 있다. 유용하게 쓰이므로 잘 익혀두도록 하자.

🌸 점심, 함께 안 할래요?

0329
昼食、一緒に しませんか。
츄-쇼꾸 잇쇼니 시마셍까

※상대에게 제안을 할 때 부정형을 사용하여 표현하면 다소 정중하고 완곡한 느낌을 준다.

🌸 밖에서 뭐라도 간단히 먹읍시다.

0330
外で 何か 簡単に 食べましょう。
소또데 나니까 간딴니 다베마쇼-

🌸 언제 함께 식사라도 합시다.

0331
いつか、一緒に 食事でもしましょう。
이쓰까 잇쇼니 쇼꾸지데모 시마쇼-

※~でも~ましょう ~라도 ~합시다

❀ 어디에 들어가서 점심이라도 먹읍시다.

0332
どこかに 入って 昼飯でも 食べましょう。
도꼬까니　하잇떼　히루메시데모　다베마쇼-

❀ 이 가게에서 초밥이라도 먹읍시다.

0333
この店で 寿司でも 食べましょう。
고노 미세데　스시데모　다베마쇼-

❀ 저녁은 내가 대접하겠습니다.

0334
夕食は 私が おごりましょう。
유-쇼꾸와　와따시가 오고리마쇼-

※おごる (남에게 술이나 음식 등을) 대접하다, 한턱내다

❀ 오늘 저녁은 제가 내겠습니다.

0335
今夜は 私の おごりです。
공야와　　와따시노 오고리데스

❀ 벌써 점심을 마쳤어요?

0336
もう 昼食を 済ませましたか。
모-　츄-쇼꾸오 스마세마시따까

Unit2 음식의 맛과 취향에 관해서

うまい는 맛에 관해 말할 때는 주로 남성어로 쓰인다. 여성의 경우는 おいしい를 쓰는 것이 일반적이다. 반대로 맛이 없을 경우에는 まずい라고 한다.

❀ 맛은 어때요?

0337
味は どうですか。
아지와　도-데스까

※「いかがですか」는 「どうですか(어때요?)」의 정중한 표현으로 상대의 의향이나 상태 등을 물을 때 많이 쓰인다.

맛있습니까?

おいしいですか。
오이시-데스까

이 요리 맛있네요.

この料理、うまいですね。
고노 료-리　우마이데스네

유감스럽지만 입에 맞지 않습니다.

残念ながら 口に 合いません。
잔넨나가라　구찌니　아이마셍

※口に合う (입에 맞다) ↔ 口に合わない (입에 맞지 않다)

어떤 음식을 좋아하십니까?

どんな 食べ物が お好みですか。
돈나　다베모노가　오꼬노미데스까

무엇이든 먹습니다. 음식은 까다롭지 않습니다.

何でも 食べます。食べ物には うるさくないんです。
난데모　다베마스　다베모노니와　우루사꾸나인데스

※「うるさい」는 「시끄럽다」의 뜻을 가진 형용사이지만, 이처럼 어떤 취향이 까다롭다고 할 때
도 쓰인다.

일본요리 중에서 어느 것을 좋아하십니까?

日本料理の中で どれが お好きですか。
니혼 료-리노 나까데　도레가　오스끼데스까

이거 맛있는데. 누가 요리했습니까?

これは うまい。誰が 料理したんですか。
고레와　우마이　다레가　료-리시딴데스까

Unit3 식사를 권할 때

식사가 나오면 주인은 손님에게 식사할 것을 권한다. 이때 손님은 いただきます(잘 먹겠습니다)라고 말하고 요리를 칭찬하는 것도 잊지 말도록 하자.

자 어서, 마음껏 먹으세요.
0345
さあ どうぞ、ご自由に 食べてください。
사— 도—조 고지유—니 다베떼 구다사이

잘 먹겠습니다.
0346
いただきます。
이따다끼마스

따뜻할 때 드십시오.
0347
温かいうちに 召し上がってください。
아따따까이 우찌니 메시아갓떼 구다사이

맛 좀 봐요.
0348
ちょっと 味見してみてよ。
촛또 아지미시떼 미떼요

많이 집으세요.
0349
たくさん 取ってくださいね。
닥산 돗떼 구다사이

싫어하시면 남겨도 됩니다.
0350
お嫌いでしたら、残しても いいんですよ。
오끼라이데시따라 노꼬시떼모 이인데스요

고기를 좀더 드시겠습니까?
0351
肉を もう少し いかがですか。
니꾸오 모— 스꼬시 이까가데스까

아뇨 됐습니다. 많이 먹었습니다.

いや 結構です。 十分 いただきました。
けっこう　　　じゅうぶん
이야　겟꼬―데스　　쥬―분　이따다끼마시따

※우리말에서 「됐습니다」의 의미로 사용되는 일본어의 「結構(けっこう)です」는 사무적으로
쓰이는 경우가 많다. 따라서 「結構です」라는 말에 거절의 의미를 담을 경우 그 정도가 좀 강
하므로 사용법에 신경을 써야 한다. 화가 난 듯이 「結構です」라고 하면 상대방에게 불쾌감을
주게 된다.

Unit4 식사를 마칠 때

요리가 나오고 식사를 하기 전에는 음식을 만든 사람에게 감사의 뜻으로 いただきま
す라고 하며, 식사를 다 마쳤을 때는 ごちそうさまでした라고 하며, 줄여서 ごちそ
うさま라고도 한다.

잘 먹었습니다.
0353

ごちそうさまでした
고찌소―사마데시따

많이 먹었습니다.
0354

たっぷり いただきました。
답뿌리　　이따다끼마시따

배가 부릅니다. 더 이상 한 입도 먹지 못하겠습니다.
0355

おなかが いっぱいです。これ以上 一口も 食べられません。
　　　　　　　　　　　　いじょう　ひとくち　た
오나까가　입빠이데스　　고레 이죠―　히또쿠찌모　다베라레마셍

모두 정말로 맛있게 먹었습니다.
0356

何もかも 実に おいしく いただきました。
なに　　　じつ
나니모까모　지쓰니　오이시꾸　　이따다끼마시따

멋진 저녁이었습니다.
0357

すばらしい 夕食でした。
　　　　　　ゆうしょく
스바라시―　유―쇼꾸데시따

✿ 정말로 맛있었습니다.

0358 本当に おいしかったです。

ほんとう

혼또-니　　오이시깟따데스

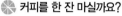

✿ 커피를 한 잔 마실까요?

0359 コーヒーを 一杯 飲みましょうか。

いっぱい　の

코-히-오　　입빠이　노미마쇼-까

✿ 잠깐 한숨 돌리고 커피나 마십시다.

0360 ちょっと 一息入れて、コーヒーか何か 飲みましょう。

ひといき い　　　　　　なに　の

촛또　　히또이끼 이레떼　코-히-까 나니까　　　노미마쇼-

✿ 커피와 홍차 중에 어느 것을 좋아합니까?

0361 コーヒーと 紅茶と どちらが 好きですか。

こうちゃ　　　　す

코-히-또　　코-쨔또　도찌라가　스끼데스까

✿ 커피입니다. 향기를 매우 좋아합니다.

0362 コーヒーです。香りが とても 好きです。

かお　　　　　す

코-히-데스　　가오리가　도떼모　스끼데스

✿ 신선한 토마토 주스가 좋겠군요.

0363 新鮮な トマト ジュースのほうが いいですね。

しんせん

신센나　　토마또 쥬-스노 호-가　　　　이-데스네

✿ 커피를 한 잔 사겠습니다.

0364 コーヒーを 一杯 おごりましょう。

いっぱい

코-히-오　　입빠이　오고리마쇼-

뜨거운 커피와 아이스커피 중에 어느 것으로 하겠습니까?

0365

ホットと アイスの どちらに しますか。
홋또또　　　아이스노　　　도찌라니　　　시마스까

※ホット・コーヒー[hot coffee] ↔ アイス・コーヒー[ice coffee]

내 커피는 진하게 해 주세요.

0366

私の コーヒーは 濃くしてください。
와따시노 코ー히ー와　　　고꾸시떼 구다사이

커피에 설탕과 크림을 넣습니까?

0367

コーヒーに 砂糖と クリームを 入れますか。
코ー히ー니　　　사또ー또　　　쿠리ー무오　　　이레마스까

홍차나 커피는 하루에 몇 잔 정도 마십니까?

0368

紅茶や コーヒーを 1日 何杯くらい 飲みますか。
고ー쨔야　　　코ー히ー오　　　이찌니찌 남바이 쿠라이　　　노미마스까

일본의 다방에서는 커피는 얼마입니까?

0369

日本の 喫茶店では コーヒーは いくらですか。
니혼노　　　깃사뗀데와　　　코ー히ー와　　　이꾸라데스까

※喫茶店 다방, カフェー 카페

PART 3

유창한 대화를 위한 표현

Chapter

일본인들은 상대방의 부탁이나 제안에 대해, 아무리 싫더라도 직설적으로 いいえ(아니오), いやです(싫습니다), できません(할 수 없습니다), だめです(안 됩니다) 등의 말들을 사용하지 않습니다. 이런 말들을 사용하는 대신 조심스럽게 자기가 거절할 수밖에 없는 이유를 설명하면, 대부분의 일본인들은 상대의 거절 의사를 눈치 채고 부탁이나 제안을 스스로 거두어들이기 때문입니다.

Chapter 01 질문을 할 때

각 장면에 따라 적절한 질문이 가능한지 또는 상대의 공감을 얻을 수 있는 말을 어느 정도 재빨리 할 수 있는지에 따라 회화의 능력을 판가름할 수 있습니다. 의문이나 질문을 나타내는 조사로는 か가 있으며, 그밖에 친분이나 상하, 또는 남녀에 따라 ね, わ, の, い 등이 쓰입니다. 의문사로는 なに, だれ, どの, どちら, どこ 등이 있으며, 이유나 방법을 물을 때 쓰이는 どうして, なぜ가 있습니다.

Unit1 질문할 때 쓰이는 의문사 (なに)

何는 무엇인지 확실하지 않을 때 묻는 의문사로 우리말의 「무엇」에 해당하며, 뒤에 오는 발음에 따라 なに, なん으로 읽는다. 또한 숫자를 나타내는 말 앞에서는 「몇」으로 해석한다.

🌸 지금 무얼 하고 있습니까?

0370
今、何を してるんですか。
いま なに
이마 나니오 시떼룬데스까

※「してる」는 진행이나 상태를 나타내는 「している」의 축약형이다.

🌸 무엇부터 시작할까요?

0371
何から 始めましょうか。
なに はじ
나니까라 하지메마쇼―까

※何から 何まで 무엇부터 무엇까지

🌸 무슨 용건이시죠?

0372
何の ご用件でしょうか。
なん ようけん
난노 고요―껜데쇼―까

🌸 무슨 말을 하고 있는 거야?

0373
何の 話を しているの?
난노　　하나시오 시떼이루노

※종조사 「の」는 의문이나 질문을 나타내기도 하며, 여성들이 가볍게 단정을 할 때도 쓰인다.

🌸 그건 몇 층에 있습니까?

0374
それは 何階に ありますか。
소레와　　낭가이니　아리마스까

※一階(いっかい), 二階(にかい), 三階(さんがい), 四階(よんかい), 五階(ごかい), 六階(ろっかい), 七階(ななかい), 八階(はっかい), 九階(きゅうかい), 十階(じっ・じゅっかい)

🌸 그 팩은 도대체 뭐니?

0375
その パックは 一体 何なの?
소노　팍꾸와　　잇따이 난나노

🌸 무슨 용무로 나가십니까?

0376
何の ご用で お出掛けですか。
난노　고요－데　오데까께데스까

🌸 이것은 무슨 줄입니까?

0377
これは 何の 列ですか。
고레와　난노　레쓰데스까

Unit2 질문할 때 쓰이는 의문사 (だれ・どなた・どれ)

だれ는 모르는 사람을 지칭할 때 쓰이는 의문사로 우리말의 「누구」에 해당하며 이보다 정중한 말로는 どなた(어느 분)가 있다. どれ는 사물을 가리키는 의문사로 「어느 것」을 뜻한다.

🌸 누구를 추천할까요?

0378
誰を 推薦しましょうか。
다레오 스이센시마쇼－까

누구에게 물으면 될까?

0379
誰に 聞いたら いいかしら。
다레니 기이따라   이-까시라

※「かしら」는 의문을 나타내는 말로 주로 여성들이 사용한다.

누구한테 그 이야기를 들었습니까?

0380
誰から その話を 聞いたのですか。
다레까라   소노 하나시오 기이따노데스까

누구와 마시고 싶니?

0381
誰と 飲んでみたい?
다레또 논데 미따이

누구십니까?

0382
どなたさまでしょうか。
도나따사마데쇼-까

※「さま」는 존칭의 접미어로 「さん」을 높여서 부를 때 쓰이는 말이다.

어느 것으로 하겠어요?

0383
どれに しますか。
도레니   시마스까

※~にする ~으로 하다, ~으로 삼다

어느 것이 맞습니까?

0384
どれが 正しいのですか。
도레가   다다시-노데스까

Unit3 질문할 때 쓰이는 의문사 (どう・どうして)

どうは 방법을 물을 때 쓰이는 부사어로 우리말의 「어떻게」에 해당한다. どうして 는 이유를 물을 때 쓰이는 말로 なぜ와 같은 의미로 쓰이지만, 방법에 초점이 있다.

🌸 주말은 어떻게 보낼 예정입니까?
0385
週末は どう 過ごすつもりですか。
슈ー마쯔와   도ー   스고스 쓰모리데스까

🌸 이 병따개는 어떻게 사용하니?
0386
この 栓抜きは どう 使うの?
고노 센누끼와   도ー   쓰까우노

🌸 오늘 날씨는 어떻습니까?
0387
今日の 天気は どうなんですか。
쿄ー노   텡끼와   도ー난데스까

🌸 차는 어떻게 드시겠습니까?
0388
お茶は どのように なさいますか。
오쨔와   도노요ー니   나사이마스까

※ どのように 어떻게, 어떤 모양(식)으로

🌸 여기에서의 생활은 어떻습니까?
0389
ここでの 生活は どうですか。
고꼬데노   세ー까쯔와   도ー데스까

※ 「どうですか」보다 정중한 표현으로는 「いかがですか」가 있다.

🌸 왜 그런 말을 하니?
0390
どうして そんな こと 言うの?
도ー시떼   손나   고또   이우노

🌸 왜 그런 짓을 했니?
0391
どうして そんな ことを したの?
도ー시떼   손나   고또오   시따노

いくら는 불확실한 정도, 수량, 값을 나타내는 의문사로 우리말의 「얼마, 어느 정도」에 해당한다. どの는 「어느, 어떤」을 나타내는 연체사로 분명치 않은 것을 나타낸다.

🌸 전부해서 얼마입니까?

0392
全部で いくらですか。
ぜん ぶ
젬부데   이꾸라데스까

🌸 이 비디오는 얼마에 샀습니까?

0393
このビデオは いくらで 買ったのですか。
か
고노 비데오와   이꾸라데   갓따노데스까

🌸 거리는 여기에서 어느 정도입니까?

0394
距離は ここから どのくらいですか。
きょ り
코리와   고꼬까라   도노쿠라이데스까

※ どのくらい 어느 정도

🌸 시간은 어느 정도 걸립니까?

0395
時間は どのくらい かかりますか。
じ かん
지깡와   도노쿠라이   가까리마스까

※「くらい」는 대강의 정도를 나타내는 말로 「ぐらい」로도 쓰인다.

🌸 서울에는 어느 정도 머무르십니까?

0396
ソウルには どのくらい 滞在されますか。
たいざい
소우루니와   도노쿠라이   타이자이사레마스까

いつは 때를 물을 때 쓰이는 의문사로 우리말의 「언제, 어느 때」에 해당한다.

❀ 생일은 언제입니까?

0397
誕生日は いつですか。
탄죠-비와　　이쯔데스까

❀ 언제 여기로 이사를 왔습니까?

0398
いつ ここへ 引越して 来たのですか。
이쯔　　고꼬에　　힉꼬시떼　　기따노데스까

❀ 언제쯤 완성되겠습니까?

0399
いつごろ 出来上がりますか。
이쯔고로　　데끼아가리마스까

❀ 이 좋은 날씨가 언제까지 계속될까?

0400
この いい天気は いつまで 続くかな。
고노　　이- 텡끼와　　이쯔마데　　쓰즈꾸까나

※「かな」는 계조사「か」에 영탄의 조사「な」가 붙어 한 말이 된 것으로 체언이나 활용어의 연
체형에 붙어 감동·영탄의 뜻을 나타낸다.「~어라, ~로다, ~구나, ~도다」

❀ 언제까지 서류를 완성할 예정입니까?

0401
いつまでに 書類は できる 予定ですか。
이쯔마데니　　쇼루이와　　데끼루　　요떼-데스까

どちら(어느 쪽)는 방향을 나타내는 의문사로 장소를 나타내는 どこ(어디)보다 정중한 말이다. 또한 どちら는 사람을 가리킬 때는 だれ보다 정중한 표현으로 쓰인다.

🌸 고국(고향)은 어딥니까?

0402
お国は どちらですか。
오꾸니와　도찌라데스까

🌸 남쪽 출구는 어디입니까?

0403
南口は どちらでしょうか。
미나미구찌와 도찌라데쇼―까

🌸 일본의 어디에서 태어났습니까?

0404
お生まれは 日本の どちらですか。
오우마레와　니혼노　도찌라데스까

🌸 어디에 사십니까?

0405
どちらに お住まいですか。
도찌라니　오스마이데스까

🌸 어디에 근무하십니까?

0406
どちらへ お勤めですか。
도찌라에　오쓰또메데스까

🌸 여기는 어딥니까?

0407
ここは どこですか。
고꼬와　도꼬데스까

🌸 어디서 돈을 환전할 수 있나요?

0408
どこで お金の 両替が できますか。
도꼬데　오까네노　료―가에가 데끼마스까

🏵 실례합니다만, 남성용 화장실은 어디에 있습니까?

0409
失礼ですが、男性用のトイレは どこに ありますか。
시쯔레-데스가　　단세-요-노 토이레와　　도꼬니　아리마스까

🏵 어디에서 전화를 걸고 있니?

0410
どこから 電話を かけているの?
도꼬까라　　뎅와오　　가께떼이루노

🏵 아버지는 어디에 근무하십니까?

0411
お父さんは どこへ お勤めですか。
오또-상와　　도꼬에　　오쯔또메데스까

🏵 어디에 가니?

0412
どこへ 行くの?
도꼬에　이꾸노

Unit7 그 밖의 질문 표현

なぜ・なんで・どうしては 원인과 이유를 묻는 데는 거의 같은 뜻인데, なんで는 회화체이고, 반어적인 용법으로도 쓰인다. 또 どうしては 수단이나 방법을 뜻하기도 한다.

🏵 예를 들면?

0413
たとえば?
다또에바

🏵 이 단어의 뜻을 압니까?

0414
この単語の 意味が わかりますか。
고노 당고노　　이미가　　와까리마스까

❀ 이 한자는 어떻게 읽니?

この漢字は どのように 読むの?

고노 칸지와　　　도노 요ー니　　　요무노

❀ 이것과 이것의 차이는 무엇입니까?

これと これの 違いは 何ですか。

고레또　　　고레노　　　치가이와　　　난데스까

Chapter 02 응답을 할 때

긍정의 감탄사로는 はい → ええ → うん이 있으며, 부정의 감탄사로는 いいえ → いや → ううん이 있습니다. 이것은 화살표 순으로 존경의 경중을 나타낸 것입니다. 또한 다른 사람의 말을 긍정할 때는 そうです, 부정할 때는 ちがいます라고 합니다. 흔히 そうです의 부정형인 そうではありません이라고 하기 쉬우나 そうではありません은 좀 더 구체적으로 지적해서 부정할 때 쓰며, 단순히 사실과 다르다고 할 때는 ちがいます라고 합니다.

Unit1 긍정응답의 표현

상대의 말에 긍정을 할 때 쓰이는 대표적인 감탄사로는 「はい(예)」가 있으며, 가볍게 말할 때는 「ええ」, 「うん(응)」으로 표현한다. 그 밖의 긍정 표현으로는 「そうです(그렇습니다)」가 있다.

🌸 네, 그렇습니다.

0417

はい、そうです。
하이　　소-데스

※「そうです」는 대답이나 생각에 대해서 「옳다, 정확하다, 그렇다」는 것을 나타낸다. 허물없는 사이에서는 「そう」라고도 한다.

🌸 네, 알겠습니다.

0418

はい、分かりました。
하이　　와까리마시따

※「はい」는 질문이나 부탁 등에 긍정하거나 대답하는 말로 우리말의 「네, 예」에 해당한다. 또한 「はい」는 상대의 주의를 끌 때도 쓰인다.

🌸 네, 간 적이 있습니다.

0419

はい、行った ことが あります。
하이　　잇따　　　고또가　　　아리마스

※~たことがある ~한 적이 있다

🏀 네, 정말입니다.

はい、本当です。
하이　　혼또-데스

상대의 의견이나 제안에 관해 부정할 때 쓰이는 감탄사로는 「いいえ(아니오)」가 있으며, 가볍게 말할 때는 「いや(아니)」, 「ううん(아냐)」이 있다. 그 밖의 부정 표현으로는 「ちがいます(다릅니다)」가 있다.

🏀 아뇨, 그렇지 않습니다.

いいえ、そうじゃありません。
이-에　　　소-쟈 아리마셍

🏀 아뇨, 아직입니다.

いいえ、まだです。
이-에　　　마다데스

🏀 아뇨, 다릅니다.

いいえ、違います。
이-에　　　치가이마스

> ※「いいえ」는 정중하게 부정할 때, 「いや」는 가볍게 부정할 때 쓰인다. 또 「違います」는 단순히 사실과 다르다고 할 때 쓰인다.

🏀 아뇨, 이제 됐습니다.

いいえ、もう 結構です。
이-에　　　모-　　겟꼬-데스

Unit3 부정으로 긍정할 때

🌸 **아뇨, 좋아합니다.**
0425
いいえ、好^すきです。
이─에   스끼데스

🌸 **아뇨, 먹겠습니다.**
0426
いいえ、いただきます。
이─에   이따다끼마스

🌸 **아뇨, 가고 싶습니다.**
0427
いいえ、行^いきたいです。
이─에   이끼따이데스

🌸 **아뇨, 정했어요.**
0428
いや、決^きめました。
이야   기메마시따

Unit4 권유나 허락의 요구에 긍정할 때

🌸 **예, 그렇게 하세요.**
0429
ええ、どうぞ。
에─   도─조

🌸 **네, 좋아요.**
0430
はい、いいですよ。
하이   이─데스요

🌸 **네, 그렇게 하십시오.**
0431
はい、どうぞ。
하이   도─조

✿ 응, 나도 그렇게 생각해.

0432
うん、私も そう 思うよ。
응　　　와따시모　소－　　오모우요

※「うん」은 아랫사람이나 동등한 사람의 질문・의뢰에 대해서 긍정・승낙을 나타내는 말로 「응, 음, 그래」의 뜻을 나타낸다.

✿ 예, 괜찮습니다.

0433
ええ、かまいません。
에－　　　가마이마셍

✿ 자, 쓰십시오.

0434
どうぞ お使いください。
도－조　　　오쓰까이 구다사이

✿ 괜찮다고 생각합니다.

0435
大丈夫だと 思います。
다이죠－부다또 오모이마스

✿ 그렇게 말씀하신다고 전해드리겠습니다.

0436
そう おっしゃると 申し上げます。
소－　　　옷샤루또　　　　모－시 아게마스

Unit5 권유나 허락의 요구에 부정할 때

✿ 아뇨, 안 됩니다.

0437
いや、だめです。
이야　　　다메데스

※「いや」아니. 보통체의 부정 응답 표현이다.

✿ 미안합니다. 안 됩니다.

0438
すみません、だめです。
스미마셍　　　　　다메데스

🌸 미안합니다, 제가 쓰려고 생각하고 있습니다.

0439

すみません、自分で 使おうと 思ってるんです。
스미마셍　　　　　지분데　　　쓰까오-또　　오못떼룬데스

🌸 그렇게 하지 마세요.

0440

そう しないでください。
소-　　시나이데 구다사이

🌸 아니오, 삼가해 주세요.

0441

いいえ、ご遠慮ください。
이-에　　　　고엔료 구다사이

🌸 아니오, 전혀 없습니다.

0442

いいえ、全然 ありません。
이-에　　　젠젱　　아리마셍

Chapter 03 맞장구를 칠 때

대화는 반드시 상대가 있기 마련입니다. 상대와의 호흡을 맞추기 위해서는 상대방의 의견을 존중하며 그에 동의를 표시하는 것이 맞장구입니다. 맞장구는 상대의 이야기를 잘 듣고 있으니 계속하라는 의사 표현이기 때문입니다. 주로 쓰이는 자연스런 맞장구로는 そうですか, なるほど, そのとおりです 등이 있으며, 의문을 갖거나 믿어지지 않을 때 사용하는 맞장구로는 ほんと？와 うそ？등이 있습니다.

Unit1 상대의 말에 의문을 갖고 맞장구칠 때

そうですか는 상대의 말에 적극적인 관심을 피력할 때 쓰이는 표현으로 우리말의 「그렇습니까?」에 해당한다. 친구나 아랫사람이라면 가볍게 끝을 올려서 そう?나 そうなの?로 표현하면 적절한 맞장구가 된다.

그렇습니까?

0443

そうですか。
소-데스까

그랬습니까?

0444

そうでしたか。
소-데시따까

어머, 그래.

0445

あら、そう？
아라　　소-

※あら는 놀라거나 감동했을 때 내는 소리로 우리말의 「어머(나)」에 해당한다.

엣, 그러세요?

0446

えっ、そうですか。

엣　　　소-데스까

※「えっ」은 놀라거나 의아해 할 때 내는 소리. (옛, 뭐라고, 어, 이크)

그렇습니까?

0447

そうなんですか。

소-난데스까

그렇습니까, 그거 안됐군요.

0448

そうですか、それは いけませんね。

소-데스까　　　　소레와　　이께마센네

앗, 정말이세요?

0449

あっ、本当ですか。

앗　　혼또-데스까

그러세요, 몰랐습니다.

0450

そうですか、知りませんでした。

소-데스까　　　시리마센데시따

그렇게 생각하세요?

0451

そう 思いますか。

소-　　오모이마스까

そのとおりです는 상대의 말이 자신의 생각과 일치되거나 할 때 적극적으로 맞장구를 치는 표현으로 다른 말로 바꾸면「おっしゃるとおりです(말씀하신 대로입니다)」라고도 한다.

🌸 과연.
0452
なるほど。
나루호도

> ※「なるほど」는 우리말의「과연, 정말」의 뜻을 가진 말로, 상대의 말에 대해 맞장구를 칠 때 많이 쓰인다.

🌸 그래 맞아!
0453
そのとおり!
소노 도-리

🌸 맞습니다.
0454
そのとおりです。
소노 도-리데스

🌸 저도 그렇게 생각해요.
0455
わたしも そう 思いますね。
와따시모　　소-　　오모이마스네

🌸 글쎄, 그렇게도 말할 수 있겠군요.
0456
まあ、そうも 言えるでしょうね。
마-　　소-모　　이에루데쇼-네

🌸 알고 있었어요.
0457
知ってましたよ。
싯떼마시따요

별로 상관없어.

0458

別に かまわないね。

베쯔니 가마와나이네

역시.

0459

やっぱりね。

얍빠리네

※「やはり」는 회화에서 그 뜻을 강조하기 위해서 「やっぱり, やっぱし」라고 한다.

그래서?

0460

それで?

소레데

※「それで」는 상대가 계속해서 말을 해 주기를 바랄 때나, 상대의 어떤 생각을 듣고 물을 때나 결론을 촉구할 때 많이 쓰이는 표현이다.

그렇군요.

0461

そうなんですよね。

소-ㄴ데스요네

그거 안됐군요.

0462

それは まずいですね。

소레와 　　마즈이데스네

Unit3 상대의 말에 동감을 표시할 때

저도 그렇습니다.

0463

私も そうなんです。

와따시모 소-ㄴ데스

저도 같습니다.

0464

私だって 同じです。

와따시닷떼 　　오나지데스

🏵 저도 그렇게 생각합니다.

私も そう 思います。
와따시모 소— 오모이마스

🏵 전적으로 동감입니다.

まったく 同感です。
맛따꾸 　　　도—깐데스

※「まったく」는 상대의 말에 맞장구를 칠 경우에는 「실로, 참으로」의 뜻이지만, 뒤에 부정어가
　오면 「모조리, 모두, 전혀」의 뜻이 된다.

🏵 저도 못합니다.

私にも できません。
와따시니모　데끼마셍

🏵 그렇습니까, 저도 그렇습니다.

そうですか、私もです。
소—데스까　　　와따시모데스

🏵 저도 모르겠습니다.

私にも わかりません。
와따시니모 와까리마셍

🏵 저도 좋아하지 않습니다.

私も 好きじゃないんです。
와따시모 스끼쟈 나인데스

Japanese Conversation for Beginners

Chapter 04 되물음과 이해를 나타낼 때

자세한 설명을 원할 때는 くわしく説明してください라고 하면 됩니다. 이처럼 상대의 설명을 잘 이해하지 못하거나 구체적인 설명이 필요할 때는 상대에게 분명하게 의뢰하여 의사소통에 오해의 소지가 없도록 해야 합니다. 상대의 설명을 이해했을 때는 わかりました를 쓰지만, 보다 정중하게 承知しました나 かしこまりました를 쓰는 것이 좋으며, 이해하지 못했을 때도 わかりません보다는 わかりかねます로 하는 게 좋습니다.

Unit1 되물을 때

상대의 말을 잘 알아듣지 못했거나 이해하지 못했을 때 다시 물어 상대의 말을 정확히 이해하는 방법을 망설임 없이 입에서 자연스럽게 나올 때까지 익혀두자.

예(뭐죠)?
0471
はい?
하이

뭡니까?
0472
何ですか。
난데스까

뭐라고 했니?
0473
何て 言ったの?
난떼　잇따노

미안합니다, 뭐라고 하셨습니까?
0474
すみません、何と 言ったのですか。
스미마셍　　　난또　　잇따노데스까

PART3 유창한 대화를 위한 표현

🏵 잘 모르겠습니다만.

0475

よく わからないのですが。
<small>요꾸　와까라나이노데스가</small>

Unit2　다시 한번 말해달고 할 때

상대의 말이 빠르거나 발음이 분명하게 들리지 않을 때, 또는 이해하기 힘들 때 실례
가 되지 않도록 정중하게 다시 한번 말해 달라고 부탁해 보자.

🏵 다시 한번 말해 주겠어요?

0476

もう一度 言ってくれますか。
<small>모－ 이찌도　잇떼 구레마스까</small>

🏵 미안합니다. 다시 한번 말씀해 주시겠습니까?

0477

すみません、もう一度 言ってくださいませんか。
<small>스미마셍　　　　　모－ 이찌도　잇떼 구다사이마셍까</small>

🏵 못 알아듣겠습니다. 다시 한번 부탁합니다.

0478

聞き取れません。もう一度 お願いします。
<small>기끼토레마셍　　　　모－ 이찌도　오네가이시마스</small>

🏵 너무 빨라서 모르겠습니다. 천천히 말해 주겠어요?

0479

速すぎて わかりません。ゆっくり 話してくれませんか。
<small>하야스기떼　와까리마셍　　　육꾸리　하나시떼 구레마셍까</small>

🏵 더 확실히 말해 주겠어요?

0480

もっと はっきり 話してくれますか。
<small>못또　　학끼리　하나시떼 구레마스까</small>

※ はっきり 분명히, 똑똑히, 확실히, 틀림없이

Unit3 이해했는지 물을 때

🌸 이제 알겠습니까?

0481

これで 分かりますか。

고레데 　와까리마스까

🌸 말하고 있는 것을 알겠습니까?

0482

言っている ことが わかりますか。

잇떼이루 　　고또가 　와까리마스까

🌸 여러 가지 이야기했습니다만, 알아들었습니까?

0483

いろいろ 話しましたが、分かってもらえましたか。

이로이로 　하나시마시따가 　　와깟떼 모라에마시따까

Unit4 이해가 안 될 때

わかる와 知る는 우리말의 「알다」로 해석되는 동사이지만, 「わかる」는 듣거나 보거나 해서 이해하는 의미로 쓰이며, 知る는 학습이나 외부로부터의 지식을 획득하여 안다는 의미로 쓰인다.

🌸 모르겠습니다.

0484

分かりません。

와까리마셍

🌸 정말로 모르겠어요.

0485

本当に 知らないんです。

혼또-니 　시라나인데스

🌸 도무지 모르겠습니다.

0486

さっぱり 分かりません。

삽빠리 　와까리마셍

※「さっぱり」는 뒤에 부정어가 오면 「도무지, 전혀, 조금도, 통」의 뜻으로 쓰인다.

저도 모르겠습니다.

0487

わたしも 知(し)らないんです。

와따시모　시라나인데스

들은 적도 없습니다.

0488

聞(き)いた ことも ありません。

기이따　고또모　아리마셍

※「〜た ことが ない」는 「〜한 적이 없다」의 뜻으로 미경험을 나타낸다.

조사해 봐야 알겠습니다.

0489

調(しら)べてみないと 分(わ)かりません。

시라베떼 미나이또　와까리마셍

그건 금시초문인데요.

0490

それは 初耳(はつみみ)ですね。

소레와　하쯔미미데스네

※「初耳」는 처음 듣는 것, 즉 금시초문을 나타낸다.

잘 모르겠어요.

0491

よく 分(わ)からないのです。

요꾸　와까라나이노데스

어렴풋이밖에 모르겠습니다.

0492

ぼんやりとしか 分(わ)かりません。

봉야리또시까　와까리마셍

Unit5 이해했을 때

흔히 「알겠습니다」의 표현으로 わかりました를 쓰지만, 상사나 고객에게는 承知(しょうち)しました나 かしこまりました를 쓰는 것이 좋다. 또한 그 반대 표현인 「모르겠습니다」도 わかりません이 아니라 わかりかねます라고 하는 것이 좋다.

🌼 과연, 알겠습니다.
0493
なるほど、分かります。
나루호도　　　　와까리마스

🌼 과연, 잘 알았습니다.
0494
なるほど、よく 分かりました。
나루호도　　　요꾸　　와까리마시다

🌼 그는 이해가 빨라.
0495
彼は 飲み込みが 早い。
가레와　노미꼬미가　　　하야이

Japanese Conversation for Beginners

Chapter 05 제안과 권유를 할 때

　　　여기서는 무언가를 상대에게 제안하거나 권유할 때 쓰이는 표현을 익히게 됩니다. 사용 빈도가 높으므로 입에서 곧바로 나올 때까지 익혀두어야 합니다. 일본에서 상대에게 제안이나 권유를 할 때 가장 많이 쓰이는 표현으로는 どうですか와 いかがですか가 있습니다. いかがですか는 どうですか보다 정중한 표현입니다. 또한 구체적인 행위에 대한 권유나 제안을 할 때는 ～ましょうか나 ～するのはどうですか가 쓰입니다.

Unit1 제안·권유를 할 때

　　상대에게 뭔가 행동을 제안할 때는 보통 ～ます의 권유형인 ～ましょう로 표현하며, 친구 사이라면 동사의 의지형인 ～う(よう)로 표현한다.

💮 제안이 있는데요.

0496 ていあん
提案が あるんですが。
데ー앙가　　아룬데스가

💮 도와줄까요?

0497 て つだ
手伝いましょうか。
데쓰다이마쇼ー까

　　※「う(よう)」는 동작이나 행동의 의지(～하겠다)나 권유(～하자)를 나타낼 뿐만 아니라 추측(～할 것이다)을 나타내는 경우도 있다.

💮 정하기 전에 다시 한번 생각해 보세요.

0498 き　　　まえ　　　　いちど　　　　かんが
決める 前に もう一度 よく 考えてみてください。
기메루　　마에니　모ー 이찌도　요꾸　강가에떼 미떼 구다사이

　　※～てみてください ～해보십시오

이건 어떻습니까?

0499

これは いかがですか。
고레와　　　이까가데스까

※「いかがですか」는「どうですか」의 정중한 표현으로 권유할 때 주로 쓰이는 표현이다.

 이건 어때?

0500

これは どう？
고레와　　　도-

※「どう」는「どのように」의 줄임말로 상대편의 마음이나 상태를 물을 때는「어때?」의 뜻이 되고, 정중하게 말할 때는「どうですか」라고 한다.

 좀 생각해 보렴.

0501

ちょっと 考えてごらん。
촛또　　　　강가에떼 고랑

 함께 안 할래?

0502

一緒に やらない？
잇쇼니　　　야라나이

Unit2 제안·권유를 받아들일 때

상대의 의견이나 제안 등에 동의나 찬성을 나타낼 때 쓰이는 표현으로는「賛成です(찬성입니다)」,「まったく 同感です(전적으로 동감입니다)」등이 있다.

 기꺼이.

0503

喜んで。
요로꼰데

※「よろこんで」는 동사인「よろこぶ」에 접속조사「て」가 이어진 형태로 부사처럼 쓰인다. 즉, 우리말의「기꺼이」의 뜻으로 상대의 요구나 부탁을 즐거운 마음으로 승낙을 할 때 쓰이는 표현이다.

물론이지.

0504

もちろん。

모찌롱

※「もちろん」은 상대가 말한 것에 대해 강하게 찬성할 때 쓰이는 표현으로 「まったく」로도 표현할 수 있다.

문제없어.

0505

わけないよ。

와께나이요

※「わけない」는 「간단하다, 대수롭지 않다」의 뜻으로 상대의 제안이나 의뢰에 쉽게 동의를 할 때 쓰이는 표현이다.

괜찮아.

0506

大丈夫だよ。

다이죠-부다요

※「大丈夫(だいじょうぶ)だ」는 「괜찮다, 걱정 없다」의 뜻을 가진 형용동사로서, 상대의 염려나 요구에 아무런 문제가 없음을 나타낼 때 쓰이는 표현이다.

부디 마음대로.

0507

どうぞ ご自由に。

도-조   고지유-니

※「どうぞ ご自由に」는 요구나 제안에 상대방이 생각하고 있는 바를 허락·허용하도록 말할 때 쓰이는 표현이다.

기꺼이 도울게.

0508

喜んで 助けるよ。

요로꼰데   다스께루요

알겠습니다.

0509

かしこまりました。

가시꼬마리마시따

※ 말씀하신 대로 하겠어요.

0510
おっしゃる とおりに します。
옷샤루　　　　　도-리니　　　시마스

※상대의 요구나 제안 따위를 분부대로 따르겠다고 말할 때 쓰이는 표현으로서, 「~とおりに」
는 다른 말에 접속하여 「~대로」의 뜻을 나타낸다.

※ 무엇이든 할게.

0511
なん
何でも するよ。
난데모　　　　스루요

※ 나에게 맡겨 주세요.

0512
わたし　　まか
私に 任せてください。
와따시니 마까세떼 구다사이

※ 내가 하겠습니다.

0513
わたし
私に やらせてください。
와따시니 야라세떼 구다사이

※「~(さ)せてください」는 자신의 의지를 상대에게 허락을 받아서 행동을 한다는 것을 나타낼
때 많이 쓰이는 정중한 표현이다.

※ 그런 거 간단해.

0514
かんたん
そんなの 簡単だよ。
손나노　　　간딴다요

※ 무엇이든 좋습니다.

0515
なん
何でも どうぞ。
난데모　　　도-조

※「どうぞ」는 우리말의 「자, 어서, 부디」 등으로 해석되며, 권유를 할 때도 쓰이지만, 상대의
제안이나 요구 등에 허락을 할 때도 쓰인다.

※ 그런 것은 아주 쉬워.

0516
そんな ことは へのかっぱだ。
손나　　　고또와　　　헤노 깝빠다

PART3 유창한 대화를 위한 표현

🌼 네가 바라는 대로 할게.

₀₅₁₇
<ruby>君<rt>きみ</rt></ruby>の <ruby>望<rt>のぞ</rt></ruby>みどおりに するよ。

기미노 노조미 도-리니   스루요

Unit3 제안·권유를 거절할 때

상대의 의견이나 견해에 대해 직접적으로「反対です(반대입니다)」라고 하는 것보다
는 완곡하게「私は そうは思いません(저는 그렇게 생각하지 않습니다)」라고 하는
게 상대의 마음을 상하지 않게 하는 것이다.

🌼 그렇게 할 수 있으면 좋겠지만…….

₀₅₁₈
そう できれば いいんだけど……。

소-   데끼레바   이인다께도

※상대의 의뢰나 제안을 완곡하게 거절을 하는 표현으로서, 제안을 받아들일 수 없음을 미안하
게 생각하는 마음이 내포되어 있다.

🌼 나는 싫어.

₀₅₁₉
<ruby>私<rt>わたし</rt></ruby>は いやだ。

와따시와 이야다

※상대의 요구나 제안에 직접적으로 거절하는 표현이다.「いやだ」를 정중하게 표현할 때는「い
やです」라고 하면 된다.

🌼 아니오, 됐습니다.

₀₅₂₀
いいえ、けっこうです。

이-에   겟꼬데스

※이 표현은 상대의 의뢰나 제안에 감사는 하지만, 어쩔 수 없이 거절을 해야 할 때 쓰이는 표현
이다.「けっこうです」는「いいです」나「十分(じゅうぶん)です」등으로 바꾸어 표현할 수
도 있다.

🌼 안 될 거야.

₀₅₂₁
だめだと <ruby>思<rt>おも</rt></ruby>うよ。

다메다또   오모우요

🌸 죄송하지만, 저는 도움이 되어드릴 수 없습니다.

0522
お気の毒ですが、私は 力に なれません。
오끼노 도꾸데스가　　와따시와 치까라니 나레마셍

🌸 그럴 기분이 아니야.

0523
そんな 気分じゃ ないんだ。
손나　　기분쟈 나인다

🌸 유감스럽게도 급한 일이 들어왔습니다.

0524
残念ながら、急用が 入ってしまいました。
잔넨나가라　　큐―요―가 하잇떼 시마이마시따

🌸 다른 용무가 있어서.

0525
ほかに 用事が あるので。
호까니　　요―지가　　아루노데

🌸 미안합니다, 지금 급해서요.

0526
すみません、今 急いでいるので。
스미마셍　　이마 이소이데이루노데

🌸 지금은 안 됩니다.

0527
今は だめです。
이마와 다메데스

🌸 가능하면 하고 싶지 않는데요.

0528
できれば やりたくないのですが。
데끼레바　　야리따꾸 나이노데스가

Chapter 06 부탁과 허락을 구할 때

상대에게 부탁을 할 때는 명령적인 어투에서 정중한 어투에 이르기까지 때와 장소에 따라서 적절한 사용법을 익혀둘 필요가 있습니다. 우리가 잘 알고 있는 대표적인 의뢰 표현인 ～てください는 상대에게 직접적으로 행동할 것을 요구하는 것이므로 경우에 따라서는 불쾌감을 줄 수 있으므로 상대의 기분을 거스리지 않는 ～ていただけませんか, ～てくださいませんか 등처럼 완곡한 의뢰나 요구 표현을 쓰는 것이 좋습니다.

Unit1 부탁할 때

상대방에게 무언가를 부탁할 때 가장 많이 쓰이는 표현으로는 「お願いします(부탁합니다)」가 있으며, 그밖에 의뢰나 요구 표현인 「～てください(～해 주세요)」 등이 있다.

🌸 부탁해도 돼?

0529

お願いしても いい?

오네가이 시떼모　　이-

※「お願(ねが)いする」는 「願う」의 겸양 표현으로 우리말의 「부탁드리다」에 해당한다. 「～ても いい」는 허가·허락의 표현으로 「～해도 좋다(된다)」의 뜻이다.

🌸 부탁이 있는데요.

0530

お願いが あるんですが。

오네가이가　　아룬데스가

🌸 잠깐 괜찮겠어요?

0531

ちょっと いいですか。

촛또　　이-데스까

좀 거들어 주지 않겠니?

0532

ちょっと 手伝^{てつだ}って くれない?
촛또　　　데쓰닷떼　　구레나이

※수수 표현에서 「~て くれる」는 상대가 자신에게 어떤 행동을 해 준다는 뜻이고, 「~て あげる」는 자신이 상대에게 어떤 행동을 「~해 주다」라는 뜻이다.

펜을 빌려 주시지 않겠어요?

0533

ペンを 貸^かしていただけませんか。
펭오　　가시떼 이따다께마셍까

소리를 줄여 주세요.

0534

音^{おと}を 小^{ちい}さくしてください。
오또오　치이사꾸시떼 구다사이

죄송합니다만…….

0535

申^{もう}し訳^{わけ}ないのですが……。
모-시와께 나이노데스가

※「申し訳ないのです」는 「すみません」이나 「ごめんなさい」보다 격식 차린 사죄의 표현으로 「申し訳ないのですが」는 상대에게 부탁을 할 때 먼저 양해를 구하는 표현이다.

좀 여쭙고 싶은데요.

0536

ちょっと お聞^ききしたいのですが。
촛또　　　오키끼시따이노데스가

방해해서 미안합니다.

0537

お邪魔^{じゃま}して すみません。
오쟈마시떼　　스미마셍

남이 나에게 또는 나와 가까운 사람에게 행동을 「~해 주다」라고 표현할 때는 상대의
경중에 따라 「~てくれ → ~てください」로 표현하며, 이는 직접적이기 때문에 좀
더 부드럽게 하기 위해서는 「~てくれない → ~てくださいませんか」로 표현한다.

✿ 무슨 일이죠?

0538
何^{なん}でしょうか。

난데쇼―까

✿ 무슨 문제라도?

0539
何^{なに}か 問題^{もんだい}でも?

나니까 몬다이데모

✿ 먼저 하세요.

0540
お先^{さき}に どうぞ。

오사끼니   도―조

※「どうぞ」는 영어의 「please」처럼 상대의 요구나 부탁에 가볍게 허락을 하거나 권유를 할 때
쓰이는 표현으로 매우 편리하게 사용되는 말이다.

✿ 할게.

0541
するよ。

스루요

✿ 알았어!

0542
了解^{りょうかい}!

료―까이

※「了解(りょうかい)」는 이해하여 납득하는 것을 말하며, 「わかった(알았다)」와 동일한 의미
이다. 그러나 「了解」는 「양해」라는 뜻으로도 쓰인다.

✿ 예, 부디.

0543
ええ、どうぞ。

에―   도―조

여기서는 부탁이나 의뢰를 받았을 때 응답하는 요령을 익힌다. 특히 부탁이나 의뢰를 거절할 때는 상대의 마음을 배려해야 하므로 일정한 기술이 필요하다. 상대의 질문이나 제안에 그 자리에서 결정을 하지 않고 일단 보류할 때는 우리와 마찬가지로 「考えてみるよ(생각해 볼게)」라고 한다.

생각 좀 하겠습니다.

0544
考えさせてください。
강가에사세떼 구다사이

※동사의 사역형인 「～(さ)せる」에 의뢰나 요구를 나타내는 「～てください」를 접속하면 「～하게(시켜) 주세요」라는 뜻으로도 쓰이지만, 일본어의 특징으로서 「～하고 싶습니다」라는 뜻으로 자신의 간접적인 희망의 뜻을 나타내기도 한다.

생각할 시간을 주세요.

0545
考える 時間を ください。
강가에루 지깡오 구다사이

생각해 보겠습니다.

0546
考えておきます。
강가에떼 오끼마스

※상대의 요구에 즉답을 할 수 없을 때 쓰이는 표현으로 「考慮(こうりょ)に 入(い)れます(고려하겠습니다)」라고도 한다.

하룻밤 생각하게 해 주세요.

0547
一晩 考えさせてください。
히또방 강가에사세떼 구다사이

검토해 보겠습니다.

0548
検討してみます。
겐또ー시떼 미마스

※공식적인 자리나 회의석상에서 상대의 질문에 대해 단정적으로 대답을 회피할 때나 생각해 볼만한 일이라고 판단되었을 때 응답하는 표현이다.

Unit4 허락을 구할 때

상대에게 허락을 구할 때 가장 일반적인 표현이 「～ても いいですか(～해도 되겠어요?)」이다. 그 밖에 「～ても かまわない(～해도 상관없다), 「～ても 差し支えない(～해도 지장이 없다)」 등이 있다.

들어가도 됩니까?

0549
入っても いいですか。
하잇떼모　　이-데스까

※「～ても いいですか」는 우리말의 「～해도 됩니까?」의 뜻으로 상대에게 허락을 구하는 가장 일반적인 표현이다.

여기에 앉아도 됩니까?

0550
ここに 座っても いいですか。
고꼬니　스왓떼모　　이-데스까

창문을 열어도 될까요?

0551
窓を 開けても いいですか。
마도오 아께떼모　　이-데스까

여기서 담배를 피워도 될까요?

0552
ここで タバコを 吸っても いいですか。
고꼬데　다바꼬오　슷떼모　　이-데스까

여기서 사진을 찍어도 됩니까?

0553
ここで 写真を 撮っても よろしいですか。
고꼬데　샤싱오　돗떼모　　요로시-데스까

※「よろしい」는 「좋다」라는 뜻을 가진 형용사로 「いい・よい(좋다)」의 겸양어이다. 따라서 「～ても よろしいですか」는 상대에게 정중하게 허가를 구할 때 쓰인다. 참고로 우리말의 「좋다」에 해당하는 형용사는 「いい → よい → よろしい」 순으로 격식을 차린 표현이 된다.

화장실을 써도 됩니까?

0554
トイレを 借りても いいですか。
토이레오　가리떼모　　이-데스까

🌸 좀 봐도 되니?

⁰⁵⁵⁵ ちょっと 見^みても いい?
촛또　　　　미떼모　　이ー

※「〜ても いい?」는 우리말의 「〜해도 되겠니?」의 뜻으로 「〜ても いいですか」의 보통체이다. 이 표현은 친구 사이나 친근한 손아랫사람에게 허락을 구할 때 쓰인다.

🌸 어디라도 괜찮습니까?

⁰⁵⁵⁶ どこでも いいのですか。
도꼬데모　　　이ー노데스까

Unit5 허락할 때

승낙할 때는 「いいですよ(좋아요)」라고 하며, 「どうぞ」는 허락을 구할 때 허락을 하는 표현으로 상황에 따라 「앉으세요, 가세요, 하세요」 등으로 다양하게 쓰일 수 있다.

🌸 좋아.

⁰⁵⁵⁷ いいよ。
이ー요

※「いいよ」는 친구 사이나 친근한 아랫사람일 경우에 허락을 하는 표현으로, 화가 나듯이 말하면 거절의 의미로도 쓰인다.

🌸 너에게 달려 있어.

⁰⁵⁵⁸ 君^{きみ}に かかっているんだ。
기미니　가깟떼이룬다

🌸 좋아요.

⁰⁵⁵⁹ いいですよ。
이ー데스요

🌸 좋고말고!

⁰⁵⁶⁰ いいとも!
이ー또모

※「とも」는 「〜고말고」의 뜻으로 의문이나 반대의 여지가 없음을 나타낸다.

네가 상관하지 않으면.

0561

君が かまわなければ。

기미가 가마와 나께레바

※「かまわない」는 「상관없다, 관계없다」의 뜻으로, 「差し支えない(지장이 없다)」와 비슷한 의미로 쓰인다. 「かまわなければ」는 상대에게 동의나 허가를 구하는 표현이다.

지장이 없으면…….

0562

差し支えなければ……。

사시쓰까에 나께레바

예, 하세요.

0563

ええ、どうぞ。

에- 도-조

이제 돌아가도 돼.

0564

もう 帰ってもいいよ。

모- 가엣떼모 이-요

※「~ても いい」는 의문문으로 쓰이면 상대에게 허가를 구하는 표현이 되지만, 끝을 내려서 발음하면 「~해도 된다(좋다)」라는 뜻으로 허락을 나타낸다.

무엇이건 가능한 일이라면.

0565

何なりと、できる ことなら。

난나리또 데끼루 고또나라

※「なり(と)」는 「~든지, ~라도」의 뜻으로 긍정을 나타낸다.

Unit6　허락하지 않을 때

상대의 부탁을 들어줄 수 없을 때는 가능하면 기분이 나쁘지 않도록 적당한 핑계를 대야 하고, 단호하게 부탁을 거절할 때는 「だめです(안 됩니다)」라고 하면 된다.

유감스럽지만 안 됩니다.

0566

残念ながら だめです。

잔넨나가라 다메데스

※残念(ざんねん)ながら 유감스럽지만, 아쉽게도

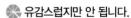

❇ 가능하면 그만두세요.

できれば 止めてください。
데끼레바　야메떼 구다사이

❇ 절대 용서하지 못해!

絶対 許さん!
젯따이　유루상

※상대의 요구나 허가 요청에 절대로 허락할 수 없다는 표현으로, 「許さん」은 「許さない」의 문어적인 부정 표현이다.

❇ 아냐! 안 돼!

いや! だめ!
이야　다메

❇ 아직 안 돼.

まだ だめだ。
마다　다메다

❇ 지금은 안 돼. 나중에.

今は だめだ。 あとでね。
이마와　다메다　아또데네

※상대의 허가의 요청에 대해 시간이나, 장소에 따라 제한적으로 금지를 나타낼 때 쓰이는 표현이다.

❇ 여기선 안 돼.

ここでは だめだ。
고꼬데와　다메다

Chapter 07 재촉과 화제를 바꿀 때

잠깐 말이 막히거나 생각을 하면서 말하거나 할 때의 연결 표현은 상대의 기분을 거슬리지 않기 위해서도 매우 중요하고 회화에서 가장 기본적인 기술의 하나라고 할 수 있습니다. あのう、~는 대화에서 침묵을 피할 때 적절하게 쓸 수 있는 표현입니다. 이건 ちょっと待ってください(잠시 기다려 주십시오)에 해당하는 대화의 연결 표현이므로 자연스럽게 말하면서 다음 말을 생각하도록 합시다.

Unit1 재촉할 때

여기서는 상대가 머뭇거리거나 말하기를 꺼려할 때, 또는 자세한 이야기를 해 주기를 재촉할 때 쓰이는 표현을 익히도록 하자.

✿ 뭔가 말해 줘.

0573
何か 言ってよ。
낭까　잇떼요

※상대에게 무슨 말을 해 주기를 재촉할 때 쓰이는 표현으로 가볍게 말할 때는 「ください」를 생략하여 「~てよ」의 형태만으로 쓰인다.

✿ 더 자세히 알고 싶어.

0574
もっと 詳しく 知りたいんだ。
못또　구와시꾸　시리따인다

✿ 여행은 어땠니?

0575
旅行は どうだった?
료꼬-와　도-닷따

✿ 잘 듣고 있어.

0576
ちゃんと 聞いてるよ。
짠또　　기이떼루요

※ちゃんと 규칙 바르게 단정하게, 확실히, 똑똑히

✿ 회의는 어땠니?

0577
会議は どうだった?
카이기와　　도-닷따

✿ 이야기를 계속하게.

0578
話を 続けてくれ。
하나시오 쓰즈께떼 구레

※상대가 말을 하다가 중단하고 있을 때 듣는 사람이 계속해서 말해 줄 것을 재촉할 경우에 쓰이는 표현으로, 정중하게 말할 때는 「~てください」로 표현하면 된다.

✿ 세상 돌아가는 이야기를 했을 뿐이야.

0579
世間話を しただけだよ。
세껨바나시오　시따 다께다요

✿ 영화는 어땠니?

0580
映画は どうだった?
에-가와　　도-닷따

✿ 연극은 재미있었니?

0581
芝居は おもしろかった?
시바이와　　오모시로깟따

✿ 지금 그것을 의논하고 싶어.

0582
今 そのことを 話し合いたいんだ。
이마　소노 고또오　　하나시아이따인다

영어로 이야기하자.

0583

英語で 話そう。
에-고데   하나소-

※일본인을 만났을 때 일본어가 잘 통하지 않으면, 만국 공통어인 영어로 대화를 제안해 보자. 친구 사이라면 「話そう」로, 그렇지 않다면 「話しましょう」로 말을 건네자.

잡담이라도 합시다.

0584

雑談でも しましょう。
자쓰단데모   시마쇼-

※상대와 특별하게 할 이야기가 없을 경우에 아무런 말이라도 하기를 원한다면, 이 표현으로 말을 걸어보자.

요점만 말해 주세요.

0585

要点だけ 話してください。
요-뗀다께   하나시떼 구다사이

※상대가 아무런 관계가 없는 말을 너덜너덜 할 때나, 상대가 말하는 것을 전부 들을 시간이 없을 때나, 듣고 싶은 마음이 없을 때 쓰이는 표현이다.

오늘은 어땠니?

0586

今日は どうだった?
쿄-와   도-닷따

자, 이야기를 계속하세요. 듣고 있으니까.

0587

どうぞ 話を 続けてください。聞いているから。
도-조   하나시오 쓰즈께떼 구다사이   기이떼 이루까라

Unit2 화제를 바꿀 때

이야기가 지루하거나 분위기가 딱딱해지거나, 화제가 빗나가 엉뚱한 방향으로 흐를 때 화제를 바꿀 필요가 있다. 이때 흔히 쓰이는 일본어 표현으로는 「冗談は さておいて(농담은 그만하고)」, 「それは そうと(그건 그렇고)」 등이 많이 쓰인다.

화제를 바꾸자.

0588
話題を 変えよう。
와다이오　가에요-

본제로 돌아갑시다.

0589
本題に 戻りましょう。
혼다이니　모도리마쇼-

그 이야기는 지금 하고 싶지 않아.

0590
そのことは 今 話したくないんだ。
소노 고또와　이마 하나시따꾸 나인다

그 이야기는 나중에 하자.

0591
そのことは あとで 話そう。
소노 고또와　아또데　하나소-

농담은 그만하고…….

0592
冗談は さておいて……。
죠-당와　사떼오이떼…

※본론으로 들어가기 전에 농담만을 하고 있을 수는 없는 법이다. 이때 농담을 그만두고 화제를 바꿀 때 쓰이는 표현이다.

네가 말했던 것은?

0593
あなたが 言っていた ことは?
아나따가　잇떼이따　고또와

PART3 구체적 대화를 위한 표현

✿ 그 이야기는 가능하면 지금 하고 싶지 않습니다.

0594

そのことは できたら 今 話したくないんです。

소노 고또와　　데끼따라　　이마　하나시따꾸 나인데스

✿ 그만 이야기하자.

0595

話すのを やめよう。

하나스노오　　야메요-

✿ 그건 그렇고, 기무라는 어떻게 하고 있니?

0596

それはそうと、木村は どうしているの?

소레와 소-또　　기무라와　도-시떼 이루노

※상대의 말을 일단 중지하고 다른 화제로 전환을 할 때 쓰이는 표현이다. 이와 유사한 표현으로는 「さて」가 있다.

✿ 그 이야기는 이미 들었어.

0597

その話は もう 聞いたよ。

소노 하나시와　모-　기이따요

✿ 이 이야기는 그만 하자.

0598

この話は やめよう。

고노 하나시와 야메요-

✿ 그렇게 큰소리로 말하지 말아요.

0599

そんなに 大声で 言わないで。

손나니　　오-고에데　이와나이데

Chapter 08 질책과 경고를 할 때

비난을 하거나 말싸움을 하거나 상대를 꾸짖는 표현은 외국인 입장에서는 사용할 기회가 별로 없을 것입니다. 하지만 사람들과의 만남에서 항상 좋은 일만 있을 수 없습니다. 따라서 이러한 표현은 만약을 대비해서 익혀두면 적절하게 활용할 수 있습니다. 상대방의 말이나 행동이 지나칠 경우에는 そんなこと言っちゃだめだよ(그런 말 하면 안 돼)라고 따끔하게 한 마디 해두는 것도 잊지 맙시다.

Unit1 꾸짖을 때

일본 사람은 여간해서는 직접적으로 화를 내거나 상대의 잘못이나 실수에 대해 책망을 하지 않는 편이다. 만약 화를 내거나 꾸짖거나 하면 마음속에 꽤 많은 불만과 화가 나 있는 경우라고 생각하면 된다.

🌸 네 책임이야.

0600
君の 責任だよ。
きみの　せきにん
기미노　세끼닌다요

※우리말의 「책임을 지다」는 「責任を負(お)う」라고 한다.

🌸 스스로 부끄럽지 않니?

0601
自分で 恥ずかしくないのか。
じ ぶん　は
지분데　하즈까시꾸 나이노까

🌸 한번 그를 야단쳐야겠어.

0602
ひとつ 彼を 叱りつけて やらなければならん。
かれ　しか
히또쯔　가레오　시까리쓰께떼　야라나께레바 나랑

※잘못된 행동이나 말을 했을 경우 야단을 쳐야겠다고 마음먹을 때 쓰이는 표현으로 「~なければ ならない」는 「~하지 않으면 안 된다」의 뜻으로 당연, 의무를 나타낸다. 「ならない」를 줄여서 「ならん」으로도 말한다.

PART3 유창한 대화를 위한 표현

너, 어떻게 된 거 아니니?

0603

君、どうか しているよ?

기미　　도-까　　시떼이루요

그런 말을 하면 안 돼.

0604

そんなこと 言っちゃ だめだよ。

손나 고또　　잇쨔　　다메다요

※금지 요구인 「～ては だめだ(~해서는 안 된다)」는 구어체에서는 줄여 「～ちゃ だめだ」로 표현한다.

그건 너 때문이야.

0605

それは あなたの せい。

소레와　　아나따노　　세-

왜 나를 헐뜯나?

0606

なぜ 私のあらさがしを するの?

나제　　와따시노 아라사가시오　　스루노

그래서 말한 게 아냐?

0607

だから 言ったじゃないか。

다까라　　잇따쟈 나이까

나에게 화풀이하지 말아요.

0608

私に 八つ当たりしないで。

와따시니 야쓰아따리 시나이데

상대방의 말이나 잘못된 행동, 위험한 행위 등을 제지할 때가 있다. 일본어에서는 제지를 할 때 보통 「やめなさい(그만 두거라)」, 「だめ(안 돼)」라는 금지를 나타내는 말을 쓴다.

✿ 그만둬! 점심시간이야.

0609

やめろ! 昼休みだ。

야메로   히루야스미다

※「止める」는 「그만두다」라는 뜻을 가진 동사로, 동작을 그만둘 것을 요구할 때는 「やめなさい」나 「やめてください」를 쓰며, 「やめろ」는 강하게 명령을 할 때 쓴다.

✿ 기다려! 우산을 잊었어.

0610

待って! 傘を 忘れたよ。

맛떼   가사오   와스레따요

✿ 그런 짓은 하지 마라.

0611

そんな ことは するな!

손나   고또와   스루나

✿ 줄을 서세요.

0612

列に 並んで ください。

레쓰니 나란데   구다사이

✿ 끼어들지 마!

0613

横入りするな!

요꼬이리 스루나

※「横入(よこい)り」는 줄지어 있는 사이에 끼어드는 것을 말한다. 새치기를 저지할 때 쓰이는 표현으로 부드럽게 말할 경우에는 「横入りしないでよ」라고 한다.

✿ 밀지 마!

0614

押さないで!

오사나이데

🌸 내 욕을 하지 마!

0615
私の 悪口を 言わないで!
와따시노 와루구찌오 이와나이데

🌸 그렇게 나에게 달라붙지 마!

0616
そんなに 私に くっつかないで!
손나니　　　와따시니 굿쓰까나이데

※「～ないで」는 의뢰나 요구를 나타내는 「ください」가 생략된 형태이다.

🌸 이상한 짓 하지 마.

0617
変な 真似を するな。
헨나　　마네오　　스루나

🌸 당신은 끼어들지 마!

0618
あなたは 中に 入らないで!
아나따와　　나까니 하이라나이데

🌸 싸움은 그만두어라.

0619
けんかは やめなさい。
겡까와　　　야메나사이

Unit3 경고할 때

경고의 표현은 경찰이 범인을 체포하거나 금지구역에서 행위를 저지할 때, 또는 위험한 상황을 알리거나 할 때 많이 쓰이므로 만일의 상황에 대비하여 익혀두면 여행할 때 도움이 된다. 경고를 할 때는 대부분 어감이 거칠고 직접적인 명령형이나 금지표현으로 한다. 따라서 이러한 경고의 표현은 여자보다는 남자들이 많이 쓴다.

🌸 움직이지 마!

0620
動くな!
우고꾸나

※「な」는 동사의 기본형에 접속하여 강한 금지를 나타낸다.

내가 말한 대로 해!

0621
私の 言う とおりに しろ!
와따시노 이우 도―리니   시로

> ※일본어 동사의 명령형은 그 어감이 직접적이고 거칠기 때문에 일상생활에는 그다지 쓰이지 않지만 인용문이나 설명문에 쓰이므로 익혀 두어야 한다.

 거기에 있어!

0622
その 場に いろ!
소노   바니   이로

 입 다물어!

0623
黙れ!
다마레

> ※5단동사의 명령형은 어미 「う」단을 「え」단으로 바꾼다. 뒤에 접속하는 말은 없다. 또, 상1단·하1단동사의 경우는 어미 「る」를 「ろ」로 바꾸어 주면 된다. 변격동사 「する」의 경우는 「しろ」와 「せよ」가 있다. 「せよ」는 주로 문장체에서만 쓰인다.

 위험해!

0624
危ないぞ!
아부나이조

> ※「ぞ」는 대등한 사람이나 손아랫사람에게 자기 생각을 강하게 주장함을 나타낸다.

떨어뜨려!

0625
落とせ!
오또세

Chapter 09 주의와 충고를 할 때

조언이나 충고를 하는 표현에는 ~なさい처럼 명령조로 하는 것부터 ~するほ
うがいいのではないでしょうか처럼 완곡하게 표현하는 경우에 이르기까지 여러 가지 표
현이 가능합니다. 충고나 주의는 충고를 받는 사람의 입장에 따라서 언짢게 들릴 수도 있으므
로 주의나 충고를 할 때는 상대의 입장을 충분히 파악한 다음 가능하면 직접적으로 충고나 조
언을 하는 것보다 우회적으로 하는 것이 좋습니다.

Unit1 주의를 줄 때

상대가 잘못된 행동을 하고 있을 때, 또는 말의 실수나 정도가 지나칠 때 주의와 충
고를 하게 된다. 보통 주의를 줄 때 쓰이는 표현이 「気をつけて(조심해요)」이다.

🌸 주의 좀 해두겠습니다.

0626
ちょっと 注意しておきます。
촛또　　　　 츄ー이시떼 오끼마스

🌸 조심해!

0627
気を つけて!
기오　 쓰께떼

※상대에게 위험을 알리는 표현으로는 「危(あぶ)ない」, 「注意(ちゅうい)しろ」, 「気(き)を
つけろ」 등이 있다.

🌸 그를 조심해.

0628
彼には 用心して。
가레니와 요진시떼

※「用心(ようじん)」은 우리말의 「조심」에 해당하며, 주의나 경계를 나타낼 때 쓰이는 말이다.

잘 생각하고 행동해라.

0629
よく 考えて 行動しなさい。
かんが　　こうどう
요꾸　강가에떼　코―도― 시나사이

적당히 해.

0630
手加減してよ。
て　か げん
데카겐시떼요

※「手加減(てかげん)」은 사물을 그 장소의 상황에 따라 너무 심하지 않게 적당히 다루는 것을 나타낼 때 쓰이는 말이다.

지레짐작하지 마라!

0631
早とちりしないで!
はや
하야또치리 시나이데

※「早(はや)とちり」는 무슨 일에 지레 짐작함으로써 좋지 않은 결과가 생기는 것을 나타내는 말이다.

제멋대로 말하지 마.

0632
自分勝手な ことを 言うな。
じ ぶんかって　　　　　　い
지붕 갓떼나　　고또오　이우나

※「勝手(かって)」는 명사로 쓰일 때는 「사정, 형편, 상황」을 뜻하지만, 형용동사로 쓰일 때는 「제멋대로임, 마음대로임」을 뜻한다. 비슷한 표현으로는 「わがまま」가 있다.

버릇없는 짓을 그만두어라.

0633
行儀の悪い ことを やめなさい。
ぎょう ぎ　　わる
교―기노 와루이　고또오　야메나사이

장소를 가려서 해라.

0634
場所柄を わきまえなさい。
ば しょがら
바쇼가라오　　와끼마에 나사이

겉모양으로 판단해서는 안 된다.

0635
外見で 判断してはならない。
がいけん　　はんだん
가이껜데　한단시떼와 나라나이

※사람을 겉모습만 보고 그 사람의 인격이나 행동 등을 판단하지 말 것을 요구할 때 쓰이는 표현으로, 「～ては ならない」는 우리말의 「～해서는 안 된다」의 뜻으로 금지를 나타낸다. 같은 뜻인 「～ては いけない」는 주관적인 금지를 나타낼 때 많이 쓰인다.

🌸 하찮은 실수를 반복하지 마라.

くだらない 間違いを 繰り返すな。
구다라나이　　마찌가이오　　구리까에스나

🌸 그렇게 우쭐대지 마.

そんなに うぬぼれるな。
손나니　　우누보레루나

Unit2 충고할 때

여기서는 상대의 잘못이나 실수, 잘못된 결정, 행동 등에 대해서 주의나 충고를 하면서 타이를 때 쓰이는 다양한 표현을 익히도록 하자.

🌸 **스스로 해라.**

自分で やりなさい。
지분데　　야리나사이

🌸 중도에 포기하지 마.

中途半端で やめるな。
츄-또함빠데　　야메루나

※中途半端 끝마치지 못하고 중간에 흐지부지 그만둠

🌸 그것을 하는 것은 너의 의무야.

それを するのが 君の 義務だ。
소레오　　스루노가　　기미노　　기무다

🌸 잘 생각하고 결심해라.

よくよく 考えて 決心しなさい。
요꾸요꾸　　강가에떼　　겟신 시나사이

✿ 냉정하게 잘 생각해라.

0642
頭を 冷やして よく 考えなさい。
아따마오 히야시떼　요꾸　강가에나사이

※「頭(あたま)を 冷(ひ)やす」는 「머리를 식히다」라는 뜻으로 어떤 생각이나 일 등에 대해 냉철한 판단을 요구할 때 쓰이는 표현이다.

✿ 그게 가장 중요한 점이야.

0643
それが いちばん 肝心な 点だ。
소레가　이찌방　간진나　뗀다

✿ 분수를 몰라.

0644
身のほどを 知らない。
미노 호도오　시라나이

✿ 너에게 바라는 것은 좀더 노력하는 것이야.

0645
君に ほしいのは もう 一歩の 努力だ。
기미니　호시-노와　모-　입뽀노　도료꾸다

✿ 좀더 노력을 해야 해.

0646
もう少しの 努力を するべきだ。
모- 스꼬시노　도료꾸오　스루 베끼다

✿ 좀더 분발해야 해.

0647
もう少し 頑張るべきだ。
모- 스꼬시　감바루 베끼다

✿ 그 남자를 가볍게 봐서는 안 돼.

0648
あの男を 甘く 見てはいけない。
아노 오또꼬오　아마꾸　미떼와 이께나이

※「甘(あま)い」는 「맛이 달다」라는 뜻을 가진 형용사이지만, 여기서는 「안이하게 생각하다, 생각이 얕다」라는 뜻으로 무슨 일이나 판단을 쉽게 하는 것을 나타낸다.

꽃 자존심을 갖거라.

0649 　じ そんしん

自尊心を もちなさい。

지존싱오　　　모찌나사이

꽃 모든 것에 더 적극적이길 바란다.

0650 　　　　　　　　　　　　せっきょくてき

すべてのことに もっと 積極的に なってもらいたい。

스베떼노 고또니　　　못또　　セッ꾜꾸테끼니　낫떼 모라이따이

꽃 네가 그렇게 말하는 것은 쉬운 일이야.

0651 　きみ　　　　　い

君が そう言うのは たやすいことだ。

기미가　소- 이우노와　　다야스이 고또다

꽃 나는 나의 경험을 바탕으로 이렇게 말하는 거야.

0652 　わたし　わたし　　けいけん

私は私の 経験を ふまえて こう 言ってるんだ。

와따시와 와따시노 게-껭오 후마에떼　고-　잇떼룬다

꽃 섣불리 믿으면 안 돼.

0653 　かんたん　　しんよう

簡単に 信用したら だめだ。

간딴니　싱요-시따라　다메다

PART
4

거리낌없는 감정 표현

얼굴에 자신의 본심을 드러내지 않고 숨길 수 있는 능력이 일본에서는
어른의 자격 중의 하나입니다. 일본인은 감정의 직접 표현, 특히 얼굴로
표현하는 것은 천박하고 실례되는 행동이라고 생각합니다.

일반적으로 감정은 본심에서 나오는 것인데, 일본인은 본심을 혼네(본
심에서 나오는 말 또는 행동)라고 하여 자신의 인격 중 가장 비밀스럽고
신중한 부분으로 생각합니다.

Chapter 01 희로애락을 나타낼 때

기뻐하거나 화를 내거나 슬프거나 즐거운 감정을 표현하는 것은 자신의 감정을 잘 드러내지 않는 일본인에게 있어서 상당히 서투른 표현의 하나로, 영화를 보거나 소설을 읽을 때 상식적으로 필요한 것들이므로 잘 익혀 두어야 합니다. 희로애락의 대표적인 일본어 감정 표현으로 기쁠 때는 うれしい!라고 하고, 화가 날 때는 みっともない!라고 하며, 슬플 때는 かなしい! 즐거울 때는 たのしい!라고 합니다.

Unit1 기쁘거나 즐거울 때

기쁨과 즐거움은 지극히 자연스럽게 표출되는 인간의 감정이다. 일본인과의 교제 중에 기쁜 일이나 즐거운 일이 있으면 다음과 같은 표현으로 자신의 감정을 표현해보자. 「うれしい(기쁘다)」, 「たのしい(즐겁다)」, 「最高だ(최고다)」 등

🌸 어머, 기뻐.
0654
まあ、 うれしい。
마―　　우레시―

🌸 그거 다행이군요.
0655
それは よかったですね。
소레와　　요깟따데스네

🌸 이만큼 기쁜 일은 없습니다.
0656
これほど うれしいことは ありません。
고레호도　　우레시― 고또와　　　아리마셍

✿ 재수가 좋군!

0657

ついてる!
쓰이떼루

※「つく(붙다, 들러붙다)」의 뜻을 가진 동사로 「ついている」의 형태로 쓰이면 「운수나 행운이 돌아오다」라는 뜻을 나타낸다.

✿ 됐다!

0658

やったあ!
얏따ー

※목표를 달성했거나 성공을 거둔 일에 대해서 감동을 나타내는 표현이다. 상대에게 말할 때는 「よく やったね」라고 하면 된다.

✿ 감동했습니다.

0659
かんどう
感動しました。
칸도ー시마시따

✿ 행복해.

0660
しあわ
幸せ。
시아와세

✿ 좋아 죽겠어.

0661

うれしくて たまらない。
우레시꾸떼　　　다마라나이

※「~て たまらない」는 상태나 정도가 너무 지나쳐서 견딜 수 없다는 것을 나타낸다.

✿ 기분이 최고야.

0662
さいこう　　き ぶん
最高の 気分だぜ。
시이꼬노ー　기분다제

✿ 기분이 좋아.

0663
き ぶん
いい 気分だ。
이ー　　기분다

❀ 오늘은 기분이 최고야.

0664
今日は 上機嫌だ。
쿄-와   죠-끼겐다

❀ 기쁘기 짝이 없습니다.

0665
これに まさる 喜びは ありません。
고레니와   마사루   요로꼬비와 아리마셍

❀ 복 터졌어.

0666
大当たりだ。
오-아따리다

❀ 그저 운이 좋았던 거야.

0667
ただ 運が よかったのさ。
다다   웅가   요깟따노사

※합격이나 성공에 대해서 모든 것을 단지 행운으로만 돌려 말할 때 쓰이는 표현이다. 「운이 나
쁘다」라고 표현할 때는 「運が 悪(わる)い」라고 한다.

❀ 얼마나 다행스런 이야기이야.

0668
なんて 幸運な 話なんだろう。
난떼   코-운나   하나시난다로-

Unit2 화를 낼 때

일본 사람들은 좀처럼 겉으로 드러내고 화를 내지 않는다. 만약 화를 내거나 하면 마
음 속에 상당히 화가 나 있다고 생각해도 좋다. 우리말의 「화가 나다」의 관용적인 표
현은 「腹(はら)が 立(た)つ」이며, 「화를 내다」는 「腹を 立(た)てる」라고 한다.

❀ 너는 도대체 무슨 생각을 하는 거니?

0669
君は いったい 何を 考えているんだ!
기미와 잇따이   나니오 강가에떼 이룬다

※상대가 엉뚱한 생각을 한다거나 일을 잘못하여 실수를 할 때 화를 내면서 책망을 하는 표현이다.

✿ 나에게 명령하지 마!

0670 私に 命令しないで!
わたし めいれい
와따시니 메―레― 시나이데

✿ 너는 나의 신경에 거슬려.

0671 君は ぼくの 神経に さわるよ。
きみ しんけい
기미와 보꾸노 싱께―니 사와루요

※神経にさわる 신경에 걸리다, 기분에 거슬리다

✿ 바보 취급하지 마!

0672 ばかに するな!
바까니 스루나

※「ばか」는 「바보, 얼간이」라는 뜻으로 「ばかに する」는 바보처럼 취급하는 것을 말한다. 이 것은 「からかう(놀리다)」로 바꾸어 말할 수 있다.

✿ 이제 참을 수 없어.

0673 もう 我慢できないんだ。
がまん
모― 가만데끼나인다

※「我慢できない」는 지금까지 참아왔던 것이 화가 나서 참을 수 없는 상태를 말한다.

✿ 그런 것은 잘 알고 있어.

0674 そんな ことは 百も承知だ。
ひゃく しょうち
손나 고또와 햐꾸모 쇼―찌다

※「百も承知」는 「잘 알고 있다, 알고도 남는다」의 뜻으로 너무나 잘 알고 있으니 더 이상 말하지 말라고 화를 내면서 하는 말이다.

✿ 누구에게 말하고 있는지 알고 있나?

0675 誰に 言っているのか わかってるか?
だれ い
다레니 잇떼이루노까 와깟떼루까

✿ 나를 모욕하지 마.

0676 私を 侮辱するなよ。
わたし ぶじょく
와따시오 부조꾸스루나요

상대가 화가 나 있거나 잘못하여 안절부절 못하고 있을 때 진정시키는 말로는 흔히 「落ち着いてください(진정하세요)」라고 한다. 상대와 싸웠거나 말다툼을 하여 감정이 상했을 때는 화해(仲直り)를 해야 한다. 그래야 사이좋게(仲よく) 지낼 수 있기 때문이다.

🌸 진정해요!

0677
落ち着いて!
오찌쓰이떼

※「落ち着く」는 마음이 침착하게 가라앉는 것을 말한다. 상대가 침착하지 못할 때 마음을 진정시킬 것을 요구할 때 쓰이는 표현이다.

🌸 그렇게 정색하고 대들지 마.

0678
そう むきになるなよ。
소―   무끼니 나루나요

※「むきになる」는 상대가 한 말을 농담이 아닌 진담으로 여겨 사소한 말에 정색을 하고 대드는 것을 말한다.

🌸 그렇게 굳어있지 마.

0679
そんなに かたくならないで。
손나니   가따꾸 나라나이데

🌸 편히 해.

0680
のんびりと やっていて。
놈비리또   얏떼이떼

※「のんびり」는 몸과 마음을 편히 쉬는 모양으로, 상대에게 부담을 갖지 말고 마음을 편히 가질 것을 요구할 때 쓰이는 표현으로 「くつろいで」라고도 한다.

🌸 당황할 필요는 없습니다.

0681
あわてる 必要は ないです。
아와떼루   히쯔요―와 나이데스

Unit4 슬플 때

사람이 살아가면서 언제나 기쁨만 있는 것이 아니라 때로는 왠지 모르게 슬프거나(悲しい), 마음이 외롭거나(さびしい), 허무하고(むなしい), 우울할(ゆううつだ) 때가 있는 법이다.

💮 가슴이 찢어지는 아픔이었어.

0682
胸が 張り裂ける 思いだった。

무네가 하리사께루 오모이닷따

💮 나는 쭉 슬픔에 잠겼어.

0683
私は ずっと 悲しみに くれている。

와따시와 줏또 가나시미니 구레떼 이루

💮 얼마나 무정한가!

0684
なんと 無情な!

난또 무죠ー나

💮 내 마음은 아무도 몰라.

0685
私の心の 内を 誰にも わからない。

와따시노 고꼬로노 우찌오 다레니모 와까라나이

Chapter 02 여러 가지 감정을 나타낼 때

부끄러울 때는 はずかしい! (부끄럽다), 의심이 들 때는 ほんとうなの? (정말이니?), 冗談でしょう? (농담이겠죠?) 등으로 말하고, 마음이 왠지 우울할 때는 ゆううつだ!(우울해!)라고 자신의 감정을 솔직하게 말해 보는 것도 상대와 친해질 수 있는 방법 중의 하나입니다. 또한 놀랐을 때는 びっくりした! (깜짝 놀랐어!), 驚いた! (놀랐어!)라는 말이 입에서 순간적으로 나올 수 있도록 노력합시다.

Unit1 부끄러울 때

어떤 일에 대해 수줍거나 부끄러워 할 때는 「恥ずかしい(부끄럽다)」라고 하며, 믿기지 않을 정도로 놀랄 때는 「信じられない(믿기지 않아)」, 깜짝 놀랐을 때는 「びっくりした(깜짝 놀랐어)」라고 한다.

🌸 부끄러워.

0686
は
恥ずかしい。
하즈까시-

※수줍거나 부끄러울 때 쓰이는 감정 표현으로, 부끄러워하다는 「恥ずかしがる」로 표현한다.
또, 상대에게 부끄러워하지 말 것을 요구할 때는 「恥ずかしがらないで」라고 한다.

🌸 나로서도 부끄럽구나.

0687
は
われながら 恥ずかしいなあ。
와레나가라　하즈까시-나-

※われながら 자신의 입장에서도, 스스로 생각해도

🌸 부끄러운 줄 알아!

0688
はじ　し
恥を 知れ!
하지오 시레

✽ 부끄러운 줄 알아요!

0689 恥を 知りなさい!
はじ し
하지오 시리나사이

✽ 저 녀석은 전혀 부끄러워할 줄 몰라

0690 あいつは まったく 恥知らずだ。
はじ し
아이쓰와 　　맛따꾸 　　하지시라즈다

✽ 매우 유감스런 일입니다.

0691 大変 遺憾な ことです。
たいへん い かん
다이헨 이깐나 　　고또데스

✽ 부끄러워하지 말아요.

0692 恥ずかしがらないでください。
は
하즈까시가라나이데 구다사이

✽ 창피하게 그러지 마!

0693 恥を かかせるな。
はじ
하지오 가까세루나

Unit2 의심할 때

한번 의심받기 시작하면 그 사람에 대한 신뢰감을 회복하기가 무척 어렵다. 따라서 믿음에 상처를 주는 일은 하지 않는 게 가장 중요하다.

✽ 정말?

0694 本当?
ほんとう
혼또-

※상대가 하는 말이 사실인지 아닌지 의심스러울 때 쓰이는 표현으로 회화체에서는 「ほんとう?」
　　를 「ほんと?」로 줄여서 말하기도 한다.

정말이니?
0695
本当なの?
혼또-나노

이상해.
0696
あやしいぞ。
아야시-조

농담이겠죠?
0697
冗談でしょう?
죠-단데쇼-

뭔가 이상한데.
0698
何だか あやしいな。
난다까　아야시-나

그런 이야기는 못 믿어.
0699
そんな 話は 信じないよ。
손나　하나시와 신지나이요

그녀, 진심으로 말하고 있는 거니?
0700
彼女、本気で 言っているのかな。
가노조　홍끼데　잇떼이루노까나

저 남자가 말하는 것은 믿을 수 없어.
0701
あの男の 言うことは 信用できない。
아노 오또꼬노 이우 고또와　싱요- 데끼나이

말을 너무 잘하는군.
0702
話が うますぎるよ。
하나시가 우마스기루요

Unit3 우울할 때

🌸 우울해. 일자리를 잃었어.

0703 ゆううつだ。仕事を なくした。
유-우쯔다　　시고또오 나꾸시따

🌸 오늘은 우울해.

0704 今日は ゆううつだ。
쿄-와　　유-우쯔다

🌸 마음이 우울해.

0705 気が めいる。
기가　　메이루

🌸 비가 내리는 날은 마음이 우울해.

0706 雨の日は 気が めいる。
아메노 히와　끼가　메이루

🌸 아무 것도 할 마음이 생기지 않아.

0707 何も やる 気が おきない。
나니모　야루　기가　오끼나이

🌸 왜 우울하니?

0708 どうして ゆううつなの?
도-시떼　　유-우쯔나노

🌸 오늘 그는 기분이 가라앉아 있어.

0709 今日、彼は 陰気な 感じだ。
쿄-　가레와　잉끼나　간지다

しまった는 놀랐을 때나 실패하여 몹시 분할 때 내는 말로 우리말의 「아차, 아뿔싸, 큰일 났다」 등으로 해석이 가능하다. 비슷한 표현으로는 たいへんだ가 있다.

아, 깜짝 놀랐어.
0710

ああ、びっくりした。
아―　　　빅꾸리시따

※びっくりする 깜짝 놀라다, びっくり仰天（ぎょうてん） 깜짝 놀람

그거 놀랍군요.
0711

それは 驚きましたね。
소레와　　오도로끼마시따네

야, 기무라 너를 만나다니 놀랍군.
0712

やあ、木村、君に 会うとは 驚いたね。
야―　　기무라　 기미니 아우또와　　 오도로이따네

놀라게 하지 말아요.
0713

びっくりさせないでよ。
빅꾸리사세 나이데요

충격이야!
0714

ショック！
쇽꾸

※ショック[shock] 쇼크, 갑작스럽게 당하는 타격, 충격

깜짝 놀랐잖아.
0715

びっくりするじゃないか。
빅꾸리스루쟈나이까

그렇게 될 리가 없어!
0716

そうなる はずが ないよ！
소― 나루　　 하즈가　 나이요

어머, 어떻게 아니?

0717

おや、どうして 分かるの。

오야　도-시떼　와까루노

어, 믿을 수 없어. 와 있는지는 몰랐어.

0718

おや、信じられないね。来ているとは 知らなかった。

오야　신지라레나이네　기떼이루또와　시라나깟따

이거 참 놀랐어요.

0719

これはこれは 驚きましたね。

고레와 고레와　오도로끼마시따네

그거 이상한데.

0720

それは 変だ。

소레와　헨다

무섭군.

0721

恐ろしいね。

오소로시-네

어이없군.

0722

あきれたね。

아끼레따네

※상대의 계속되는 실수나 실패에 대해 기가 막혀 말이 나오지 않을 때의 표현이다.

저건 도대체 뭐야?

0723

あれは いったい 何だ?

아레와　잇따이　난다

어, 정말 바보같군!

0724

おや、なんて ばかな!

오야　난떼　바까나

여러 가지 감정을 나타낼 때　**151**

✿ 어머, 너야?

まあ、あなたなの。
마ー　　아나따나노

Unit5 미심쩍을 때

미심쩍을 때 쓰이는 말로는 「本当なの(정말이니?)」, 「冗談でしょう(농담이겠죠?)」, 「何だか あやしいな(뭔가 이상한데!)」 등이 있다.

✿ 그건 처음 듣는데.

0726
それは 初耳だ。
소레와　　하쯔미미다

※「初耳(はつみみ)」는 처음으로 듣는 것을 말하며, 우리가 많이 쓰고 있는 금시초문(今時初聞) 에 해당하는 표현이다.

✿ 믿기 어려워!

0727
信じがたい!
신지가따이

✿ 설마, 그런 일은 없겠죠.

0728
まさか、そんな こと ないでしょう。
마사까　　　손나　　　고또　　나이데쇼ー

※「まさか」는 우리말의 「설마, 아무리」에 해당하는 말로 뒤에 부정 추측의 말이 뒤따른다.

✿ 설마, 믿을 수 없어요.

0729
まさか、信じられません。
마사까　　신지라레마셍

✿ 정말입니까?

0730
本当ですか。
혼또ー데스까

✿ 엣, 정말로?
0731
えっ、本当に?
엣   혼또-니

※ 뜻밖의 말을 상대로부터 듣고 놀라서 그게 사실이냐고 반문할 때 쓰이는 표현이다.

✿ 설마, 농담이겠죠.
0732
まさか! ご冗談でしょう。
마사까   고죠-단데쇼-

✿ 진심이야?
0733
本気?
홍끼

※ 本気(ほんき) 진심, 본정신

Chapter 03 동정과 위로할 때

　　　　상대에 대한 위로는 사회생활을 원활히 하기 위한 첫걸음으로 불의의 사고, 재난, 병 등에 대한 동정을 나타내는 것은 자연스런 감정이기도 합니다. 희망했던 일이 이루어지지 않았거나 예정이나 기대에 어긋났을 때는 残念ですね를 쓰며, 갑작스런 사고나 불행한 일을 당한 사람에게는 お気の毒ですね라고 위로합니다. 또한 실의에 빠졌거나 슬픔에 젖어있는 사람에게 용기를 북돋을 때는 頑張ってね가 쓰입니다.

Unit1 동정할 때

바라던 사항이 잘 이루어지지 않았거나 예정에 어긋났을 때 위로하는 표현으로는 「残念ですね(유감이군요)」가 있으며, 갑작스런 불행이나 사고를 당한 상대방을 동정할 때는 「お気の毒です(안 됐습니다)」가 있다.

✺ 딱해라.

0734
お気の毒に。
오끼노 도꾸니

※「気の毒」는 상대방의 불행을 가엾게 생각하여 동정을 할 때 쓰인다. 또한 상대에게 폐를 끼쳐 미안하다고 생각할 때도 쓰이는 표현이다.

✺ 그거 안 됐군요.

0735
それは いけませんね。
소레와　　이께마센네

※「いけない」는 「나쁘다」의 완곡한 표현으로 공손하게는 「いけません」이라고 한다. 또한 여기서처럼 「안 됐다, 딱하다」의 뜻으로 동정할 때도 쓰인다.

✺ 딱하게 됐습니다.

0736
お気の毒です。
오끼노 도꾸데스

✿ 이야, 유감이군요.
0737
いやあ、残念ですね。
이야ー　　잔넨데스네

✿ 불쌍해!
0738
可愛そうに!
가와이소ー니

※「かわいそうに」는 상대방의 불행을 가엾거나 불쌍하게 여기면서 위로나 동정을 나타낼 때 쓰이는 표현이다.

✿ 운이 없었군요.
0739
ついてませんでしたね。
쓰이떼 마센데시따네

✿ 어머, 딱해라.
0740
おやおや。お気の毒に。
오야오야　　오끼노 도꾸니

※「おやおや」는 뜻밖의 일에 놀랐을 때 내는 소리를 강조한 것이다.

✿ 정말로 안됐습니다.
0741
本当に お気の毒です。
혼또ー니　　오끼노 도꾸데스

✿ 정말 슬픈 일이군요.
0742
なんて 悲しいんでしょう。
난떼　　가나시인데쇼ー

残念だったね는 분발해서 열심히 노력했지만 성공하지 못했을 때 수고를 위로하면서 격려하는 말이다. 이것은 「ついてなかったね(운이 따르지 않았어)」, 「おしかった(아쉬웠어)」 등으로 바꾸어 표현할 수도 있다.

🌸 자, 힘을 내요.
0743
さあ、元気を 出して。
사— 겡끼오 다시떼

🌸 걱정하지 말아요.
0744
くよくよするなよ。
구요꾸요 스루나요

🌸 유감이군. 하지만 힘을 내요.
0745
残念だったね。でも 元気を 出して。
잔넨닷따네 데모 겡끼오 다시떼

🌸 딱하지만, 이제 걱정하지 마세요.
0746
お気の毒だけど、どうか くよくよ しないでください。
오끼노 도꾸다께도 도—까 구요꾸요 시나이데 구다사이

🌸 그런 일도 자주 있습니다.
0747
そういう ことも よく あります。
소—유— 고또모 요꾸 아리마스

🌸 당신이 하고 있는 일은 틀리지 않아요.
0748
あなたの やっている ことは 間違っていませんよ。
아나따노 얏떼이루 고또와 마찌갓떼 이마셍요

🌸 이 세상이 끝난 것은 아니잖아요.

0749
この世の 終りという わけでも ないでしょう。
고노요노 오와리또유- 와께데모 나이데쇼-

※「～わけでも ない」는 「～것도 아니다」의 뜻으로 부드러운 부정을 나타낸다.

🌸 인생이란 그런 거예요.

0750
人生なんて そんな ものですよ。
진세- 난떼   손나   모노데스요

🌸 가족 여러분께 위로의 마음을 전해 주십시오.

0751
ご家族に お見舞いの 気持ちを お伝えください。
고카조꾸니   오미마이노   기모찌오   오쓰따에 구다사이

🌸 누구에게나 있는 일이야.

0752
誰にも ある ことさ。
다레니모 아루   고또사

※「さ」는 종조사로 가볍게 단정해서 단언하는 뜻을 나타낸다.

🌸 자책하지 말아요.

0753
自分を 責めないで。
지붕오   세메나이데

Unit3 애도할 때

여기서는 조문을 가서 애도의 말을 건넬 때 쓰는 표현과 주위 사람이 상을 당해 슬퍼할 때 위로하는 표현들을 익힌다.

🌸 상심이 크시겠습니다.

074
ご愁傷様です。
고슈-쇼-사마데스

🌸 아까운 분을 잃으셨습니다.

惜しい 人を 亡くしました。
오시ー　　히또오　　나꾸시마시따

🌸 할아버지가 돌아가셔서 쓸쓸해.

おじいちゃんが 死んじゃって さみしくなるよ。
오지ー쨩가　　　신잣떼　　　사미시꾸나루요

※〜じゃって = 〜でしまって

🌸 가엾게도.

お気の毒に。
오끼노 도꾸니

🌸 부디 낙심하지 마십시오.

どうぞ 気を 落とさないでください。
도ー조　기오　오또사나이데 구다사이

🌸 이번에 큰일을 당하셨군요.

この度は 大変でしたね。
고노 다비와　　다이헨데시따네

🌸 충심으로 위로의 말씀을 드립니다.

衷心から お悔やみ申し上げます。
츄ー싱까라　　오꾸야미 모ー시아게마스

Chapter 04 불만과 불평을 나타낼 때

불만(不滿)은 불만족(不滿足)의 준말입니다. 「만족하지 않다, 만족스럽지 못하다」라는 뜻입니다. 그러나 불평(不平)은 마음에 불만이 있어 못마땅하게 여기고, 그 못마땅함을 말이나 행동으로 드러내어 표현하는 것입니다. 따라서 불만이 원인이 되어 불평을 하게 되는 것입니다. 진절머리가 나거나 지루할 때는 退屈だ(지루해)라고 말하거나 もうたくさんだ(이제 됐어)라고 말합니다. 말을 강력히 제지할 때는 黙れ(닥쳐)라고 하면 됩니다.

Unit1 불만스러울 때

일이 잘못되었거나 기대한 만큼의 결과가 나오지 않았을 때 화가 나는 법이다. 이런 불평이나 불만을 나타낼 때 자신도 모르게 나오는 소리가 일본어에서는 「ちぇっ(쳇)」, 「あっ、しまった(아빨싸)」 등이 있다.

❀ 소용없게 되었어.

0761
無駄になったよ。
무다니 낫따요

※「むだ」는 이익이 없거나 보람이 없음을 뜻하며, 「むだになる」는 계획하고 실천한 일이 아무런 보람도 없이 쓸모가 없게 되었을 때 쓰이는 표현이다.

❀ 좀더 서둘렀으면 탔을 텐데…….

0762
もう少しで 間にあったんだが……。
모- 스꼬시데   마니 앗딴다가

❀ 너무 바빠.

0763
忙しすぎるよ。
이소가스기루요

🌸 이 일은 나에게 너무 버거워요.

0764 この仕事は 私には 荷が 重すぎます。

고노 시고또와　와따시니와 니가　오모스기마스

🌸 나의 적은 급료로는 해나갈 수 없어.

0765 私の 少ない 給料では やっていけないよ。

와따시노 스꾸나이　큐ー료ー데와　얏떼 이께나이요

🌸 이제 더 이상 참을 수 없어.

0766 もう これ以上 耐えられないよ。

모ー　고레 이죠ー　다에라레나이요

🌸 네가 말한 것은 납득이 안 돼.

0767 君の 言うことは 腑に落ちない。

기미노 이우 고또와　후니 오찌나이

🌸 그의 대답은 납득할 수 없어.

0768 彼の 答えでは 納得できない。

가레노 고따에데와　낫또꾸 데끼나이

🌸 오늘 그는 시비조야.

0769 今日の 彼は 喧嘩腰だね。

쿄ー노　가레와　겡까고시다네

「불만을 품다」는 不満(ふまん)を 抱(いだ)く라 하고, 「불평을 하다」라고 할 때는 「不平(ふへい)を 言(い)う」라고 한다. 또한 「불평을 늘어놓다」라고 할 때는 「不平を 並(なら)べる」라고 한다.

🌸 어떻게 해 줘요.

0770
何とかしてよ。
난또가 시떼요

※「なんとか」는 「어떻게든, 그럭저럭, 간신히」를 뜻하는 말로, 상대가 잘못을 지적하거나 할 때 화가 나듯이 「그럼 당신이 어떻게 해 봐요」라는 뜻이다.

🌸 쓸데없는 짓을 하지 마라.

0771
もったいない ことを するな。
못따이나이　　　　고또오　　스루나

※もったいない 아깝다, 황송하다, 무례한 짓을 하다

🌸 이 얼마나 돈과 시간 낭비야.

0772
なんて お金と 時間の むだなんだ。
난떼　　오까네또　지깐노　　무다난다

🌸 왜 이렇게 시간이 걸리니?

0773
なぜ こんなに 時間が かかるの?
나제　곤나니　　지깐가　　가까루노

🌸 쳇! 집에 놓고 왔어.

0774
ちぇっ! 家に 忘れたよ。
치엣　　이에니　와스레따요

※「ちぇっ」은 기대에 어긋나 마음이 마땅치 않을 때 내는 말이다.

🌸 제기랄! 전철을 놓쳤어.

0775
くそっ! 電車に 乗り遅れた。
구솟　　덴샤니　노리오꾸레따

※「くそっ」은 남을 몹시 욕하거나 불끈했을 때 내지르는 말로 「제기랄, 빌어먹을」 따위로 해석이 가능하다.

✿ 아뿔싸. 잊었다.
0776
あっ、しまった。忘^{わす}れた。
앗　　　시맛따　　　와스레따

✿ 너는 도움이 안 돼.
0777
君^{きみ}は 役立^{やくだ}たずだ。
기미와　야꾸다따즈다

✿ 머리가 돌겠어.
0778
頭^{あたま}が 変^{へん}になるよ。
아따마가　헨니　나루요

✿ 부족해.
0779
足^たりないよ。
다리나이요

✿ 그는 나에게 불공평해.
0780
彼^{かれ}は 私^{わたし}に 不公平^{ふこうへい}だ。
가레와　와따시니　후꼬-헤-다

Unit3　진절머리가 날 때

✿ 지루해.
0781
退屈^{たいくつ}だ。
다이꾸쓰다

✿ 시시해.
0782
つまらないなあ。
쓰마라나이나-

형편없어.

0783

くだらないよ。

구다라나이요

보잘것없어.

0784

取るに 足らないよ。

도루니와   다라나이요

※取るに 足らない 중요한 것이 아니다, 하잘것없다

흥미가 없어.

0785

興味 ないよ。

쿄-미 나이요

뻔한 일이야.

0786

たかが 知れてるよ。

다까가   시레떼루요

※たかが 知れている 뻔한 일이다, 대수로운 것이 아니다

흔한 모임이었어.

0787

ありふれた 会合だった。

아리후레따   카이고-닷따

일에 마음이 내키지 않아.

0788

仕事に 気が のらないよ。

시고또니   기가   노라나이요

※気が のる 마음이 내키다, 할 마음이 생기다

그건 시대에 뒤떨어졌어.

0789

それは 時代遅れだよ。

소레와   지다이오꾸레다요

🌀 어지간히 해.

0790
いいかげんに してくれよ。
이― 카겐니　　　시떼 구레요

🌀 이제 참을 수 없어.

0791
もう 我慢できない。
모―　　가만 데끼나이

🌀 이제 됐어.

0792
もう たくさんだ。
모―　　다꾸산다

🌀 봐주세요!

0793
勘弁してよ!
감벤시떼요

🌀 들으면 들을수록 진절머리가 나요.

0794
聞けば 聞くほど うんざりするよ。
기께바　　기꾸호도　　　운자리스루요

※「~ば ~ほど」는 「~하면 ~할수록」의 뜻으로 정도나 상태가 점점 더해짐을 나타낸다.

🌀 그녀, 또 시작되었어.

0795
彼女、また 始まったよ。
가노죠　　마따　　하지맛따요

🌀 아, 지긋지긋해!

0796
ああ、うんざりだよ!
아―　　　운자리다요

🌀 듣고 싶지 않아.

0797
聞きたくないよ。
기끼따꾸 나이요

여기서는 지나친 불평이나 불필요한 말을 하여 귀찮게 굴 때 저지하는 표현을 익힌다.

🏵 너저분하게 말참견하지 마.

0798
ごちゃごちゃ 口出ししないでよ。
고쨔고쨔　　　구찌다시 시나이데요

> ※ごちゃごちゃ 이러쿵저러쿵 불평불만을 나타내거나 다양한 것이 어수선하게 섞여 있는 모양

🏵 큰소리 지르지 마!

0799
大声を 出すな!
오-고에오　다스나

🏵 투덜거리지 마.

0800
ぶつぶつ 言うな!
부쓰부쓰　　이우나

🏵 좀 얌전하게 해라.

0801
少し おとなしくしなさい。
스꼬시　오또나시꾸 시나사이

🏵 시끄럽게 하지 마!

0802
がみがみ 言うな!
가미가미　　이우나

> ※がみがみ 딱딱, 시끄럽게

🏵 말대꾸하지 말아요!

0803
口答えは しないで!
구찌고따에와　시나이데

🏵 잠자코 있어. 너는 말이 많아!

0804
黙っていろよ。あんたは おしゃべりだな!
다맛떼이로요　　　　안따와　　　오샤베리다나

> ※おしゃべり 수다쟁이

Chapter 05 후회와 감탄을 할 때

적당한 감정의 표현은 대화에 생동감을 불어넣어 줍니다. うわっ, すばらしい! かっこいい! すてき! うまい! 등 감탄의 기분을 나타내는 말도 풍부하게 익혀두기 바랍니다. 또한 일본인은 상대에 대한 칭찬에 대해서는 말을 아끼지 않습니다. 더듬거리는 일본어로 말을 걸어도 日本語はお上手ですね라고 칭찬을 합니다. 이처럼 일본인은 사소한 것이라도 칭찬을 하는 습관이 몸에 배어 있으므로 액면 그대로 받아들이면 오해하기 쉬운 경우도 종종 있습니다.

Unit1 실망했을 때

상대에게 또는 자신 스스로에게 기대에 못 미치거나 실수를 했을 때 실망을 하게 된다. 실망을 할 때는 보통 「がっかりする(실망하다)」, 「残念だ(유감이다)」라고 하며, 한 자어로는 「失望(しつぼう)する」라고 표현한다.

🌸 실망이야.

0805

がっかりだ。

각까리다

※「がっかり」는 실망하는 모양이나 피로하여 정신이 빠진 모양을 나타낸다. 실망하지 말라고 할 때는 「がっかりするな」라고 하면 된다.

🌸 유감이군요.

0806

残念ですね。
ざんねん

잔넨데스네

🌸 쓸데없이 고생했어.

0807

むだな 骨折りだった。
　　　　　ほね お

무다나　　호네오리닷따

※「骨折(ほねお)り」는 뼈를 부러뜨릴 정도의 고생을 말한다.

실망하지 마.

0808

がっかりしないでよ。

각까리 시나이데요

 그렇게 분발했는데.

0809

あんなに 頑張ったのに。

안나니　감밧따노니

> ※「頑張(がんば)る」는「분발하다, 힘내다」의 뜻으로 응원할 때는「頑張れ!」라고 한다. 이 표현은 전력을 다했음에도 결과가 좋지 않게 나와 아쉬움을 나타낸 것이다.

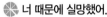 **너 때문에 실망했어.**

0810

君の おかげで がっかりしたよ。

기미노　오까게데　각까리시따요

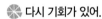 **시간 낭비야.**

0811

時間の むだだよ。

지깐노　무다다요

다시 기회가 있어.

0812

また 機会が ある。

마따　기까이가　아루

Unit2 체념이나 단념을 할 때

무슨 일이나 한번 마음을 먹으면 포기하지 않고 끝까지 해나가면 좋겠지만, 어쩔 수 없는 상황으로 중도에 그만두는 일이 생기기도 한다. 어떤 일에 단념을 하거나 체념할 때 쓰이는 일본어 표현으로는「あきらめたよ(포기했어)」,「仕方が ないよ(어쩔수 없어)」등이 있다.

 포기했어.

0813

あきらめたよ。

아끼라메따요

> ※「あきらめる」는 마음먹었던 일이나 추진하고 있는 일을 계속하지 못하고 중도에서 포기할 때 쓰이는 표현이다.

✽ 어쩔 도리가 없어.

どうしようもないよ。
도− 시요−모 나이요

※「どうしようもない」는 포기하지 않을 수 없는 상황이나 어찌 할 방법이 없는 상황을 말할 때
쓰이는 표현이다.

✽ 달리 어쩔 도리가 없어.

ほかに どうしようもないんだ。
호까니　　　도− 시요−모 나인다

✽ 전망이 없어.

見込みなしだ。
미꼬미 나시다

※「見込(みこ)みなし」는 상대나 어떤 일에 대한 가능성이나 희망이 없어 기대할 수 없는 상태
를 나타낼 때 쓰이는 표현이다.

✽ 방법이 없어.

仕方が ないよ。
시까따가　　나이요

※「仕方(しかた)」는 하는 방법이나 방식을 말한다. 따라서 「仕方が ない」는 「하는 수 없다,
어쩔 방법(도리)이 없다」의 뜻으로 「しようが ない」와 같은 용법으로 쓰인다.

✽ 이제 항복하겠어.

もう 降参するんだ。
모−　　　코−산스룬다

✽ 절망적이야.

絶望的だ。
제쓰보−테끼다

✽ 이제 끝난 일이야.

もう 終わった ことだ。
모−　　　오왓따　　　고또다

✿ 그렇게 하는 것 이외에 달리 취할 길이 없어.

0821
そうする 以外に とるべき 道は ないんだ。
소ー스루　　　이가이니　　도루베끼　　미찌와 나인다

※ 현재 하고 있는 일이나 방법 이외는 달리 취할 길이 없을 때 쓰이는 표현이다. 「べき」는 동사의 기본형에 접속하여 「~해야 한다」는 필연이나 의무를 나타낸다.

✿ 내가 상상한 대로야.

0822
私の 想像した とおりだよ。
와따시노 소ー조ー시따　도ー리다요

※ 「~た とおりだ」는 「~한 대로이다」의 뜻이다.

이미 엎질러진 물은 주워 담을 수 없듯이 말이나 행동의 실책에 대해 뒤늦게 후회해도 소용이 없다. 일본어에서 후회할 때 쓰이는 표현으로는 문말에 「~なければ よかった(~하지 않았으면 좋았을걸)」를 접속하여 나타낸다.

✿ 저런 짓을 하지 않았으면 좋았을걸.

0823
あんな こと しなければ よかった。
안나　　고또　　시나께레바　　요깟따

※ 「~なければ よかった」는 「~하지 않았으면 좋았다」의 뜻으로 결과에 대한 비난이나 질책을 하는 아쉬운 마음을 나타낼 때 쓰인다. 비슷한 표현으로 「~すべきでなかった(~하지 않았어야 했다)」와 「~ない ほうが よかったのに(~하지 않는 게 좋았을 텐데)」가 있다.

✿ 저런 말을 하지 않았으면 좋았을걸.

0824
あんな こと 言わなければ よかった。
안나　　고또　　이와나께레바　　요깟따

✿ 바보 같은 짓을 하고 말았어.

0825
ばかな ことを してしまった。
바까나　　고또오　　시떼 시맛따

🌸 그런 짓을 하다니 나도 경솔했어.

0826

そんな ことを するなんて 私も 軽率だった。
손나　　　고또오　스루난떼　　와따시모 게-소쯔닷따

🌸 내가 한 일을 후회하고 있어.

0827

自分のした ことを 後悔している。
지분노 시따　　고또오　코-까이시떼 이루

🌸 다른 방법이 없었어.

0828

ほかに 方法は なかったんだ。
호까니　호-호-와　나깟딴다

🌸 너무 했어.

0829

やりすぎたよ。
야리스기따요

※「やりすぎる」는 「やる」의 중지형에 「지나치다」는 뜻을 가진 동사형 접미어인 「すぎる」가
접속된 형태로, 행위가 도에 지나쳤음을 후회하는 표현이다.

🌸 너무 긴장했어.

0830

緊張しすぎていたんだ。
긴쵸-시스기떼 이딴다

🌸 더 공부해 두었으면 좋았을걸.

0831

もっと 勉強しておけば よかった。
못또　　벵꾜-시떼 오께바　　요깟따

※「~ておけば よかったのに」는 「~해 두었으면 좋았을 텐데」의 뜻으로 미리 해 두지 못한 것
에 대한 후회를 나타낸다. 「のに」는 문말에 접속하여 「~텐데」의 뜻으로 후회나 아쉬움을 나
타낸다.

🌸 그에게 물어보았으면 좋았을걸.

0832

彼に 聞いておけば よかった。
가레니 기이떼 오께바　　요깟따

🌸 **깜빡 잊고 있었어.**

0833
うっかり 忘^{わす}れていた。

욱까리　와스레떼 이따

※「うっかり」는 부주의로 알지 못하거나 느끼지 못하는 모양을 나타낼 때 쓰인다.

🌸 **후회하지 말아요.**

0834
後悔^{こうかい}しないでください。

코-까이시나이데 구다사이

Unit4 감탄할 때

「すてき」는 주로 겉모양이 근사하고 멋진 것을 표현할 때 쓰이며, 인격이나 행동이 멋지고 근사할 때는 「すばらしい」라고 한다.

🌸 **멋지군요.**

0835
素晴^{す ば}らしいですね。

스바라시-데스네

🌸 **멋져!**

0836
素敵^{す てき}!

스떼끼

🌸 **잘 했어.**

0837
よく やった。

요꾸　얏따

🌸 **정말 예쁘죠.**

0838
なんて 綺麗^{きれい}なんでしょう。

난떼　기레-난데쇼-

🌸 **재미있군요!**

0839
面白^{おもしろ}いですね!

오모시로이데스네

에−, 이거 대단하군!

へえ、これは すごい!
헤−　　　고레와　　스고이

※「すごい」는 본래 「무섭다, 무시무시하다」의 뜻을 가진 형용사이지만, 속어적으로 실력이나 결과 등이 「대단하다, 굉장하다, 뛰어나다」의 뜻으로도 쓰인다.

우와, 멋지다.

うわあ、素晴らしい。
우와−　　　스바라시−

아름답구나.

美しいなあ。
우쯔꾸시−나−

정말 전망이 멋지죠.

なんて いい 眺めでしょう。
난떼　　이−　　나가메데쇼−

경치가 좋군요.

いい 景色ですね。
이−　　게시끼데스네

멋진 그림이군요.

素晴らしい 絵ですね。
스바라시−　　　에데스네

무척 좋은 날씨이죠.

なんて いい 天気なんでしょう。
난떼　　이−　　뎅끼난데쇼−

※「なんて」는 「뭐라고, 어쩌면」의 뜻으로 의문이나 영탄을 나타내기도 한다.

우리는 무슨 일에 놀랐거나 조마조마 가슴을 졸이며 기대하고 있던 일이 이루어졌을 때 안도의 한숨을 쉬게 된다. 안심할 때 자신도 모르게 나오는 소리로는 「ほっとした(안심했다)」, 「おどろいた(놀랐잖아)」 등이 있다.

아, 한숨 돌렸어!

0847

ああ、ほっとした!
아— 홋또시따

※「ほっと」는 부사어로 한숨 돌리는 모양을 나타내며, 「ほっとする」의 형태로 쓰일 때는 어떤 일이나 사태가 무사해서 안심하는 모양을 나타낸다.

다행이야.

0848

よかったね。
요깟따네

※「よかった」는 「좋다」라는 뜻을 가진 형용사 「よい」의 과거형으로 「좋았다」라는 뜻이지만, 어떤 일이 무사히 진행되었을 때는 「다행이다」라는 뜻으로도 쓰인다.

놀랐어!

0849

驚いた!
오도로이따

그걸 듣고 가슴이 시원했어.

0850

それを 聞いて 胸が すっきりした。
소레오 기이떼 무네가 슥끼리시따

좋은 액땜이야.

0851

いい 厄介払いだ。
이— 약까이바라이다

※「厄介払い」는 귀찮고 성가신 일이나 좋지 않은 일 따위를 떨어내는 것을 말하며, 우리말의 「액땜」에 해당한다.

우리는 대체적으로 남을 칭찬하는 데는 인색한 편이다. 그러나 일본인은 본마음은 그렇지 않더라도 칭찬을 잘 하는 편이다. 칭찬할 때 많이 쓰이는 일본어로는 「すばらしい(멋지다)」, 「お上手ですね(잘하시네요)」 등이 있다.

🌸 잘 어울려요.

0852
とても 似合いますよ。
도떼모　　니아이마스요

🌸 좋은 시계를 차고 있군요.

0853
いい 時計を はめてますね。
이-　도께-오　하메떼마스네

🌸 고마워요. 저도 마음에 듭니다.

0854
ありがとう。私も 気に入ってるんです。
아리가또-　　와따시모 기니 잇떼룬데스

🌸 멋져요! 내가 가지고 싶었던 것은 이거예요.

0855
すばらしい！ 私が 欲しかったのは これですよ。
스바라시-　　　와따시가 호시깟따노와　　고레데스요

🌸 훌륭합니다.

0856
お見事です。
오미고또데스

🌸 그에게 박수를 보냅시다.

0857
彼に 拍手を 送りましょう。
가레니　하꾸슈오　오꾸리마쇼-

🌸 칭찬해 주셔서 고마워요.

0858
お誉めいただいて ありがとう。
오호메 이따다이떼　　아리가또-

Chapter 06 비난과 화해를 할 때

우리말에는 셀 수 없을 정도로 상대를 비난할 때 쓰이는 욕설에 관한 표현이 많지만, 일본어에는 손을 꼽을 정도로 적습니다. 텔레비전 드라마나 영화 등에서 가끔 나오는 ばかやろ!나 このやろ! 등이 고작이며, 심하게 말할 때는 ちくしょう! 정도입니다. 또한 상대의 말에 신뢰를 할 수 없어 비난할 때는 주로 うそつき!가 쓰이며, 상대의 비난이나 욕설 등을 제지할 때는 금지를 나타내는 종조사 な를 동사의 기본형에 접속하여 사용합니다.

Unit1 비난할 때

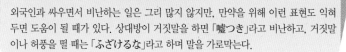

외국인과 싸우면서 비난하는 일은 그리 많지 않지만, 만약을 위해 이런 표현도 익혀 두면 도움이 될 때가 있다. 상대방이 거짓말을 하면 「嘘つき」라고 비난하고, 거짓말이나 허풍을 떨 때는 「ふざけるな」라고 하며 말을 가로막는다.

 거짓말쟁이!

0859
うそ
嘘つき!
우소쓰끼

※ 상대가 거짓말을 하거나 말도 안 되는 소리를 할 때 비난하는 말이다. 우리말의 「거짓말을 하다」는 「うそを つく」라고 한다.

 그건 거짓말이야!

0860
うそ
それは 嘘だ!
소레와　우소다

 거짓말을 하지마.

0861
うそ
嘘を つくな。
우소오　쓰꾸나

🌀 농담은 그만둬!

0862 冗談は やめてくれ!
조ー당와   야메떼 구레

🌀 농담도 적당히 해라!

0863 冗談も いい加減に しろ!
조ー담모   이ー 카겐니   시로

🌀 바보 같은 소리 집어치워!

0864 ばかな ことは やめろ!
바까나   고또와   야메로

🌀 까불지 마!

0865 ふざけるな!
후자께루나

※「ふざけるな」는「ふざける(장난하다, 농담하다)」에 강한 금지를 나타내는「な」가 접속된 형태로 장난이나 농담을 저지하는 표현이다.

🌀 네가 한 말을 취소하거라.

0866 自分の 言った ことを 取り消しなさい。
지분노   잇따   고또오   도리께시 나사이

🌀 거짓말은 이제 듣고 싶지 않아.

0867 うそは もう 聞きたくない。
우소와   모ー   기끼따꾸 나이

🌀 속임수야.

0868 いんちきだ。
인찌끼다

🌀 시치미 떼지 마!

0869 とぼけるな!
도보께루나

※「とぼけるな」는 상대가 모른 척을 하거나 시치미를 뗄 때 쓰이는 말이다.

✿ 너는 나를 속였어.
0870
君は 私を かついだだろう。
_{きみ} _{わたし}
기미와 와따시오 가쓰이다다로—

✿ 속이려고 해도 그에게는 넘어가지 않겠어.
0871
だまそうったって その手には 乗らないよ。
_て _の
다마소웃땃떼　　　　　소노 데니와　　　노라나이요

Unit2 험담할 때

일본어에는 우리말에서처럼 상대를 비난하는 욕설이 많지가 않다. 드라마나 영화,
만화, 소설 등에서 볼 수 있는 **ばか**(바보), **やろう**(녀석), **ちくしょう**(×자식) 정도
이다.

✿ 겁쟁이!
0872
臆病もの!
_{おくびょう}
오꾸뵤—모노

※「もの」는 보통 한자로 표기할 경우 「者」라고 쓰고, 사람을 막되게 부르는 뜻을 갖는다.

✿ 비열한 놈!
0873
けち!
게찌

※けち 구두쇠, 자린고비, 속이 좁음, 비열함

✿ 이 녀석!
0874
この やろう!
고노　　　야로—

✿ 이 바보!
0875
この ばか!
고노　　　바까

교활한 녀석!

0876

ずるい やつめ!
즈루이 야쓰메

※「め」는 체언에 접속하여 한층 낮추어 보는 뜻을 나타내거나, 자신에 대한 겸양의 뜻을 나타내는 말로 우리말의 「놈」에 해당한다.

이 못난이!

0877

この ぶす!
고노 부스

※ぶす는 여자들에게 사용하는 표현이다.

뚱보!

0878

でぶ!
데부

정말 은혜도 모르는 놈이다!

0879

何て 恩知らずな 奴だ!
난떼 온시라즈나 야쓰다

이 저질 녀석아!

0880

この 最低の やつめ!
고노 사이떼ー노 야쓰메

Unit3 화해할 때

상대와 싸웠거나 말다툼을 하여 감정이 상했을 때는 화해(仲直り)를 해야 한다. 그래야 사이좋게(仲よく) 지낼 수 있기 때문이다.

화해하자.

0881

仲直りしよう。
나까나오리 시요ー

※「仲(なか)」는 「사이」, 「直り」는 「直る(고쳐지다)」의 명사형이다. 따라서 「仲直り」는 불화가 풀리고 사이가 좋아지는 것을 말한다.

🌸 화해했니?

0882
仲直りした?
なかなお
나까나오리시따

🌸 의논해서 정할 수는 없니?

0883
話し合いで 決められない?
はな あ き
하나시아이데　기메라레나이

※「話し合い」는「話し合う(서로 이야기하다, 의논하다)」의 명사형으로 서로 이야기하거나 의논하는 것을 말한다.

🌸 사이좋게 지내라.

0884
仲良く しなさい。
なか よ
나까요꾸　시나사이

※「仲よく する」는「사이좋게 지내다」라는 뜻으로 상대와 친하게 지내기를 요구할 때 쓰이는 표현이다.「사이가 좋아지다」는「仲よく なる」라고 하면 된다. 이처럼 형용사에「する」나「なる」를 접속하면「~하게 하다, ~하게 되다」의 뜻이 된다.

🌸 없던 걸로 하자.

0885
水に 流そう。
みず なが
미즈니　나가소―

※「水(みず)に 流(なが)す」는「물에 흘려버리다」의 뜻으로 지나간 일은 없었던 것으로 하고 일체 탓하지 않는다는 것을 말한다.

🌸 질렸어.

0886
まいったよ。
마잇따요

※「まいる」는「가다, 오다」의 겸양어이지만,「まいった」의 형태로 쓰이면 상대방에게 우위를 빼앗기는 것을 말한다.

🌸 네가 졌다.

0887
君の 負けだ。
きみ ま
기미노　마께다

비난과 화해를 할 때　**179**

악의는 없었어.

0888 悪気は なかったよ。

와루기와　　나깟따요

※「悪気(わるぎ)」는 「나쁜 마음」을 뜻하며, 위의 표현은 상대에게 나쁜 의도로 행동을 하거나
말을 하는 게 아니라고 변명할 때 쓰인다.

네가 없어서 섭섭했어.

0889 君が いなくて 寂しかったよ。

기미가　이나꾸떼　　사비시깟따요

화해는 할 수 없니?

0890 仲直りは できないのかい。

나까나오리와　데끼나이노까이

PART 5

일상생활의 화제 표현

일본인은 개미로 비유될 만큼 열심히 일하는 민족이라고 합니다. 일본인의 생활시간을 보면 24시간 중 수면시간이 약 8시간, 일하는 시간은 7시간입니다. 그 외에는 식사시간이 아주 짧아 하루 1시간 반에 불과한 데에 반해, 통근시간은 평균 1시간(편도)을 넘습니다. TV를 보거나 라디오를 듣는 시간은 3~4시간, 신문을 보는 시간이 50분인 반면, 교제 시간은 하루평균 약 40분에 불과하다고 합니다.

Chapter 01 가족에 대해서

조금 친해지면 ご兄弟はおありですか라든가 何人家族ですか라는 형제자매나 가족에 대한 화제가 시작됩니다. 일본어에서 자신의 가족을 상대에게 말할 때는 윗사람이건 아랫사람이건 모두 낮추어서 말하고 상대방의 가족을 말할 때는 비록 어린애라도 존경의 의미를 나타내는 접두어 ご(お)나 접미어 さん을 붙여서 높여 말하는 것이 우리와 큰 차이점입니다. 단 가족끼리 부를 때는 윗사람은 높여서 말합니다.

Unit1 가족에 대해 말할 때

일본도 산업화로 인하여 「大家族(だいかぞく)」제도에서 벗어나 「核家族(かくかぞく)」화로 가족 단위가 소규모이다. 가족 인원수를 물을 때는 「ご家族は何人ですか」라고 하며, 이에 대한 응답 표현은 「○人です」, 또는 「○人家族です」라고 하면 된다.

가족은 몇 명입니까?
0891
何人家族ですか。
난닝 카조꾸데스까

부모님과 여동생이 있습니다.
0892
両親と 妹が います。
료-신또   이모-또가 이마스

5인 가족입니다.
0893
5人家族です。
고닝 카조꾸데스

❀ 우리집은 대가족입니다.
0894
うちは 大家族です。
우찌와   다이카조꾸데스

※大家族 ↔ 小家族(しょうかぞく), 核家族(かくかぞく)

❀ 가족과 함께 자주 외출하십니까?
0895
よく 家族で お出掛けですか。
요꾸   가조꾸데   오데까께데스까

❀ 가족을 보러 몇 번 정도 고향에 갑니까?
0896
ご家族に 会いに 何回くらい 帰省しますか。
고카조꾸니   아이니   낭까이 쿠라이   키세-시마스까

Unit2 형제자매에 대해 말할 때

일본어에서는 우리와는 달리 자신의 가족을 상대에게 말할 때는 자신보다 윗사람이
더라도 상대에게 낮추어 말하고, 상대방의 가족을 말할 때는 나이가 자신보다 어리
더라도 접두어 「お(ご)」나 접미어 「さん」을 붙여 높여서 말한다.

❀ 형제자매는 있으십니까?
0897
兄弟姉妹は おありですか。
쿄-다이 시마이와   오아리데스까

※「おありですか」는 「ありますか」의 존경 표현이다.

❀ 형제는 몇 분입니까?
0898
ご兄弟は 何人ですか。
고쿄-다이와   난닌데스까

❀ 당신이 형제자매 중에서 제일 위입니까?
0899
あなたが 兄弟姉妹で いちばん 年上ですか。
아나따가   쿄-다이 시마이데 이찌반   도시우에데스까

🌼 동생은 몇 살입니까?

0900 弟さんは いくつですか。

오또-또상와   이꾸쯔데스까

🌼 여동생은 무엇을 하고 있습니까?

0901 妹さんは 何を していますか。

이모-또상와   나니오   시떼 이마스까

Unit3 부모 · 조부모 · 친척 · 자녀에 대해 말할 때

가족간에 부를 때는 윗사람인 경우는 さん을 붙여 말하며, 아랫사람인 경우는 이름만을 부르거나, 이름 뒤에 애칭인 ちゃん을 붙여 부른다. 친족에 대한 호칭은 우리처럼 촌수로 구분하여 복잡하게 표현하지 않는다.

🌼 부모님 연세는 몇입니까?

0902 ご両親は おいくつですか。

고료-싱와   오이꾸쯔데스까

🌼 부모님과 함께 살고 있습니까?

0903 ご両親と いっしょに 住んでいるんですか。

고료-신또   잇쇼니   슨데이룬데스까

🌼 할아버지와 할머니는 건강하십니까?

0904 おじいさんと おばあさんは ご健在ですか。

오지-산또   오바-상와   고켄자이데스까

🌼 일본에 친척 분이라도 계십니까?

0905 日本に どなたか 親戚の人が おありですか。

니혼니   도나따까   신세끼노 히또가   오아리데스까

※「ある」는 사물의 존재를 나타낼 때 쓰이는 동사이지만, 여기서처럼 「살다, 생존하다」의 의미로 쓰일 때는 「いる」를 쓰지 않고 「ある」를 사용한다.

✿ 아이는 있나요?

0906
お子さんは?

오꼬상와

✿ 아이는 없습니다.

0907
子供は いません。

고도모와　이마셍

✿ 초등학생인 딸이 하나 있습니다.

0908
小学生の娘が ひとり います。

쇼-각세-노 무스메가 히또리　이마스

Chapter 02 직장에 대해서

　　　일본에서는 자신이 속해 있는 사람을 외부 사람에게 말을 할 경우에는 우리와는 달리 자신의 상사라도 높여서 말하지 않습니다. 예를 들면 「부장님은 지금 회의중이십니다」라고 일본어로 표현할 때는 部長はただいま会議中です라고 해야 합니다. 비록 외부 사람이 부장보다 직위가 낮더라도 자신이 속한 회사의 사람을 낮추어 말하는 것입니다. 단, 직장 내에서 호출을 할 때 상사인 경우에는 さん을 붙여 말합니다.

Unit1 직장에 대해 말할 때

직업 분류에는 크게 「会社員(かいしゃいん)」과 「自営業(じえいぎょう)」으로 나눌 수 있다. 일본에서는 공무원을 「役人(やくにん)」이라고도 하며, 회사원을 「サラリーマン」이라고 한다.

🌸 어느 회사에 근무합니까?

0909
どの 会社に 勤めていますか。
　　　かいしゃ　　つと

도노　카이샤니　쓰또메떼 이마스까

　　※우리말의 「~에 근무하다」를 일본어로 표현하면 「~に 勤める」가 된다.

🌸 당신은 회사원입니까?

0910
あなたは 会社員ですか。
　　　　　かいしゃいん

아나따와　카이야인데스까

🌸 저는 이 회사에 근무합니다.

0911
私は この会社に 勤めています。
わたし　　　かいしゃ　　つと

와따시와 고노 카이샤니　쓰또메떼 이마스

어느 부서입니까?

0912
部署は どこですか。
부쇼와　도꼬데스까

> ※회사의 부서에는 우리와 비슷하여 「営業部(えいぎょうぶ)영업부, 企画部(きかくぶ)기획
> 부, 経理部(けいりぶ)경리부, 開発部(かいはつぶ)개발부, 広報部(こうほうぶ)홍보부, 生
> 産部(せいさんぶ)생산부」 등이 있다.

저는 이 회사에서 영업을 하고 있습니다.

0913
私は この会社で 営業を やっています。
와따시와 고노 카이샤데　에-교-오　얏떼 이마스

회사는 어디에 있습니까?

0914
会社は どこに あるんですか。
카이샤와　도꼬니　아룬데스까

정년은 언제입니까?

0915
定年は いつですか。
테-넹와　이쯔데스까

Unit2　출근할 때

> 시간이 「걸리다」라고 할 때는 「かかる」라는 동사를 쓰며, 교통편을 이용하여 출근할
> 때는 「～に 乗って 行く」라고 한다. 우리는 회사 일을 마치고 집에 오는 것을 「退勤」
> 이라고 하지만, 일본어에서는 보통 「退社(たいしゃ)」라고 한다.

제 시간에 도착했어!

0916
間に 合ったぞ!
마니 앗따조

시간엄수야!

0917
時間厳守だ!
지깡겐슈다

🌸 자네, 또 지각이군.

0918
君、また 遅刻だね。
기미　마따　치꼬꾸다네

🌸 타임카드 찍었니?

0919
タイムカード 押した?
타이무카-도　오시따

Unit3 근무할 때

회사에 「入社(にゅうしゃ)」하여 일을 할 수 없는 나이가 되면 「退職(たいしょく)」
하기 마련이다. 일본의 회사는 대부분 「終身雇用制(しゅうしんこようせい)」를 채
택하기 때문에 좀처럼 중간에 회사를 그만두는 일이 없다. 하지만 요즘은 이러한 제
도가 무너져 「転職(てんしょく)」하는 사람도 늘어나고 있다.

🌸 스케줄을 확인해 보겠습니다.

0920
スケジュールを 確認してみます。
스케쥬-루오　카꾸닌시떼 미마스

　　※スケジュールを組(く)む 스케줄을 짜다

🌸 할 일이 많아.

0921
する 事が たくさん あるんだ。
스루　고또가 닥상　　아룬다

🌸 이 일은 그다지 힘들지 않아요.

0922
この仕事は そんなに 大変じゃないよ。
고노 시고또와　손나니　다이헨쟈 나이요

🌸 일을 게을리 하지 마라!

0923
仕事を さぼるな!
시고또오　사보루나

🌀 그 일에서 손뗐어.
0924
その仕事とは 縁が切れた。
소노 시고또도와 엥가 기레따

🌀 이걸 박음쇠로 박아 주세요.
0925
これを ホチキスで とめてください。
고레와 호치키스데 도메떼 구다사이

🌀 이 서류를 복사해 주겠나?
0926
この書類を コピーしてくれる?
고노 쇼루이오 코삐-시떼 구레루

🌀 이 복사기는 고장났습니다.
0927
このコピー機は こわれています。
고노 코삐-끼와 고와레떼 이마스

🌀 복사기 종이가 떨어졌을 거야.
0928
コピー機の 紙切れだと思うよ。
코삐-끼노 가미기레다또 오모우요

🌀 잠깐 쉬자.
0929
ひと休みしよう。
히또야스미 시요-

🌀 커피는 드실래요?
0930
コーヒーは いかがですか。
코-히-와 이까가데스까

🌀 자, 일을 시작하자.
0931
さあ、仕事を 始めよう。
사- 시고또오 하지메요-

일은 어때?
0932
仕事は どうだい?
시고또와　도-다이

숨쉴 틈도 없어.
0933
息を つく 暇も ないんだ。
이끼오 쓰꾸　히마모　나인다

왜 늦었나? 서두르게.
0934
どうして 遅れているんだい。 急いでくれ。
도-시떼　오꾸레떼 이룬다이　　　　이소이데 구레

이 용지는 어떻게 기입하면 되나?
0935
この用紙は どう 記入すれば いいの?
고노 요-시와　도-　기뉴-스레바　이-노

회의는 잘 되었어.
0936
会議は うまくいったよ。
카이기와　우마꾸 잇따요

회의가 길어질 것 같아.
0937
会議は 長引きそうだ。
카이기와　나가비끼 소-다

할 수 있는 데까지는 했어.
0938
できるかぎりの 事は した。
데끼루 카기리노　고또와　시따

좋아, 됐어.
0939
よし、 確認。
요시　카꾸닝

💮 요점을 더 분명히 말해 주지 않겠나?

0940
もっと 要点を はっきり 言ってくれないか。
못또　　요-뗑오　　학끼리　　잇떼 구레나이까

💮 다시 한번 처음부터 해 주게.

0941
もう一度 最初から やり直してくれ。
모- 이찌도　　사이쇼까라　　야리나오시떼 구레

💮 이걸 팩스로 넣어 주게.

0942
これを ファックスしてくれ。
고레오　　확꾸스시떼 구레

💮 서류를 나에게 제출해 주게.

0943
書類を 私に 提出してくれ。
쇼루이오　　와따시니 테-슈쯔시떼 구레

💮 오늘밤은 잔업 하니?

0944
今夜は 残業するの?
공야와　　장교-스루노

💮 이 보고서를 오늘 중으로 마무리하게!

0945
この レポートを 今日中に 仕上げてくれ!
고노　　레뽀-또오　　쿄-쥬-니　　시아게떼 구레

💮 적당히 해치웁시다.

0946
適当に やっちゃいましょう。
데끼또-니　　얏쨔이마쇼-

집에 돌아갈 시간이야.

0947
家に 帰る 時間だ。
이에니 가에루 지깐다

오늘은 바빴어.

0948
今日は 忙しかったよ。
쿄-와 이소가시깟따요

이제 끝내자.

0949
もう 終りにしよう。
모- 오와리니 시요-

이제 지쳤어. 오늘은 여기까지 하자.

0950
もう 疲れたよ。今日は ここまでに しよう。
모- 쓰까레따요 쿄-와 고꼬마데니 시요-

좋아, 집에 가자.

0951
いいね。家に 帰ろう。
이-네 이에니 가에로-

수고했어요.

0952
お疲れさま。
오쓰까레사마

그럼, 먼저 실례하겠습니다.

0953
では、お先に 失礼します。
데와 오사끼니 시쯔레- 시마스

Unit5 직장에서의 인간관계

누구하고나 친숙해지려면 우선 상대가 하고 있는 업무나 일에 대해 관심을 표명하는 게 제일 좋은 방법이다. 여기서는 상대의 일과 자신의 일을 서로 주고받는 표현을 익혀서 일본인과의 대화의 폭을 넓히고, 친근감을 갖도록 하자.

그와는 마음이 맞니?
0954
彼とは ウマが合う?
카레또와　우마가 아우

나는 모두와 잘 지내고 싶어.
0955
私は みんなと うまくやって いきたいんだ。
와따시와 민나또　우마꾸 얏떼　이끼따인다

그 사람 본심을 알 수 없어.
0956
あの人の 本心が わからない。
아노 히또노　혼싱가　와까라나이

아첨하는 사람은 싫어.
0957
へつらう 人は 嫌いだ。
헤쓰라우　히또와 기라이다

난 가족보다 일을 우선해.
0958
私は 家族より 仕事を 優先するんだ。
와따시와 가조꾸요리 시고또오　유-센스룬다

넌 누구 편이야?
0959
君は どちらの 味方なんだ。
기미와　도찌라노　미까따난다

넌 상사를 좋아하니?
0960
あなたは 上司が 好きなの?
아나따와　죠-시가　스끼나노

🌸 아냐, 그는 나를 너무 심하게 다뤄.

0961

いや、彼は 私に とても つらく あたるんだ。

이야 카레와 와따시니 도떼모 쓰라꾸 아따룬다

🌸 그는 매우 엄격해.

0962

彼は 本当に きびしい。

카레와 혼또ー니 기비시ー

🌸 그런 말을 해도 그는 무시해.

0963

あんな こと言っても 彼は 無視するねえ。

안나 고또 잇떼모 가레와 무시스루네ー

🌸 그는 항상 나를 눈엣가시처럼 여겨.

0964

彼は いつも ぼくを 目のかたきにする。

가레와 이쯔모 보꾸오 메노 가따끼니 스루

🌸 그에게 은혜를 입었어.

0965

彼には 恩が あるんだ。

카레니와 옹가 아룬다

🌸 나는 그에게 무척 감사하고 있어.

0966

私は 彼に たいへん 感謝しているんだ。

와따시와 카레니 다이헹 간샤시떼 이룬다

🌸 그에게는 많은 신세를 지고 있습니다.

0967

彼には たいへん お世話になっています。

카레니와 다이헨 오세와니 낫떼 이마스

Chapter 03 학교에 대해서

학생이냐고 물을 때는 보통 学生さんですか, 학년을 물을 때는 何年生ですか 라고 합니다. 또한 다니는 학교를 물어왔을 때는 …大学に行っていますみ고 하며, 어느 학교를 졸업했는지를 물을 때는 どこの学校を出ましたか라고 하고, 전공에 대해서 물을 때는 専攻は何ですか라고 합니다. 또한 시험에 대해서 물을 때는 今度の試験はどうでしたか, 시험이 어려웠으면 予想意外に難しかったです, 쉬웠으면 易しかったです라고 표현합니다.

Unit1 출신 학교에 대해 말할 때

여기서는 상대가 지금 학교에 다니는 학생인지, 언제 졸업했는지, 그리고 전공은 무엇인지에 관한 여러 가지 질문과 답변을 익혀보도록 하자.

🌸 **대학은 이미 졸업했습니다.**

0968
がっこう　　　　　そつぎょう
学校は もう 卒業しています。
각꼬-와　　모-　　소쯔교-시떼 이마스

🌸 **대학에 다니고 있습니다.**

0969
だいがく　　い
大学へ 行っています。
다이가꾸에 잇떼 이마스

> ※일본에서는 4년제 종합대학을 「大学(だいがく)」라고 하며, 경찰대학 등 특수대학에 해당하는 4년제 대학은 「大学校(だいがっこう)」라고 한다. 또, 우리의 전문대학은 「短期大学(たんきだいがく)」라고 하며, 전문학교는 「専門学校(せんもんがっこう)」라고 한다.

🌸 **어느 대학을 나왔습니까?**

0970
だいがく　　で
どちらの 大学を 出ましたか。
도찌라노　　다이가꾸오 데마시다까

🌸 도쿄대학 출신입니다.

0971
とうきょうだいがく　しゅっしん
東京大学の 出身です。
도꾜–다이가꾸노　슛신데스

🌸 어느 대학을 다니고 있습니까?

0972
だいがく　い
どちらの 大学に 行っていますか。
도찌라노　다이가꾸니 잇떼 이마스까

※学校(がっこう)に 通(かよ)う 학교에 다니다
　入学(にゅうがく)する 입학하다 ↔ 卒業(そつぎょう)する 졸업하다

Unit2　전공에 대해 말할 때

상대가 대학생이라는 것을 알게 되면 우선 전공을 물어보게 된다. 보통 「~を 専攻
しています(~을 전공하고 있습니다)」라고 응답해도 무방하며, 「~を 勉強してい
ます(~을 공부하고 있습니다)」라고 할 수도 있다.

🌸 전공은 무엇입니까?

0973
せんこう　なん
専攻は何ですか。
셍꼬–와 난데스까

※学位を取る 학위를 따다.
　学士(がくし) 학사 → 修士(しゅうし) 석사 → 博士(はくし) 박사

🌸 무엇을 전공하셨습니까?

0974
なに　せんこう
何を専攻なさいましたか。
나니오 셍꼬– 나사이마시다까

※法学(ほうがく)　経済学(けいざいがく)　文学(ぶんがく)　医学(いがく)
　薬学(やくがく)　工学(こうがく)　物理学(ぶつりがく)　社会学(しゃかいがく)
　経営学(けいえいがく)

🌸 대학에서 무엇을 공부했습니까?

0975
だいがく　なに　べんきょう
大学では 何を 勉強しましたか。
다이가꾸데와　나니오 벵꾜– 시마시따까

✿ 학부와 대학원에서 일본 문학을 전공했습니다.

0976 学部と 大学院で 日本の文学を 専攻しました。
가꾸부또   다이가꾸인데   니혼노 붕가꾸   셍꼬－ 시마시따

✿ 경제를 전공하고 있습니까?

0977 経済を 専攻していますか。
게－자이오   셍꼬－시떼 이마스까

Unit3 동아리 · 아르바이트에 대해 말할 때

우리가 흔히 말하는 동아리는 일본어에서는 クラブ라고 한다. クラブ는 club을 일본식 발음으로 표기한 것이며, 한자로는 倶楽部(くらぶ)라고도 표기한다. 일본의 대학생들도 용돈이나 학비를 마련하기 위해 아르바이트를 한다. 시간당 임금을 계산하며, 우리와 다른 점은 집에서 아르바이트 장소까지 교통비를 지급한다.

✿ 무슨 동아리에 들었어요?

0978 何の クラブに 入ってるんですか。
난노   쿠라부니   하잇떼룬데스까

✿ 대학시절에 무슨 동아리에서 활동했습니까?

0979 大学時代に 何か クラブ活動を しましたか。
다이가꾸지다이니 나니까 쿠라부 카쓰도－오   시마시따까

✿ 어느 동아리에 소속되어 있습니까?

0980 どの クラブに 属していますか。
도노   쿠라부니   조꾸시떼 이마스까

✿ 아르바이트는 하고 있니?

0981 アルバイトは しているの?
아루바이또와   시떼이루노

🌸 파트타임으로 일하고 있습니까?

0982
パートで 働いているんですか。
파-또데　　　하따라이떼 이룬데스까

※パートは part time을 줄인 말로 일본식 영어 표현이다.

🌸 졸업하면 어떻게 할 겁니까?

0983
卒業したら どうするんですか。
소쯔교-시따라　　도- 스룬데스까

🌸 학창시절, 아르바이트를 한 적이 있습니까?

0984
学生時代、アルバイトをした ことが ありますか。
각세- 지다이　　아루바이또오 시따　　고또가　　아리마스까

Unit4　학생 · 학교에 대해 말할 때

「学生さん」은 대학생을 말하며, 「さん」을 붙여 말한 것은 상대를 높여 말한 것이다.
이처럼 「さん」은 우리말의 「씨, 양」 등으로 해석되지만, 쓰임의 폭이 매우 넓어 직업
을 나타내는 말에 붙어 상대를 존중하는 의미로도 쓰인다.

🌸 학생입니까?

0985
学生さんですか。
각세-산데스까

※유치원생이나 초등학생은 보통 「児童(じどう)」라고 말하고, 중 · 고등학생은 「生徒(せいと)」
　라고 한다. 우리가 말하는 「学生(がくせい)」는 흔히 대학생을 일컫는다.

🌸 몇 학년입니까?

0986
何年生ですか。
난네세-데스까

※일본어에서 학년을 말할 때는 반드시 「～年生(ねんせい)」라고 표현해야 한다.

🌸 학교는 집에서 가깝습니까?

0987
学校は 家から 近いですか。
각꼬-와　　이에까라　　치까이데스까

🌸 지금 다니고 있는 학교는 어때요?

0988
今、通っている 学校は どうですか。
いま　かよ　　　　　　　がっこう
이마　가욧떼이루　　　각꼬-와　　도-데스까

🌸 캠퍼스는 넓고 조용합니다.

0989
キャンパスは 広くて 静かです。
　　　　　　　　ひろ　　しず
캄빠스와　　　　히로꾸떼　시즈까데스

🌸 이 학교는 남녀공학입니다.

0990
この 学校は 男女共学です。
　　　がっこう　だんじょきょうがく
고노　각꼬-와　　단죠- 쿄-가꾸데스

🌸 저게 도서관입니까?

0991
あれが 図書館ですか。
　　　　と しょかん
아레가　　도쇼깐데스까

🌸 식당도 있습니까?

0992
食堂も ありますか。
しょくどう
쇼꾸도-모　아리마스까

🌸 운동장은 상당히 넓군요.

0993
運動場は なかなか 広いですね。
うんどうじょう　　　　　　ひろ
운도-죠-와　　나까나까　　히로이데스네

Unit5 시험과 성적에 대해 말할 때

일본의 학제는 우리와 동일하여 小学校(しょうがっこう:6년), 中学校(ちゅうがっこう:3년), 高等学校(こうとうがっこう:3년), 大学(だいがく:4년)이다.

🌸 언제부터 중간고사가 시작됩니까?

0994
いつから 中間テストが 始まりますか。
　　　　　　ちゅうかん　　　　はじ
이쓰까라　츄-깐 테스또가 하지마리마스까

※試験(しけん)を受(う)ける 시험을 치르다(보다)

학교에 대해서　**199**

🌸 내일부터 기말시험입니다.

明日から期末試験です。

아시따까라 기마쯔시껜데스

🌸 시험공부는 했습니까?

試験勉強はしましたか。

시껜벵꾜-와 시마시따까

🌸 벼락치기로 공부할 수밖에 없어요.

一夜漬けしか ありませんよ。

이찌야즈께시까　　아리마셍요

※「いちやづけ」는 본래 하룻밤에 익힌 절임을 말하지만 그 뜻이 변해 「벼락치기」가 되었다.

🌸 날새기로 공부해야 합니다.

徹夜で 勉強しなければ いけません。

데쯔야데　벵꾜시나께레바　　이께마셍

🌸 이번 시험은 어땠어요?

今度の 試験は どうでしたか。

곤도노　시껜와　도-데시따까

🌸 상당히 어려웠어요.

なかなか 難しかったですよ。

나까나까　무즈까시깟따데스요

🌸 예상 외로 쉬웠습니다.

予想以外に 易しかったです。

요소-이가이니　야사시깟따데스

🌸 시험 결과는 어땠어요?

試験の結果は どうでしたか。

시껜노 겟까와　도-데시따까

✿ 예상대로 잘 됐어.

1003
予想どおり うまくいったよ。
요소- 도-리　　우마꾸 잇따요

✿ 요행으로 붙었어.

1004
まぐれで 当たったよ。
마구레데　　아땃따요

✿ 합격했습니다.

1005
合格でした。
고-까꾸데시따

※試験(しけん)に受(う)かる 시험에 붙다 ↔ 試験にしくじる 시험에 실패하다

✿ 불합격했어요.

1006
不合格しましたよ。
후고-까꾸 시마시따요

✿ 당시 학교 성적은 그저 그랬습니다.

1007
当時、学校の成績は まあまあでした。
도-지　　각꼬-노 세-세끼와　　마-마-데시따

Unit6 수업을 할 때 쓰이는 말

여기서는 수업시간에 기본적으로 사용할 수 있는 표현을 익히도록 하자.

✿ 칠판을 잘 보세요.

1008
黒板を よく 見てください。
고꾸방오　　요꾸　　미떼 구다사이

✿ 뭡니까? 말하세요.

1009
何ですか、言ってください。
난데스까　　잇떼 구다사이

🌸 잘 읽고 나서 대답해 주세요.

1010

よく 読んでから 答えてください。
요꾸　　온데까라　　　　고따에떼 구다사이

🌸 5쪽까지 읽어 주세요.

1011

5ページまで 読んでください。
고페―지마데　　　　　온데 구다사이

🌸 칠판의 글씨를 쓰세요.

1012

黒板の字を 書いてください。
고꾸반노 지오　　가이떼 구다사이

🌸 3쪽을 펼치세요.

1013

3ページを 開けてください。
삼 페―지오　　　아께떼 구다사이

🌸 책을 덮으세요.

1014

本を 閉じてください。
홍오　　도지떼 구다사이

※本(ほん)を開ける 책을 펴다 ↔ 本を閉(と)じる 책을 덮다

🌸 이 내용을 전부 외우세요.

1015

この内容を 全部 覚えてください。
고노 나이요―오　　젬부　　오보에떼 구다사이

🌸 다시 한번 설명해 주세요.

1016

もう 一度 説明してください。
모―　　이찌도　　세쯔메―시떼 구다사이

🌸 천천히 말해 주세요.

1017

ゆっくり 話してください。
육꾸리　　　하나시떼 구다사이

여러분, 잘 들립니까?

1018
みなさん、よく 聞こえますか。
미나상　　　요꾸　기꼬에마스까

뒤에서 잘 보입니까?

1019
後ろから よく 見えますか。
우시로까라　　요꾸　미에마스까

알겠습니까?

1020
分かりますか。
와까리마스까

질문은 없습니까?

1021
質問は ありませんか。
시쯔몽와　아리마셍까

잠깐 쉽시다.

1022
ちょっと 休みましょう。
촛또　　　야스미마쇼ー

시작합시다.

1023
始めましょう。
하지메마쇼ー

오늘은 이만 마치겠어요.

1024
今日は これで 終わりましょう。
쿄ー와　　고레데　오와리마쇼ー

Chapter 04 외모에 대해서

신장을 물을 때는 背はどのくらいありますか、체중을 물을 때는 体重はどのくらいですか라고 한다. 다만, 상대의 신체에 관련된 질문을 할 때는 경우에 따라서는 약점을 건드릴 수도 있으므로 신중하게 질문할 필요가 있습니다. 잘 생긴 남자를 말할 때는 주로 영어의 ハンサム(handsome)라고 말하며, 여자를 말할 때는 美人(びじん)이라고 합니다. 예쁘다고 할 때는 きれい라고 하며, 귀엽다고 할 때는 かわいい라고 합니다.

Unit1 키에 대해 말할 때

우리가 흔히 부르는 왜인(矮人)이라는 말은 키가 작은 일본인을 비하한 말이지만, 지금은 음식 문화의 개선으로 키가 큰 일본인을 많이 볼 수 있다. 2004년 통계에 의하면 20대 성인기준으로 일본인 남성 평균키는 171센티미터이고, 일본인 여성은 159센티미터라고 한다.

🌸 키는 어느 정도 됩니까?

1025
背は どのくらい ありますか。
세와　도노쿠라이　　아리마스까

※「ある」는 수량을 나타내는 말에 붙어 그만한 수량이 된다는 뜻을 나타낸다.

🌸 키는 큰 편입니다.

1026
背は 高い ほうです。
세와　다카이　호-데스

※〜ほうです는 활용어에 접속하여 다른 한쪽을 들어 말할 때 쓰이는 표현이다.

🌸 동생은 발이 긴 남자아이입니다.

1027
弟は 足の長い 男の子です。
오또-또와 아시노 나가이 오또꼬노꼬데스

※男の子 ↔ 女(おんな)の子

✵ 그녀는 키가 크고 날씬합니다.

1028
^{かのじょ} ^せ ^{たか}
彼女は 背が 高く、すらっとしています。
가노죠와 세가 다까꾸 스랏또시떼 이마스

✵ 그는 키가 크고 껑충한 사람입니다.

1029
^{かれ} ^せ ^{たか} ^{ひと}
彼は 背が 高くて ひょろっとした 人です。
가레와 세가 다까꾸떼 효롯또시따 히또데스

✵ 저 사람은 적당히 살쪘고 키도 적당합니다.

1030
^{ひと} ^{ちゅうにくちゅうぜい}
あの人は 中肉中背です。
아노 히또와 츄-니꾸 츄-제-데스

Unit2 체중에 대해 말할 때

일본인들을 옛날에 왜인이라고 했는데, 그것은 오랜 불교의 영향으로 육식을 하지 못하고 생선이나 두부로 단백질을 보충하고 채식과 밥을 주식으로 하다보니 아무래도 영양적인 측면에서 충분한 단백질을 제공받지 못해서 왜소한 민족이 되었다. 메이지 유신 후 일본은 육식제한을 해제하고 소고기 돼지고기 등 육류 섭취가 늘어나고부터는 일본인의 평균 신장과 체중이 향상되었다.

✵ 체중은 어느 정도입니까?

1031
^{たいじゅう}
体重は どのくらいですか。
타이쥬-와 도노쿠라이데스까

✵ 약간 체중이 늘어났습니다.

1032
^{たいじゅう} ^ふ
いくらか 体重が 増えました。
이꾸라까 타이쥬-가 후에마시따

✵ 3킬로그램 줄었습니다.

1033
^へ
3キロ 減りました。
상 키로 헤리마시따

🌸 5킬로그램 빠졌습니다.

5キロ 痩せました。
고 키로　야세마시따

🌸 금연을 하고 나서 5킬로그램은 쪘습니다.

きんえん
禁煙してから 5キロは 太りました。
깅엔시떼까라　　　고 키로와　후또리마시따

🌸 너무 살이 찐 것 같습니다.

ふと
ちょっと 太りすぎてるようです。
촛또　　　　후또리스기떼루 요-데스

🌸 조금 야위신 것 같군요.

すこ　　　　や
少し お痩せになりましたね。
스꼬시 오야세니 나리마시따네

🌸 다이어트를 해서 날씬해지려고 해요.

おも
ダイエットして スマートになろうと 思いますの。
다이엣또시떼　　　스마-또니 나로-또　　　　　오모이마스노

Unit3 외모에 대해 말할 때

🌸 그녀의 얼굴은 계란형입니다.

かのじょ　　かお　　たまごがた
彼女の 顔は 卵型です。
가노죠노　가오와　다마고가따데스

🌸 그녀는 얼굴이 둥근형에 속합니다.

かのじょ　　　　　　　　　　　　まるがお
彼女は どちらかというと 丸顔です。
가노죠와　도찌라까또유-또　　　마루가오데스

✿ 그는 미남입니다.

¹⁰⁴¹ 彼は ハンサムです。

가레와 한사무데스

✿ 그녀는 매우 매력적인 여성입니다.

¹⁰⁴² 彼女は とても 魅力的な 女性です。

가노죠와   도떼모   미료꾸떼끼나   죠세－데스

✿ 저 아가씨는 귀엽군요.

¹⁰⁴³ あの娘は 可愛らしいですね。

아노 무스메와 가와이라시－데스네

✿ 그녀는 늘 화장을 두텁게 합니다.

¹⁰⁴⁴ 彼女は いつも 厚化粧を しています。

가노죠와   이쯔모   아쯔게쇼－오   시떼이마스

※厚化粧 ↔ 薄化粧(うすげしょう)

✿ 그녀는 얼굴색이 하얗습니다.

¹⁰⁴⁵ 彼女は 顔の色が 白いです。

가노죠와   가오노 이로가   시로이데스

✿ 나는 단발머리를 하고 있습니다.

¹⁰⁴⁶ 私は おかっぱにしています。

와따시와 오깝빠니시떼 이마스

✿ 요즘 흰머리가 나기 시작했습니다.

¹⁰⁴⁷ 近頃、髪に 白いものが 混じり始めました。

치까고로 가미니 시로이 모노가   마지리 하지메마시따

※동사의 중지형에 始(はじ)める가 접속하면 「～하기 시작하다」의 뜻이 된다.

✿ 키가 크고 수염이 긴 저 신사는 누구입니까?

¹⁰⁴⁸ あの 背の高い ひげの長い 紳士は どなたですか。

아노   세노 타까이   히게노 나가이   신시와   도나따데스까

❀ 당신은 어머니를 닮았습니까, 아니면 아버지를 닮았습니까?

1049

あなたは 母親に 似ていますか、それとも 父親ですか。
아나따와　하하오야니 니떼이마스까　소레또모　치찌오야데스까

❀ 아무도 닮지 않았습니다.

1050

誰にも 似ていません。
다레니모　니떼이마셍

❀ 여동생은 입가가 어머니를 꼭 닮았습니다.

1051

妹は 口元が 母と そっくりです。
이모-또와 구찌모또가 하하또　속꾸리데스

❀ 저는 어머니를 많이 닮았습니다.

1052

私は 母に よく 似ています。
와따시와 하하니 요꾸　니떼이마스

Unit4 몸의 특징에 대해 말할 때

일본이 남방계 황인종인데 남방계 황인종 특징이 눈이 크고 쌍꺼풀이 있으며, 코가 높고 얼굴이 갸름하다. 주로 채집생활을 많이 했고 부드러운 음식을 먹어서 광대뼈나 턱이 별로 크지 않다. 턱을 비롯한 구강구조가 덜 발달했기 때문에 덧니가 좀 많다.

❀ 아버지는 어떤 분이십니까?

1053

お父さんは どんなふうな 方ですか。
오또-상와　돈나후-나　가따데스까

❀ 아버지는 어깨가 넓고 다부집니다.

1054

父は 肩幅が 広くて がっしりしています。
치찌와 가따하바가 히로꾸떼　갓시리시떼 이마스

🌸 그녀의 허리선은 아름답습니다.

1055 彼女の 腰の線は 美しいです。
かのじょ こし せん うつく
가노죠노 고시노 셍와 우쯔꾸시-데스

🌸 나는 허리가 날씬한 여자를 좋아합니다.

1056 私は 腰のほっそりした 女性が 好きです。
わたし こし じょせい す
와따시와 고시노 홋소리시따 죠세-가 스끼데스

🌸 나는 오른손잡이입니다.

1057 私は 右利きです。
わたし みぎ き
와따시와 미기키끼데스

※右利き ↔ 左利(ひだりき)き 왼손잡이

🌸 그녀는 손발이 비교적 작은 편입니다.

1058 彼女は 手足が 比較的 小さい ほうです。
かのじょ て あし ひ かくてき ちい
가노죠와 데아시가 히까꾸떼끼 치-사이 호-데스

🌸 내 팔은 꽤 긴 편입니다.

1059 私の腕は かなり 長い ほうです。
わたし うで なが
와따시노 우데와 가나리 나가이 호-데스

Chapter 05 성격에 대해서

여기서는 ~はどんな人ですか(~은 어떤 사람입니까)라고 사람에 대한 질문을 상대로부터 받았을 경우에 특징을 한마디로 표현할 수 있는지 등에 관해서 다양한 표현을 익히도록 합시다. 남자답거나 여자다운 성격을 말할 때는 접미어 らしい를 접속하여 おとこらしい(남자답다), おんならしい(여자답다)라고 합니다. 또한 급한 성격을 말할 때는 短気(たんき)라고 하며, 소극적인 성격을 말할 경우에는 引っ込み思案(ひっこみじあん)이라고 합니다.

Unit1 자신의 성격에 대해 말할 때

일본인은 상대방의 약점을 말하거나 직설적인 표현으로 상대방을 곤란하게 만들지 않는다. 남의 입장을 곤란하게 하는 것은 실례라 생각하여 자신의 생각을 직접 표현하여 입장을 드러내기보다는 예의를 지키고 배려해 주는 것을 미덕으로 여기기 때문이다. 이러한 일본인의 성격을 표현하는 말이 本音(ほんね)와 建前(たてまえ)이다.

🌸 **자신의 성격이 어떻다고 생각합니까?**

1060
自分の 性格は どんなだと 思いますか。
지분노　세-까꾸와　돈나다또 오모이마스까

🌸 **무슨 일에 대해서도 낙천적입니다.**

1061
何事につけても 楽天的です。
나니고또니 쓰께떼모　라꾸뗀떼끼데스

※ ~につけても = ~についても ~에 대해서도

🌸 **다소 비관적인 성격입니다.**

1062
いくぶん 悲観的な 性格です。
이꾸붕　히깐떼끼나　세-까꾸데스

❀ 친구는 쉽게 사귀는 편입니까?

1063
友達は すぐできる ほうですか。
도모다찌와 스구 데끼루 호-데스까

❀ 모르는 사람에게도 말을 잘 거는 편입니다.

1064
知らない 人にも 話しかけるのは うまい ほうです。
시라나이 히또니모 하나시가께루노와 우마이 호-데스

❀ 그다지 사교적이 아닙니다.

1065
あまり 社交的ではありません。
아마리 샤꼬-떼끼데와 아리마셍

❀ 자신이 외향적이라고 생각합니까?

1066
ご自分が 外向的だと 思いますか。
고지붕가 가이꼬-떼끼다또 오모이마스까

❀ 소극적인 편입니다.

1067
ひっこみ思案の ほうです。
힉꼬미지안노 호-데스

※引っ込み思案 = 消極的(しょうきょくてき) ↔ 積極的(せっきょくてき)

❀ 나는 성격이 자매와는 전혀 다릅니다.

1068
私は 性格が 姉妹とは まるで 違います。
와따시와 세-까꾸가 시마이또와 마루데 치가이마스

일본인의 성격을 표현하는 말이 「혼네(本音)」와 「다떼마에(建前)」이다. 「혼네」란 마음속의 본심, 본심으로 하는 말을, 「다떼마에」란 혼네인 속마음을 드러내지 않고 겉으로 그냥 하는 말, 즉 상대방의 감정을 손상시키지 않기 위한 그들의 친절함을 말하는 것이다.

🌸 그는 어떤 사람입니까?

1069
彼は どんな 人ですか。
가레와 돈나   히또데스까

🌸 매우 마음이 따뜻한 남자이에요.

1070
とても 心の暖かい 男ですよ。
도떼모   고꼬로노 아따따까이 오또꼬데스요

🌸 그는 유머가 있어서 함께 있으면 즐거워요.

1071
彼は ユーモアが あって、いっしょに いると 楽しいですよ。
가레와 유-모아가   앗떼   잇쇼니   이루또   다노시-데스요

🌸 동료들은 좀 유별나도 좋은 녀석들입니다.

1072
連中は ちょっと 変わっているけど、いいやつらですよ。
렌쮸-와   촛또   가왓떼 이루께도   이- 야쯔라데스요

🌸 재치가 있다고는 할 수 없지만, 무척 근면한 사람입니다.

1073
気がきくとは 言えませんが、きわめて 勤勉な 人です。
기가 기꾸또와   이에마셍가   기와메떼   김벤나   히또데스

Unit3 바람직한 성격에 대해 말할 때

일본인들은 우리와 남에 대한 구별이 뚜렷하고 대하는 태도도 다르다. 자신의 생각을 잘 나타내지 않으며, 남의 생각에 대한 부정이나 부탁, 거절 등을 간접적이고 우회적인 표현을 사용한다. 상대방에게 폐를 끼치지 않는 것을 중요하게 여기고, 따라서 「ありがとう 고맙다」, 「すみません 미안하다」 등의 인사말을 자주 사용하고 있다. 이렇게 일본인들은 속마음의 변화가 겉으로 크게 나타나지 않기 때문에 말투나 분위기를 잘 파악하는 것이 중요하다고 한다.

그의 장점은 유머 센스라고 생각합니다.

1074 彼の 長所は ユーモアのセンスだと思います。
가레노 쵸-쇼와 유-모아노 센스다또 오모이마스

나는 붙임성이 있다고 생각하고 있습니다.

1075 自分は 愛想の いい ほうだと思っています。
지붕와 아이소-노 이- 호-다또 오못떼 이마스

저는 남을 잘 웃깁니다.

1076 私は 笑わせるのが 得意です。
와따시와 와라와세루노가 도꾸이데스

저는 누구하고도 협력할 수 있습니다.

1077 私は 誰とでも 協力できます。
와따시와 다레또데모 쿄-료꾸 데끼마스

친구는 나를 언제나 밝다고 말해 줍니다.

1078 友達は 私のことを いつも 明るいと言ってくれます。
도모다찌와 와따시노고또오 이쯔모 아까루이또 잇떼 구레마스

우호적이고 배려하는 마음이 있다고 들을 때도 있습니다.

1079 友好的で 思いやりが あると言われることもあります。
유-꼬-떼끼데 오모이야리가 아루또 이와레루 고또모 아리마스

🌸 섬세하기도 하지만 동시에 대범하기도 하다고 생각하고 있습니다.

1080 繊細であると同時に おおらかでもあると思っています。
센사이데아루또 도-지니　　오-라까데모아루또 오못떼 이마스

Unit4 바람직하지 못한 성격에 대해 말할 때

일본인들은 항상 친절하다. 상냥한 말투에 미소를 지으며 상대방을 대하는 일본인. 일본을 처음 방문한 외국인들은 일본인들의 이러한 친절함에 매혹되기도 한다. 그러던 어느 날 일본 사람들과 함께 술자리를 갖게 됐을 때, 우리나라에서 그렇듯이 서먹한 사람들과도 친한 사이가 되어 허물없이 이야기하듯이 「이제 친해졌구나」하는 생각에 자기가 느낀 감정을 일본인에게 직설적으로 이야기하기도 하지만, 자리가 파할 때까지 그들은 자신의 생각을 쉽게 말하지 않는다.

🌸 덜렁댑니다. 그게 약점임을 알고 있습니다.

1081 そそっかしいんです。 それが 弱点だとわかっています。
소속까시인데스　　　　소레가　쟈꾸뗀다또 와깟떼 이마스

🌸 매우 잘 잊어버립니다.

1082 とても 忘れっぽいんです。
도떼모　　와스렙뽀인데스

🌸 무엇이든 느릿느릿 하는 좋지 않는 버릇이 있습니다.

1083 物事をするのが ゆっくりしている きらいがあります。
모노고또오 스루노가　　육꾸리시떼이루　　　기라이가 아리마스

🌸 말주변이 없다고 생각합니다.

1084 口下手だと思います。
구찌베따다또 오모이마스

🌸 가끔 말을 너무 많이 하는 경우도 있습니다.

1085 時々 しゃべりすぎる ことがあります。
도끼도끼 샤베리스기루　　고또가 아리마스

❖ 저는 성격이 급한 편입니다.

私は 気が短い ほうです。
와따시와 기가 미지까이 호-데스

❖ 좀 장난기가 있습니다.

ちょっと いたずらっ気が あります。
촛또　　　 이따즈락께가　 아리마스

❖ 그는 장난꾸러기입니다.

彼は わんぱく坊主です。
가레와 왐빠꾸보-즈데스

❖ 그녀는 말괄량이입니다.

彼女は おてんばです。
가노죠와　 오뗌바데스

❖ 그는 수다쟁이에다가 자기에 대한 말밖에 하지 않습니다.

彼は おしゃべりで、その上 自分のことしか 話しません。
가레와 오샤베리데　　　 소노우에 지분노 고또시까　　 하나시마셍

❖ 그는 사소한 것에 상당히 까다로운 사람입니다.

彼は 細かいことに なかなか 口うるさい 人です。
가레와 고마까이 고또니　 나까나까　 구찌우루사이 히또데스

❖ 그녀는 좀 마음이 좁고 완고한 것이 결점입니다.

彼女は ちょっと 心が狭くて 頑固な ところが 欠点です。
가노죠와　 촛또　　 고꼬로가 세마꾸떼 강꼬나　 도꼬로가　 겟뗀데스

❖ 사람에 따라서는 나를 우유부단하다고 생각하는 것 같습니다.

人によっては 私のことを 優柔不断だと 思うようです。
히또니 욧떼와　　 와따시노 고또오　 유-쥬-후단다또 오모우 요-데스

Chapter 06 우정과 연애에 대해서

이성을 보고 한눈에 반할 때는 一目惚(ひとめぼ)れる, 연애중일 때는 恋愛中 (れんあいちゅう), 헤어질 때는 別(わか)れる, 이성에게 차였을 때는 ふられる라는 표현을 씁니다. 또한 상대에게 이성의 친구가 있느냐고 물을 때는 異性の友だちはいますか라고 하며, 데이트에 관해서 물을 때는 デートはどうでしたか, 이성과 헤어지고 싶을 때는 상대에게 もう会わないほうがいいね라고 하면 됩니다.

Unit1 지인·친구와의 교제

일본인은 친근한 정도에 관계없이 알게 된 상대에게는 놀러오라고, 묵으러 오라고 한다. 그렇지만 특히 비즈니스나 초면에 만난 사람 등 앞으로 또 오래 사귈 가능성이 없는 사람에 대해서는 그 말은 단순한 인사말, 즉「다테마에·立前(たてまえ)」로 하는 경우가 대부분이다. 상대의 방문을 기대하지 않고도, 적어도 지금 만나는 동안은 좋은 관계를 쌓아서 상대에게 좋은 인상을 주고 싶은, 그런 기분을「다테마에」로 표현하는 것이다.

✿ 우리들은 사이가 좋습니다.

1094 私たちは 仲よしです。
와따시따찌와　나까요시데스

✿ 기무라는 제 친구입니다.

1095 木村は 私の 親友です。
기무라와　와따시노　싱유-데스

✿ 요시다는 당신 친구이죠?

1096 吉田は あなたの 親友でしょ?
요시다와　아나따노　싱유-데쇼

🌸 그녀는 그저 친구예요.

1097 彼女は ほんの 友達ですよ。
가노죠와 혼노 도모다찌데스요

🌸 아키코 양은 언제부터 아는 사이였습니까?

1098 明子さんは いつからの 知り合いですか。
아끼꼬상와 이쯔까라노 시리아이데스까

🌸 이케다 씨는 제 동료입니다.

1099 池田さんは 私の 同僚です。
이께다상와 와따시노 도-료-데스

🌸 이 회사에서 가장 친한 사람은 누구입니까?

1100 この会社で いちばん 親しい人は 誰ですか。
고노 카이샤데 이찌반 시따시- 히또와 다레데스까

※ 〜で いちばん 〜에서 가장(제일)

🌸 당신 이외에 외국인 친구가 없습니다.

1101 あなた以外に 外国人の 友人が いないんです。
아나따 이가이니 가이꼬꾸진노 유-징가 이나인데스

🌸 그는 이른바 술친구입니다.

1102 彼は いわゆる 飲み友達です。
가레와 이와유루 노미도모다찌데스

Unit2 이성과의 데이트 · 교제

일본인은 연애관 「恋愛観(れんあいかん)」은 사람마다 차이는 있겠지만 굉장히 자유 분방한 편이다. 여기서는 일본인 이성과 교제를 할 때 쓰이는 표현을 익히도록 하였다.

이성 친구는 있습니까?

1103
異性の 友達は いますか。
이세-노 도모다찌와 이마스까

기무라 씨는 남자 친구가 있습니까?

1104
木村さんは ボーイフレンドが いますか。
기무라상와 보-이후렌도가 이마스까

※ボーイフレンド[boy friend] ↔ ガールフレンド[girl friend]

특별히 교제하고 있는 여자는 없습니다.

1105
特別に 交際している 女性は おりません。
토꾸베쯔니 코-사이시떼이루 죠세-와 오리마셍

※交際する = 付(つ)き合(あ)う 교제하다, 사귀다

여동생과 만날 수 있도록 주선해 주지 않겠나?

1106
妹さんと デートできるように 計らってくれないかな。
이모-또상또 데-또 데끼루요-니 하까랏떼 구레나이까나

이번 월요일에 그녀와 데이트합니다.

1107
今度の 月曜日に 彼女と デートします。
곤도노 게쯔요-비니 가노죠또 데-또시마스

데이트 비용은 전부 남자가 내야 한다고 생각합니까?

1108
デートの 費用は 全部 男が もつべきだと 思いますか。
데-또노 히요-와 젬부 오또꼬가 모쯔베끼다또 오모이마스까

오늘밤 함께 어때?

1109
今夜 いっしょに どう?
공야 잇쇼니 도-

일본어에는 「사랑」이라는 말을 愛(あい)와 恋(こい)로 말한다. 愛는 넓은 의미의 사랑을 말하고, 恋는 남녀간의 사랑을 말한다. 또한 「애인」을 恋人(こいびと)와 愛人(あいじん)이라고 한다. 愛人은 불륜의 관계를 말하므로 우리말로 직역하여 愛人이라고 하지 않도록 주의하자.

❀ 첫사랑은 12살 때였습니다.

1110 初恋は 12歳の時でした。
はつこい さい とき

하쯔코이와 쥬-니사이노 도끼데시따

❀ 그녀와 연애중입니다.

1111 彼女と 恋愛中です。
かのじょ れんあいちゅう

가노죠또 렝아이쮸-데스

❀ 기무라는 내 여동생에게 첫눈에 반해 버렸습니다.

1112 木村は 僕のいもうとに 一目ぼれしてしまいました。
き むら ぼく ひと め

기무라와 보꾸노 이모-또니 히또메보레시떼 시마이마시따

❀ 요코에게 프로포즈를 했는데 거절당했어.

1113 洋子に プロポーズしたのに、ふられちゃった。
ようこ

요-꼬니 푸로뽀-즈시따노니 후라레짯따

❀ 어울리는 커플이야.

1114 お似合いの カップルだ。
に あ

오니아이노 캅뿌루다

❀ 우리들은 사이좋게 잘 지내고 있습니다.

1115 私たちの仲は かなり うまく 行っています。
わたし なか い

와따시타찌노 나까와 카나리 우마꾸 잇떼이마스

❀ 그 사람과는 인연을 끊었어요.

1116 あの人とは 縁を 切りましたわ。
ひと えん き

아노 히또또와 엥오 기리마시따와

✿ 우리 사이도 이걸로 끝이군.

私たちの仲も これで 終りね。

와따시타찌노 나까모　고레데　오와리네

✿ 두 사람은 최근에 헤어진 것 같아.

二人は 最近 別れたらしいよ。

후따리와　사이낑　와까레따라시-요

✿ 기무라와 헤어졌다니 정말이니?

木村と 別れたって ほんと?

기무라또　와까레땃떼　혼또

✿ 이제 안 만나는 게 좋겠어.

もう 会わない ほうが いいね。

모-　아와나이　호-가　이-네

Chapter 07 결혼과 이혼에 대해서

결혼 상대에 관해서 どんな 人が 好き?, どういうタイプが 理想ですか는 자주 하는 질문입니다. 여기서는 자신의 취향이나 타입을 일본어로 어떻게 표현하는지 그 요령을 익히도록 합니다. 또한 일본어에서는 결혼은 현재도 진행중이므로 과거형으로 말하지 않고 結婚しています로 말을 합니다. 만약 우리말로 직역하여 結婚しました로 말한다면 일본인은 과거에 결혼한 적이 있고 지금은 이혼해서 혼자 살고 있는 것처럼 여기게 됩니다.

Unit1 결혼 상대의 타입에 대해 말할 때

일본인의 결혼은 크게 연애결혼과 중매결혼으로 나눌 수 있다. 중매결혼은 일본의 독특한 관습인데 사회적으로 신용 있는 인물이 결혼적령기를 맞이한 남녀를 맺어주는 것이다. 상대의 사진, 경력, 가정환경에 관한 정보를 교환하고 쌍방이 마음에 들면 만남의 자리를 마련, 서로를 소개한다.

✺ 어떤 남자를 좋아합니까?

1121
どんな 男性（だんせい）が 好（す）きですか。
돈나　　　단세-가　　스끼데스까

✺ 키가 크고 핸섬하고, 게다가 농담을 할 줄 아는 사람이 좋아.

1122
背（せ）が 高（たか）くて ハンサムで、 それに 冗談（じょうだん）が わかる 人（ひと）が いいわ。
세가　다까꾸떼　한사무데　　소레니　죠-당가　　와까루　히또가 이-와

✺ 피부가 까맣고 남성적인 사람을 좋아해.

1123
色（いろ）が 黒（くろ）くて 男性的（だんせいてき）な 人（ひと）が 好（す）きよ。
이로가　구로꾸떼　단세-테끼나　히또가 스끼요

🌸 스포츠를 좋아하고 나를 지켜 줄 것 같은 사람이 좋아.

1124

スポーツ好きで 私を 守ってくれるような 人が いいわ。

스뽀ー쯔즈끼데　　와따시오 마못떼 구레루 요ー나　　히또가 이ー와

※わは 주장·판단이나 가벼운 감동의 뜻을 나타낸다.

🌸 유머가 있는 사람을 좋아해.

1125

ユーモアのある 人が 好きなの。

유ー모아노 아루　　히또가 스끼나노

※のは 가벼운 단정을 나타낸다.

🌸 포용력이 있고 융통성이 있는 사람을 좋아해요.

1126

包容力があって 融通のきく 人が 好きですわ。

호ー요ー료꾸가 앗떼　　유ー즈ー노 기꾸　　히또가 스끼데스와

※融通が利く 융통성이 있다 ↔ 融通が利かない 융통성이 없다

🌸 로맨틱하고 야심적인 남자를 좋아합니다.

1127

ロマンチックで 野心的な 男性が 好きです。

로만칙꾸데　　야신떼끼나　　단세ー가　　스끼데스

🌸 지적이고 온화한 사람과 있으면 가장 편해.

1128

知的で 穏やかな 人と いると いちばん ほっとするの。

치떼끼데　오다야까나　히또또　이루또　　이찌방　　홋또스루노

🌸 그는 내 취향의 타입이 아냐.

1129

彼は 私の 好みの タイプじゃないわ。

가레와　와따시노 고노미노　타이뿌쟈 나이와

🌸 어떤 사람과 결혼하고 싶습니까?

1130

どんな 人と 結婚したいですか。

돈나　　히또또　겟꼰시따이데스까

직장이 안정된 사람과 결혼하고 싶어.

1131

仕事が 安定している 人と 結婚したいわ。

시고또가　안떼-시떼이루　히또또　겟꼰시따이와

어떤 여자를 좋아해?

1132

どんな 女の子が 好き?

돈나　온나노꼬가　스끼

눈이 크고 머리카락이 긴 여자를 좋아합니다.

1133

目が 大きくて 髪の長い 女性が 好きです。

메가　오-끼꾸떼　가미노 나가이　죠세-가　스끼데스

좋아하는 타입의 여자는?

1134

好きな タイプの 女性は?

스끼나　타이뿌노　죠세-와

※女(おんな)는 성(性)으로서의 여성을 강조하는 표현이며, 부정적인 뉘앙스가 들어 있는 경우가 많다.

얌전한 여자가 좋아요.

1135

女らしい 人が いいですね。

온나라시-　히또가　이-데스네

그녀는 내가 좋아하는 타입이 아냐.

1136

彼女は 僕の 好きな タイプじゃないよ。

가노죠와　보꾸노　스끼나　타이뿌쟈 나이요

가정적인 사람과 결혼하고 싶습니다.

1137

家庭的な 人と 結婚したいと 思います。

가떼-테끼나　히또또　겟꼰시따이또 오모이마스

우리도 마찬가지이지만 일본에서도 성인이 되면 부모에게 독립하여 혼자 사는 사람이 많다. 또한 결혼할 나이가 지났어도 독신생활을 고집하는 사람이 많아 사회문제로 대두되고 있다.

❀ 결혼했습니까, 독신입니까?

1138
結婚してますか、獨身ですか。
겟꼰시떼 마스까   도꾸신데스까

❀ 누나는 결혼했습니까?

1139
お姉さんは 結婚してるんですか。
오네-상와   겟꼰시떼룬데스까

❀ 여동생은 요전 토요일에 결혼했습니다.

1140
妹は この前の 土曜日に 結婚しました。
이모-또와 고노 마에노 도요-비니   겟꼰시마시따

❀ 기무라와 결혼하니?

1141
木村と 結婚するの?
기무라또   겟꼰스루노

❀ 언제 그와 결혼하니?

1142
いつ 彼と 結婚するの?
이쯔   가레또 겟꼰스루노

❀ 몇 살에 결혼하고 싶습니까?

1143
いくつで 結婚したいと 思いますか。
이꾸쯔데   겟꼰시따이또 오모이마스까

❀ 멋진 사람을 찾아서 마음이 내키면 결혼하겠습니다.

1144
すてきな 人を 見つけて その気になったら 結婚します。
스떼끼나 히또오 미쯔께떼   소노 기니 낫따라   겟꼰시마스

※ 결혼 축하해. 그런데 상대는 누구야?

1145
ご結婚 おめでとう。で、お相手は?
고겟꽁　오메데또－　데　오아이떼와

Unit3 결혼식과 결혼생활에 대해 말할 때

일본에서의 결혼식은 근대 이후, 천황가의 의식을 모방하여 신도(神道－일본민족의
전통적인 신앙)의 신들에게 두 사람의 결혼을 보고하는 신전 결혼식이 주류를 이루
었지만, 최근에는 기독교식으로 올리는 사람이 많아졌다. 그러나 신앙심과의 관계는
적고, 예식을 거행할 때의 패션과 분위기로 선택하는 경우가 많으며, 최근에는 종교
색을 배제한 채 하객 앞에서 결혼을 맹세하는 「人前式」이 인기가 있다.

※ 중매결혼은 중매쟁이가 주선합니다.

1146
見合い結婚は 仲人さんが 整えます。
미아이겟꽁와　　나꼬－도상가　　도또노에마스

※仲人(なこうど) 결혼 중매쟁이

※ 당신은 중매로 결혼할 생각입니까?

1147
あなたは お見合いで 結婚する つもりですか。
아나따와　　오미아이데　　겟꼰스루　　쓰모리데스까

※ 신식 결혼식을 합니까?

1148
神式の結婚式を やりますか。
신시끼노 겟꼰시끼오　　야리마스까

※ 피로연은 호텔에서 합니까?

1149
披露宴は ホテルで やりますか。
히로－엥와　　호떼루데　　야리마스까

※ 신혼여행은 괌으로 갑니다.

1150
新婚旅行は グアムへ 行きます。
싱꼰료꼬－와　　구아무에　　이끼마스

🌸 남편 가족과 함께 삽니다.

1151 夫の家族と 同居します。
夫(おっと) 家族(かぞく) 同居(どうきょ)
옷또노 가조꾸또 도-꾜-시마스

Unit4 출산에 대해 말할 때

일본에서는 출산율이 낮아 국가에서 출산보조금을 지급할 정도로 출산을 적극적으로
장려하고 있다. 상대의 자녀를 물을 때는 「お子さん」이라고 하며, 자신의 아이를 말
할 때는 「子(こ)」 또는 「子供(こども)」라고 표현한다.

🌸 곧 아내가 아이를 낳습니다.

1152 妻に 近く 子供が 生まれます。
妻(つま) 近(ちか) 子供(こども) 生(う)
쓰마니 치까꾸 고도모가 우마레마스

🌸 예정일은 언제입니까?

1153 予定日は いつですか。
予定日(よていび)
요떼-비와 이쯔데스까

🌸 그녀는 임신 3개월입니다.

1154 彼女は 妊娠 3ヶ月です。
彼女(かのじょ) 妊娠(にんしん) 3ヶ月(かげつ)
가노조와 닌싱 상까게쯔데스

※妊娠する = 子供(こども)を持(も)つ 아이를 갖다

🌸 축하할 일이 생겼다면서요?

1155 おめでただそうですね。
오메데따다 소-데스네

🌸 자녀는 몇 명 갖고 싶으세요?

1156 お子さんは 何人 ほしいですか。
子(こ) 何人(なんにん)
오꼬상와 난닝 호시-데스까

🌸 그녀는 화요일에 여자아이를 낳았습니다.

1157
彼女は 火曜日に 女の子を 生みました。
가노죠와   카요−비니   온나노꼬오   우미마시다

🌸 오늘밤 아내와 둘이서 아기 탄생을 축하합니다.

1158
妻と 私で 赤ちゃんの 誕生祝いを 今晩 します。
쓰마또 와따시데 아까쨘노   탄죠−이와이오   곰반   시마스

Unit5 부부싸움과 이혼에 대해 말할 때

🌸 우리들은 자주 싸워.

1159
私たちは よく けんかする。
와따시다찌와   요꾸   겡까스루

🌸 이제 아내를 사랑하지 않아.

1160
もう 妻を 愛していないんだ。
모−   쓰마오   아이시떼 이나인다

🌸 내 아내는 바람을 피우고 있어.

1161
ぼくの 妻は 浮気しているんだ。
보꾸노   쓰마와   우와끼시떼 이룬다

🌸 우리들은 틀어지기 시작했어.

1162
ぼくらは 仲たがいし始めた。
보꾸라와   나까타가이시 하지메따

※僕ら(우리들)의 ら는 たち와 마찬가지로 복수를 나타낼 때 쓰이는 접미어로 사람에게 쓸 때 는 동격이나 손아랫사람을 가리킨다.

🌸 마음이 변했어.

1163
氣が 変わったんだ。
기가   가왓딴다

❈ 넌 변했어.

君は 変わったよ。
기미와 가왓따요

❈ 난 너를 이해하는 놈이라고 생각했는데.

ぼくは 君を 理解しているものと 思っていたんだが。
보꾸와　기미오　리까이시떼이루 모노또　오못떼 이딴다가

❈ 너와 함께 있어도 재미없어.

あなたと いても つまらないの。
아나따또　이떼모　쓰마라나이노

❈ 이혼하자.

離婚しよう。
리꽁시요—

❈ 난 지금 아내와 별거중이야.

ぼくは 今 妻と 別居しているんだ。
보꾸와　이마　쓰마또　벡꾜시떼이룬다

❈ 헤어진다는 것은 괴로운 일이야.

別れるって ことは つらいことだ。
와까레룻떼　고또와　쓰라이 고또다

※~ってことは = ~ということは　~라는 것은

❈ 너를 잃고 도저히 견딜 수 없어.

君を 失って、とても 耐えられない。
기미오 우시낫떼　도떼모　다에라레나이

❈ 나를 버리지 말아 줘.

私を 失恋させないで ちょうだい。
와따시오 시쯔렌사세나이데　쵸—다이

※~ないでちょうだい ~하지 말아줘(요)

Chapter 08 취미와 오락에 대해서

상대와의 대화를 자연스럽게 풀어나가기 위해서는 자신이나 상대가 좋아하는 것과 흥미를 가지고 있는 것에 대한 화제를 삼으면 됩니다. 좋아하는 오락 등에 대해서 이야기하다 보면 짧은 시간에 허물없는 사이가 되어 있을 것입니다. 취미와 오락만큼 다양한 소재를 가지고 있는 화제도 많지 않으므로 ご趣味は 何ですか로 시작해서 여러 상황에 응용할 수 있도록 여기에 언급된 표현을 잘 익혀두길 바랍니다.

Unit1 취미에 대해 말할 때

서로가 좋아하는 것과 관심을 가지고 있는 것에 대해 주고받으면 훨씬 대화가 부드럽게 진행된다. 상대에게 취미를 물어볼 때는 보통 「ご趣味は 何ですか(취미는 뭡니까?)」라고 말하며, 무슨 일에 흥미가 있는지를 물을 때는 「何に 興味を お持ちですか」라고 한다.

🏵 취미는 무엇입니까?

1172
ご趣味は 何ですか。
고슈미와　난데스까

> ※상대방의 취미를 정중하게 물어볼 때는 접두어 「ご」를 붙여서 「ご趣味は 何ですか」라고 하면 되고, 친구 사이라면 「趣味は 何なの?」라고 가볍게 물으면 된다.

🏵 무슨 취미가 있습니까?

1173
何か ご趣味は ありますか。
나니까　고슈미와　　아리마스까

🏵 일 이외에 무슨 특별한 흥미가 있습니까?

1174
仕事以外に 何か 特に 興味のあることは ありますか。
시고또 이가이니　나니까　도꾸니　쿄—미노아루 고또와　　아리마스까

🌸 취미 중에 하나는 기념우표를 모으는 것입니다.

1175 趣味の 1つは 記念切手を 集める ことです。
しゅ み　　　　　　　き ねんきって　　　あつ
슈미노　　　히또쯔와 기넹깃떼오　　아쯔메루　　고또데스

🌸 골동품 수집에 흥미가 있습니다.

1176 骨董品集めに 興味が あります。
こっとうひんあつ　　きょう み
곳또–힝 아쯔메니　　코–미가　　아리마스

🌸 내 취미는 기타를 치는 것입니다.

1177 僕の趣味は ギターを ひく ことです。
ぼく　しゅ み
보꾸노 슈미와　　기따–오　　히꾸　　고또데스

※弾(ひ)くた 악기를 켜는 것을 말한다.

🌸 특별히 취미라고 할 수 있는 것은 없습니다.

1178 特に 趣味と 言えるのは ありません。
とく　しゅ み　　い
도꾸니　슈미또　　이에루노와　　아리마셍

Unit2 기분전환에 대해 말할 때

대부분 사람들은 한가할 때 자신이 좋아하는 일이나 평소에 관심을 가지고 있는 일을 하게 마련이다. 「暇(ひま)」는 시간이 있는 한가로운 상태를 말한다.

🌸 기분전환으로 어떤 것을 하십니까?

1179 気晴らしに どんな ことを なさいますか。
き ば
기바라시니　　돈나　　고또오　　나사이마스까

※気晴らし=気分転換(きぶんてんかん)

🌸 일이 끝난 후에 어떻게 즐기십니까?

1180 仕事の後は どうやって 楽しんでますか。
し ごと　あと　　　　　　　　　　たの
시고또노 아또와　도–얏떼　　다노신데 마스까

✿ 한가한 때는 무엇을 하십니까?

お暇な 時は 何を なさいますか。
오히마나 도끼와 나니오 나사이마스까

✿ 자주 근처를 산책하고 있습니다.

よく 近所を 散歩してます。
요꾸 긴죠오 삼뽀시떼마스

Unit3 오락에 대해 말할 때

우리는 온라인게임을 즐기는 편이지만, 일본인은 비디오게임을 선호하는 편이다. 또한 일반 성인들은 국민적 오락으로 자리 잡은 파친코(パチンコ)를 즐긴다.

✿ 어떤 게임을 하고 싶으세요?

どんな ゲームを したいんですか。
돈나 게―무오 시따인데스까

✿ 포커 치는 법을 가르쳐 줄래요?

ポーカーのやり方を 教えてくれますか。
포―까―노 야리카따오 오시에떼 구레마스까

✿ 가위바위보로 차례를 정합시다.

ジャンケンで 順番を 決めましょう。
쟝껜데 쥼방오 기메마쇼―

✿ 텔레비전 게임에 빠져 있습니다.

テレビ ゲームに 夢中になっています。
테레비― 게―무니 무쮸―니 낫떼 이마스

✿ 파친코를 해 보았습니까?

パチンコを やってみましたか。
파찡꼬오 얏떼 미마시따까

❀ 장기를 두어 보았더니, 재미있어서 그만둘 수 없어요.

1188
将棋を やってみたら、面白くて やめられませんよ。
しょう ぎ　　　　　　　　　　　　　おもしろ
쇼-기오　　앗떼미따라　　　　　　오모시로꾸떼　야메라레마셍요

❀ 바둑은 좋아합니다만, 실력이 떨어졌습니다.

1189
碁は 好きですが、腕が 鈍ってます。
ご　　す　　　　　　　　うで　　にぶ
고와　스끼데스가　　　　우데가　니붓떼마스

❀ 경마 등의 도박에는 전혀 흥미가 없습니다.

1190
競馬などの 賭け事には 全然 興味が ありません。
けい ば　　　　　か　ごと　　　ぜんぜん きょうみ
게-바 나도노　　가께고또니와　　젠젱　코-미가　　아리마셍

Japanese Conversation for Beginners

Chapter 09 여가생활에 대해서

한가할 때 무엇을 하는지를 물을 때는 お暇なときは何をなさいますか라고 하면 상대는 テレビだけ見ます(텔레비전만 봅니다)라든가 本を読みます(책을 읽습니다)라고 대답할 것입니다. 어떤 음악을 좋아하는지를 알고 싶을 때는 どんな音楽が好きですか, 좋아하는 화가를 물어볼 때는 好きな画家は誰ですか, 어떤 책을 좋아하느냐고 물을 때는 どんな本が好きですか라고 합니다.

Unit1 텔레비전에 대해 말할 때

일본의 메이저 지상파 방송을 보면 NHK 종합TV(정확한 뉴스의 전달), NHK 교육TV (교육방송), 니혼TV(야구해설에 정평), TBS(시사, 버라이어티, 토크쇼에 강하고 마이니치신문 계열사), 후지TV(연예, 오락, 코미디 등 흥미 위주의 프로그램), TV아사히(신랄한 풍자와 화제 중심의 정치뉴스), 도쿄방송(테레비 도쿄:주식과 경제동향에 강함) 등이 있다.

🌸 텔레비전은 자주 봅니까?

1191

テレビは よく 見ますか。
테레비와　　요꾸　미마스까

🌸 텔레비전에서 지금 무엇을 하고 있습니까?

1192

テレビで 今 何を やってますか。
테레비데　　이마 나니오 얏떼마스까

🌸 여기에서는 어떤 채널을 볼 수 있습니까?

1193

ここでは どんな チャンネルが 見られますか。
고꼬데와　　돈나　　챤네루가　　　　미라레마스까

PART5 일상생활의 화제 표현

여가생활에 대해서　**233**

✿ 텔레비전을 켜 줄래요?

テレビを つけてくれますか。

테레비오 　　쓰께떼 구레마스까

※テレビをつける 텔레비전을 켜다 ↔ テレビを消(け)す 텔레비전을 끄다

✿ 볼륨을 줄여 주세요.

ボリュームを 下(さ)げてください。

보류-무오 　　사게떼 구다사이

※ボリュームを下げる 볼륨을 내리다 ↔ ボリュームを上(あ)げる 볼륨을 올리다

✿ 이 연속극은 젊은 여성에게 인기가 있습니다.

この 連属(れんぞく)ドラマは 若(わか)い女性(じょせい)に 人気(にんき)があるんですよ。

고노 　렌조꾸도라마와 　　와까이 죠세ー니 　닝끼가 아룬데스요

✿ 버라이어티 쇼는 그다지 보지 않습니다.

バラエティ・ショーは あまり 見(み)ません。

바라에띠 　　　쇼ー와 　　　아마리 　미마셍

✿ 보고 싶은 프로는 녹화해 두고 나중에 차분히 봅니다.

見(み)たい番組(ばんぐみ)は 録画(ろくが)しておいて、あとで ゆっくり 見(み)るんです。

미따이 방구미와 　로꾸가시떼 오이떼 　아또데 　육꾸리 　미룬데스

일본에는 전철에서 책을 읽는 사람들이 많으며 일본 국민의 독서 열기는 대단하다는 이야기를 매스컴을 통해 자주 들을 수 있다. 일본 사람들이 만화를 많이 읽는 것은 사실이지만 만화를 많이 읽는다고 책을 안 읽는 것은 결코 아니다. 전철을 타면 많은 사람들이 독서에 열중하고 있다.

✿ 책을 많이 읽습니까?

1199
本を たくさん 読みますか。
홍오　 닥상　　　 요미마스까

✿ 바빠서 차분히 독서할 시간이 없습니다.

1200
忙しくて、ゆっくり 読書する 時間が ありません。
이소가시꾸떼　 육꾸리　 도꾸쇼스루　 지깡가　 아리마셍

✿ 어떤 책을 늘 읽습니까?

1201
いつも どんな 本を 読みますか。
이쯔모　 돈나　 홍오　 요미마스까

✿ 어떤 책을 고르십니까?

1202
どんな本の 選び方を なさってますか。
돈나 혼노　　 에라비카따오　 나삿떼마스까

✿ 좋아하는 작가는 누구입니까?

1203
好きな 作家は だれですか。
스끼나　 삭까와　 다레데스까

✿ 현재의 베스트셀러는 무엇입니까?

1204
現在の ベストセラーは 何ですか。
겐자이노　 베스또세라-와　　 난데스까

일본의 신문은 크게 종합일간지 3개와 경제지 2개가 전국지로 나오고 있다. **読売新聞**(よみうりしんぶん), **朝日新聞**(あさひしんぶん), **毎日新聞**(まいにちしんぶん), **日本経済新聞**(にほんけいざいしんぶん), **産経新聞**(さんけいしんぶん)이 있다. 발행부수는 요미우리신문이 1015만부, 아사히신문이 830만부, 마이니치신문이 390만부, 니혼게이자이신문이 310만부, 산케이신문이 150만부 순이다.

🌸 신문은 무엇을 구독하고 있습니까?

1205
新聞は 何を とってますか。
심붕와　나니오　돗떼마스까

🌸 광고와 만화를 대충 보고 나서 사설을 읽습니다.

1206
広告と漫画に 目を通してから 社説を 読みます。
고─꼬꾸또 망가니　메오 도─시떼까라　샤세쯔오　요미마스

🌸 어떤 잡지를 좋아합니까?

1207
どんな 雑誌が 好きですか。
돈나　잣시가　스끼데스까

🌸 저에게 재미있는 잡지를 소개해 주지 않을래요?

1208
私に おもしろい 雑誌を 紹介してくれませんか。
와따시니 오모시로이　잣시오　쇼─까이시떼 구레마셍까

Unit4 영화와 연극에 대해 말할 때

일본은 섬나라라서 토속적인 이야기가 많다. 그래서 영화화할 수 있는 콘텐츠가 다양하다(사무라이, 귀신이야기 등). 같은 공포영화를 비교해도 우리나라는 전설의 고향류 공포 일색이지만(한 맺힌 귀신이야기) 일본영화는 저주받은 비디오 이야기(링)에 저주받은 집(주온), 그리고 기니피그 같은 마니아 취향의 고어물, 심지어 좀비스플래터 영화까지 만든다.

영화는 자주 보러 갑니까?

1209
映画には よく 行きますか。
에-가니와　요꾸　이끼마스까

지금 어떤 영화를 합니까?

1210
今 どんな 映画を やってますか。
이마 돈나　에-가오　얏떼마스까

어떤 영화를 좋아하십니까?

1211
どんな 映画が お好きですか。
돈나　에-가가　오스끼데스까

※ ～が好きだ ～을(를) 좋아하다

그 영화는 어땠습니까?

1212
その 映画は どうでした?
소노　에-가와　도-데시따

좋아하는 남자 배우, 여자 배우는 누구입니까?

1213
好きな 男優、女優は 誰ですか。
스끼나　단유-　죠유-와　다레데스까

※ 俳優(はいゆう) 배우

주말에 극장에 가지 않을래요?

1214
週末に 映画館へ 行きませんか。
슈-마쯔니 에-가깡에　이끼마셍까

🌸 무슨 좋은 연극을 합니까?

1215
何か いい芝居を やっていますか。
なに　　　しばい
나니까　이－　시바이오　얏떼 이마스까

Unit5 음악에 대해 말할 때

演歌(えんか)를 간단히 말하면 우리나라의 트로트과 비슷한 느낌이다. 엔카의 창시자라고 할 수 있는 고가 마사오가 트로트(trot)라는 용어를 사용하면서부터 시작되었는데, 우리나라에서 일컫는 트로트와도 어느 정도 차이가 있다. 엔카란 일본인의 고유한 정서를 담아 만들어 부르는 신식 가요 형식을 말한다. 주로 장조 5음계와 단조 5음계(요나누끼 장조, 요나누끼 단조)로 분류되는 엔카는 우리나라의 트로트에 비해 역의 유동이 적고 정형적인 성격이 있다. 이러한 양식화된 엔카의 형식은 트로트와 함께 비교하여 듣게 되면 더욱 명확한 느낌을 받을 수 있다.

🌸 음악은 좋아하십니까?

1216
音楽は お好きですか。
おんがく　　す
옹가꾸와　오스끼데스까

🌸 취미는 음악 감상입니다.

1217
趣味は 音楽鑑賞です。
しゅみ　　おんがくかんしょう
슈미와　옹가꾸 칸쇼－데스

🌸 어떤 음악을 좋아합니까?

1218
どんな 音楽が 好きですか。
おんがく　す
돈나　옹가꾸가　스끼데스까

🌸 특히 클래식을 좋아합니다.

1219
特に クラシックが 好きです。
とく　　　　　　　す
도꾸니 쿠라식꾸가　스끼데스

🌸 무슨 음악을 틀까요?

1220
何か 音楽を かけましょうか。
なに　おんがく
나니까 옹가꾸오 가께마쇼－까

당신은 무슨 악기를 다룹니까?

1221
ご自分で 何か 楽器を 弾きますか。
고지분데　　나니까　각끼오　히끼마스까

저는 음치라서요…….

1222
私は 音痴なものですから……。
와따시와 온찌나모노데스까라

Unit6 그림과 골동품에 대해 말할 때

日本画(にほんが)에는 중국의 수묵화나 서양의 수채화와는 확연히 구분되는 독특한 스타일이 있다. 재료는 석채(石彩)를 사용하고, 기법은 중채(重彩)로 그리며, 서정적인 화조월풍을 소재로 한 조형주의라는 점에서 독특한 영역이 있다. 여기에 인공미와 치밀성, 과학성, 색채미, 보존성 등을 들 수 있다.

그림을 그리는 것을 무척 좋아합니다.

1223
絵を 描くのが 大好きです。
에오　가꾸노가　다이스끼데스

※大嫌(だいきら)いだ 무척 싫어하다

유화와 수채화를 합니다.

1224
油絵と 水彩画を やります。
아부라에또 스이사이가오 야리마스

미술관에 가끔 갑니다.

1225
美術館に ちょくちょく 行きます。
미쥬쓰깐니　초꾸쵸꾸　이끼마스

이번 주는 무슨 좋은 미술전을 합니까?

1226
今週は 何か いい 美術展を やってますか。
곤슈-와　나니까　이-　비쥬쓰뗀오　얏떼마스까

※個展(こてん) 개인전

✿ 취미 중에 하나는 조각을 감상하는 것입니다.

趣味の 1つは 彫刻を 鑑賞する ことです。

슈미노　　히또쯔와　쵸ー꼬꾸오　간쇼ー스루　　고또데스

✿ 가끔 골동품 가게에 들를 때가 있습니다.

ときおり 骨董屋に 立ち寄る ことが あります。

도끼오리　　곳또ー야니　　다찌요루　　　고또가　　아리마스

✿ 저는 전 세계에서 잡동사니를 모으고 있습니다.

私は 世界中から ガラクタ品を 集めています。

와따시와 세까이쥬ー까라　가라꾸따힝오　　아쯔메떼 이마스

Chapter 10 건강에 대해서

상대의 건강을 물을 때는 気分はどうですか라고 합니다. 또, 어딘가 건강이 안 좋아 보일 때는 どうしましたか?로 질문을 하면, 이에 대한 응답으로 괜찮을 때는 大丈夫です, ご心配なく, 좋지 않을 때는 体調がひどく悪いんです라고 하면 됩니다. 상대가 아팠을 때 위로하는 표현으로는 早くよくなるといいですね나 どうぞお大事に 등이 있습니다. 여기서는 건강에 대한 표현과 몸이 안 좋을 때의 표현에 자신감을 갖도록 하였습니다.

Unit1 건강에 대해 물을 때

건강은 무엇으로도 바꿀 수 없는 아주 소중한 것이다. 평소에 자신의 건강관리에 힘쓰도록 하자. 상대의 건강이 안 좋아 보일 때는 ご気分(きぶん)でも 悪(わる)いんですか(어디 편찮으세요?)라고 물어보자.

🌼 오늘 기분은 어떻습니까?

1230
今日の 気分は どうですか。
코-노 기붕와 도-데스까

🌼 기운이 없어 보이네요.

1231
元気が ないようですね。
겡끼가 나이요-데스네

※ようですね는 활용어에 접속하여 「~한 것 같군요」의 뜻으로 양태를 나타낸다. 명사에 접속할 때는 ~のようですね의 형태를 취한다.

🌼 어디 편찮으세요?

1232
ご気分でも 悪いんですか。
고키분데모 와루인데스까

PART5 일상생활의 화제 표현

🌸 기무라 씨, 괜찮습니까?

1233 木村さん、大丈夫ですか。

きむら / だいじょうぶ

기무라상　다이죠-부데스까

※ 大丈夫(だいじょうぶ) 괜찮은, 튼튼함

🌸 좀 안색이 안 좋은 것 같군요.

1234 ちょっと 顔色が すぐれないようですね。

かおいろ

촛또　가오이로가　스구레나이 요-데스네

🌸 어디 안 좋으세요?

1235 どこが 悪いんですか。

わる

도꼬가　와루인데스까

🌸 얼굴이 빨개요.

1236 お顔が 赤いですよ。

かお / あか

오카오가　아까이데스요

※ 顔色(かおいろ) 안색, 얼굴 색

🌸 발은 어떻게 된 겁니까?

1237 足を どうしましたか。

あし

아시오　도-시마시따까

Unit2 건강에 대해 대답할 때

상대가 자신의 건강에 대해서 신경을 써 주면 그만큼 자신에 관심이 있다는 것을 나타내므로 무척 고마운 일이 아닐 수 없다. 이럴 때는 먼저 감사를 표시하고 자신의 건강상태를 말하자.

🌸 오늘은 조금 좋아졌습니까?

1238
今日は 少し 良くなりましたか。
쿄—와　　스꼬시　요꾸 나리마시따까

🌸 완전히 나았습니까?

1239
完全に 治りましたか。
칸젠니　　나오리마시다까

※病気(びょうき)が治る 병이 낫다, 病気を治(なお)す 병을 고치다

🌸 아무데도 이상이 없습니다.

1240
どこも おかしく ありません。
도꼬모　오까시꾸　　아리마셍

🌸 괜찮습니다. 걱정 마세요.

1241
大丈夫です。 ご心配なく。
다이죠—부데스　고심빠이나꾸

🌸 컨디션은 좋습니다.

1242
体調は いいです。
타이쬬—와　이—데스

🌸 어제는 심했는데, 오늘은 꽤 좋아졌습니다.

1243
きのうは ひどかったんですが、今日は だいぶ 良くなりました。
기노—와　히도깟딴데스가　쿄—와　다이부　요꾸 나리마시따

여기서는 상대의 건강상태가 좋지 않거나 아플 때 따뜻하게 위로하는 표현을 익히도록 하였다. どうぞお大事(だいじ)には 관용적인 위로의 표현이므로 잘 익혀두자.

몸이 좋지 않아서 힘들겠군요.

1244 具合が 悪くて 大変ですね。
구아이가　와루꾸떼　다이헨데스네

※具合 건강의 상태, 몸의 상태

빨리 나으면 좋겠군요.

1245 早く 良くなると いいですね。
하야꾸　요꾸나루또　　이-데스네

몸조리 잘 하세요.

1246 どうぞ お大事に。
도-조　　오다이지니

좀 쉬는 게 어때요?

1247 少し 休んだら どうです?
스꼬시　야슨다라　　도-데스

잠시 누워 있는 게 좋겠어요.

1248 しばらく 横になった ほうが いいですよ。
시바라꾸　　요꼬니낫따　　호-가 이-데스요

※横になる 눕다

하루 일을 쉬면 좋겠어요.

1249 1日 仕事を 休むと いいですよ。
이찌니찌 시고또오 야스무또　이-데스요

Unit4 운동에 대해 말할 때

건강을 유지하기 위해서는 규칙적인 운동만큼 좋은 것은 없다. 바쁜 일상이지만 평소에 틈나는 대로 운동하는 습관을 기르도록 하자.

🌸 운동은 늘 합니까?

1250
いつも 運動していますか。
이쯔모　　　운도-시떼 이마스까

🌸 운동을 무척 좋아합니다.

1251
運動する ことが 大好きです。
운도-스루　　고또가　　다이스끼데스

🌸 매일 아침 조깅을 하고 있습니다.

1252
毎朝、ジョギングしています。
마이아사　조깅구시떼 이마스

🌸 매일 조금씩이라도 운동하려고 마음을 먹고 있습니다.

1253
毎日 少しでも 運動するよう 心掛けています。
마이니찌 스꼬시데모　　운도-스루요-　　고꼬로가께떼 이마스

※ ~よう(に) ~하도록

🌸 일찍 자고 일찍 일어나는 것이 건강의 비결입니다.

1254
早寝早起きは 健康の元です。
하야네 하야오끼와　　겡꼬-노 모또데스

Chapter 11 스포츠에 대해서

여가와 스포츠에 관한 화제는 상대와의 공통점을 발견할 수 있는 좋은 기회로 쉽게 친해질 수 있는 계기가 된다. 한가할 때 무엇을 하는지를 물을 때는 お暇なときは何をなさいますか, 어떤 스포츠를 하느냐고 물을 때는 どんなスポーツをやっていますか, 어떤 스포츠를 좋아하느냐고 물을 때는 どんなスポーツがお好きですか, 스포츠 관전을 권유할 때는 今度の週末に東京ドームへ行きませんか라고 하면 된다.

Unit1 스포츠에 대해 말할 때

야구「野球(やきゅう)」는 일본인이 가장 좋아하는 스포츠로 전국 고교 야구 대회인 고시엔은 전국적인 관심을 받고 있다. 축구(サッカー)는 90년대 들어 프로화되고 월드컵을 치르면서 야구에 버금가는 인기 스포츠가 되었다. 스모「相撲(すもう)」는 가장 인기 있는 스포츠지만 최근엔 쇠퇴 기미를 보인다. K1은 이종격투기로 그 열기가 정말 대단하다.

🏐 무슨 스포츠를 하십니까?

1255
何か スポーツを おやりですか。
なに
나니까　스뽀—쓰오　　오야리데스까

🏐 어떤 스포츠를 하십니까?

1256
どんな スポーツを おやりになりますか。
돈나　　스뽀—쓰오　　오야리니 나리마스까

※お ～になる ～하시다

🏐 시간이 있으면 아무 스포츠나 합니다.

1257
時間が あれば 何かしら スポーツを やっています。
じ かん　　　　　なに
지깡가　아레바　나니까시라　스뽀—쓰오　앗떼이마스

❀ 스포츠라면 무엇이든 합니다.

1258
スポーツなら 何でも ごされです。
스뽀-쓰나라　난데모　고자레데스

❀ 골프와 야구를 합니다.

1259
ゴルフと 野球を やります。
고루후또　야뀨-오　야리마스

※ バレーボール 배구, バスケットボール 농구

❀ 여름에는 수영하러, 겨울에는 스키나 스케이트를 타러 갑니다.

1260
夏は 水泳に、冬は スキーや スケートに 行きます。
나쯔와　스이에-니　후유와　스끼-야　스께-또니　이끼마스

❀ 최근에 스쿼시를 시작했습니다.

1261
最近 スカッシュを 始めました。
사이낀　스캇슈오　하지메마시따

❀ 사이클링과 승마를 좋아합니다.

1262
サイクリングと 乗馬が 好きです。
사이쿠링구또　죠-바가　스끼데스

❀ 이전에는 육상경기를 잘했습니다.

1263
以前は 陸上競技を 得意にしていました。
이젱와　리꾸죠-쿄-기오　도꾸이니 시떼이마시따

❀ 지금은 골프에 빠졌습니다.

1264
今は ゴルフに 夢中になっています。
이마와 고루후니　무쮸-니 낫떼이마스

❀ 복싱을 합니까?

1265
ボクシングを やりますか。
보꾸싱구오　야리마스까

🌸 어렸을 때부터 등산을 좋아했습니다.

¹²⁶⁶ 子供のころから 登山が 好きでした。
고도모노 고로까라　　도장가　　스끼데시따

🌸 팀으로 하는 스포츠는 별로 하지 않습니다.

¹²⁶⁷ チームでやる スポーツは あまり やりません。
치─무데 야루　　스뽀─쓰와　　아마리　　야리마셍

※「あまり」는 뒤에 부정어가 오면「그다지, 별로」의 뜻이 되고, 긍정어가 오면「너무, 매우」의 뜻이 된다. 또한 강조하여「あんまり」라고도 한다.

Unit2　스포츠를 관전할 때

甲子園에서 매년 두 번 열리는 전국 고교야구 선수권 대회는 프로야구 못지않은 인기를 자랑하는 대회로 NHK를 통해 전경기가 실황 중계됨은 물론이고, 스포츠 뉴스에서도 어김없이 헤드라인을 장식한다. 또 12월에 시작하여 1월 중순에 폐막하는 전국 고교축구 선수권대회의 경우, 설연휴의 가족 이벤트로까지 정착되어 있을 정도다.

🌸 스포츠는 직접 하는 것보다 보는 것에 흥미가 있습니다.

¹²⁶⁸ スポーツは 自分で やるより 観るほうに 興味が あります。
스뽀─쓰와　　지분데　　야루요리　　미루 호─니　　쿄─미가 아리마스

🌸 밤에는 항상 텔레비전으로 야간경기를 보고 있습니다.

¹²⁶⁹ 夜は いつも テレビで ナイターを 見ています。
요루와　이쯔모　테레비데　　나이따─오　　미떼 이마스

🌸 복싱 시합을 보는 것은 좋아합니까?

¹²⁷⁰ ボクシングの試合を 観るのは 好きですか。
보꾸싱구노 시아이오　　미루노와　　스끼데스까

🌸 이번 주말에 도쿄돔에 가지 않을래요?

¹²⁷¹ 今度の 週末に 東京ドームへ 行きませんか。
곤도노　　슈─마쯔니　　도─꾜─도─무에　　이끼마셍까

어디와 어디 시합입니까?

1272
どこと どこの 試合ですか。
도꼬또   도꼬노   시아이데스까

이거 재미있어지는데요.

1273
これは 面白くなってきましたね。
고레와   오모시로꾸낫떼 기마시따네

지금 득점은 몇 점입니까?

1274
いま 得点は 何点ですか。
이마   도꾸뗑와   난뗀데스까

스모를 보신 적이 있습니까?

1275
相撲を ご覧になった ことが ありますか。
스모-오   고란니낫따   고또가   아리마스까

다음 시합은 누구입니까?

1276
次の 取組は 誰ですか。
쓰기노   도리꾸미와 다레데스까

Unit3 여러 가지 스포츠에 대해 말할 때

일본의 프로 선수는 일반인들의 동경의 대상이 됨은 물론이며, 신랑감 후보로도 상당한 인기를 자랑한다. 특히, 美人스포츠캐스터(미인 스포츠 중계 아나운서)와 프로야구 선수 커플은 흔히 볼 수 있는 이상적 커플의 하나로 ワイドショー에도 자주 등장한다.

야구는 가장 활발한 스포츠 중 하나입니다.

1277
野球は 最も 盛んな スポーツの 1つです。
야뀨-와   못또모 사깐나   스뽀-쓰노   히또쯔데스

✿ 요즘에는 축구에 흥미가 있습니다.

最近は サッカーに 興味が あります。
사이낑와　삭까-니　　　쿄-미가　　아리마스

✿ 스키 같은 겨울 스포츠를 좋아합니다.

スキーのような 冬のスポーツが 好きです。
스끼-노 요-나　　후유노 스뽀-쓰가　　스끼데스

✿ 2002년 월드컵으로 축구를 좋아하게 되었습니다.

2002年ワールドカップで サッカーが 好きになりました。
니센니넹 와-루도캅뿌데　　　삭까-가　　　스끼니나리마시따

✿ 여름에는 다이빙, 요트 등을 하러 갑니다.

夏には ダイビング、ヨットなどに 出かけます。
나쯔니와　다이빙구　　　　욧또 나도니　　데까께마스

Chapter 12 날씨와 계절에 대해서

대화에 가장 무난한 화제는 날씨와 기후이다. 친한 사람이나 모르는 사람을 만났을 때 いいお天気ですね라고 말을 걸면 ええ, ほんとうですね라고 응답합니다. 매우 자연스런 대화의 첫걸음입니다. 날씨에 관한 화제는 매우 다양하다. 예를 들면, 비가 올 것 같을 때는 雨が降りそうですね, 비가 심하게 쏟아질 때는 雨がひどいですね, 비가 개었을 때는 晴れてきましたね라고 하고, 날씨를 물을 때는 今日の天気はどうですか라고 하면 됩니다.

Unit1 날씨에 대한 인사말

일본은 국토가 남북으로 길어서 남과 북은 기후가 서로 다르므로 지방에 따라서 기후에 관한 인사 표현은 천차만별이다. 평상시에 이웃들과 나누는 기본적인 인사인 「おはよう ございます, こんにちは, こんばんは」만으로 질리면 날씨에 관한 인사를 다양하게 알아두어 멋진 일본어를 구사하도록 하자.

🌸 날씨가 좋군요.

1282
いい 天気ですね。
이－　　 텡끼데스네

※ 우리는 「날씨가 좋다」라고 표현하지만, 일본어에서는 「いい 天気だ」로 표현한다.

🌸 이런 날씨가 계속되면 좋겠군요.

1283
こんな 天気が 続くと いいですね。
곤나　　 텡끼가　　 쓰즈꾸또　　 이－데스네

🌸 별로 날씨지 좋지 않군요.

1284
あまり 天気が 良くないですね。
아마리　　 텡끼가　　 요꾸나이데스네

PART5 일상생활의 화제 표현

또 비가 올 것 같군요.

1285
また 雨になりそうですね。
마따   아메니 나리소—데스네

※雨になりそうだ = 雨が降りそうだ 비가 올 것 같다

Unit2 날씨를 묻는 표현과 일기예보

날씨를 물어봤을 때의 응답 표현은 대부분 정보의 인용처를 밝혀 「~に よると ~そうだ(~에 의하면 ~라고 한다)」의 문형을 이용한다.

오늘은 날씨가 어떻습니까?

1286
今日は どんな 天気ですか。
쿄—와   돈나   텡끼데스까

오늘 일기예보는?

1287
今日の 天気予報は?
쿄—노   텡끼요호—와

일기예보에 의하면 내일은 비가 온답니다.

1288
天気予報によると 明日は 雨だそうです。
텡끼요호—니 요루또   아스와   아메다 소—데스

※~そうだ는 전문을 나타내는 조동사로 우리말의 「~라고 한다」의 뜻이다.

오늘 일기예보로는 오전 중에는 흐리고, 오후에는 비가 내립니다.

1289
今日の 天気予報では、午前中は 曇り、午後は 雨です。
쿄—노   텡끼요호—데와   고젠쮸—와   구모리   고고와   아메데스

비가 올 것 같을 때는 「はっきりしない お天気ですね(날씨가 우중충하군요)」라고 하며, 또 비가 올 때는 「あいにくの お天気ですね(운 나쁘게도 비가 오는군요)」라고 한다.

날씨가 개었어요.

1290

は
晴れてきましたよ。
하레떼 기마시따요

요즘 날씨가 계속해서 좋군요.

1291

このところ すばらしい 天気が 続いてますね。
고노도꼬로   스바라시-   뗑끼가   쓰즈이떼마스네

점점 흐려지네요.

1292

くも
だんだん 曇ってきましたよ。
단당   구못떼 기마시따요

당장이라도 비가 내릴 것 같군요.

1293

いま   あめ   ふ
今にも 雨が 降りそうですね。
이마니모   아메가   후리소-데스네

밖에는 바람이 세차겠죠?

1294

そと   かぜ   つよ
外は 風が 強いでしょう?
소또와 가제가   쓰요이데쇼-

바람이 심하게 불고 있군요.

1295

かぜ   ふ
風が ひどく 吹いていますね。
가제가 히도꾸   후이떼 이마스네

🌸 바람이 완전히 멎었습니다.

1296
風が すっかり おさまりました。
가제가 슥까리 오사마리마시따

🌸 정말 기분이 좋은 바람이죠.

1297
なんて 気持ちのいい 風でしょう。
난떼 기모찌노 이― 가제데쇼―

Unit5 비오는 날씨에 대해 말할 때

🌸 (비가) 심하게 내리는군요.

1298
ひどい 降りですねえ。
히도이 후리데스네―

※ひどい (정도나 상태가 몹시) 심하다

🌸 억수같이 쏟아지는군요.

1299
どしゃ降りになりますね。
도샤부리니 나리마스네

※土砂降り 비가 억수같이 쏟아짐

🌸 그저 지나가는 비예요.

1300
たんなる 通り雨ですよ。
단나루 도―리아메데스요

🌸 만약을 위해 우산을 가지고 가는 게 좋겠어요.

1301
念のため 傘は 持って行く ほうが いいですよ。
넨노따메 가사와 못떼이꾸 호―가 이―데스요

🌸 이제 비는 그쳤습니까?

1302
もう 雨は 止みましたか。
모― 아메와 야미마시따까

Unit6 따뜻한 날씨에 대해 말할 때

🌸 점점 따뜻해지는군요.

1303
だんだん 暖かくなってきましたね。
단당　　　아따따까꾸낫떼 기마시따네

🌸 따뜻해서 기분이 좋군요.

1304
暖かくて 気持ちが いいですね。
아따따까꾸떼 기모찌가　　　이–데스네

🌸 오늘은 따스하군요.

1305
今日は ぽかぽか 暖かいですね。
쿄–와　　　뽀까뽀까　　아따따까이데스네

🌸 이 시기치고는 제법 따뜻하군요.

1306
この時期にしては かなり 暖かいですね。
고노 지끼니 시떼와　　　가나리　　아따따까이데스네

🌸 이제 곧 따뜻해지겠지요.

1307
もうじき 暖かくなるでしょうね。
모–지끼　　　아따따까꾸 나루데쇼–네

Unit7 더운 날씨에 대해 말할 때

한여름의 습기가 많고 찌는 듯한 무더운 날씨를 말할 때는 보통 「蒸し暑い」나 「ム
シムシ」로 표현한다. 밤에 더워서 잠못 이루는 「열대야」는 熱帯夜(ねったいや)라고
한다.

🌸 오늘은 상당히 덥군요.

1308
今日は なかなか 暑いですね。
쿄–와　　　나까나까　　　아쯔이데스네

날씨와 계절에 대해서 **255**

🏵 나른할 정도로 덥군요.

うだるように 暑いですね。
우다루요-니 　　아쯔이데스네

🏵 오늘도 다시 더워질 것 같군요.

今日も また 暑くなりそうですよ。
쿄-모 　마따 　아쯔꾸나리 소-데스요

> ※ 형용사에 「なる」가 접속할 때는 「～くなる」의 형태로 「～하게 되다」의 뜻이다.

🏵 무덥군요.

蒸し暑いですね。
무시아쯔이데스네

🏵 창문을 열어도 될까요? 푹푹 찌니까요.

窓を 開けても いいですか。むしむししますから。
마도오 아께떼모 　　이-데스까 　　　무시무시시마스까라

🏵 이 더위는 견딜 수 없습니다.

この暑さには 耐えられません。
고노 아쯔사니와 　다에라레마셍

> ※ 형용사나 형용동사의 어간에 さ를 붙이면 성질·상태·정도를 나타내는 명사가 된다.

🏵 더운 것은 괜찮은데, 이 습기에는 질렸습니다.

暑いのは 平気ですが、 この湿気には まいりますよ。
아쯔이노와 　헤-끼데스가 　　　고노 식께니와 　　　마이리마스요

🏵 땀으로 흠뻑 젖었습니다.

汗で びっしょりです。
아세데 빗쇼리데스

Unit8 시원한 날씨에 대해 말할 때

✿ 시원해서 기분이 좋군요.
1316
涼しくて 気持ちが いいですね。
스즈시꾸떼　기모찌가　　이-데스네

✿ 여기는 대체로 시원하고 쾌적하군요.
1317
当地は だいたい 涼しくて 快適なんです。
토-찌와　다이따이　　스즈시꾸떼　카이떼끼난데스

✿ 시원해졌군요.
1318
涼しくなってきましたね。
스즈시꾸낫떼 기마시따네

Unit9 차가운 날씨에 대해 말할 때

일본의 국토는 가늘고 긴 「細長(ほそなが)い」 지형으로 인해 남쪽에는 거의 눈이 내리지 않지만, 북쪽으로 눈이 많이 내리는 편이다. 겨울에 사람을 만났을 때 하는 인사말로는 「寒いですね(춥군요)」라고도 하지만 「ひえますねぇ」라고 하면 아주 한겨울의 추위가 뼛속까지 스며드는 느낌이 든다.

✿ 좀 차가워졌군요.
1319
ちょっと 冷え込んできましたね。
촛또　　　히에꼰데 기마시따네

✿ 추워졌어요.
1320
寒くなりましたね。
사무꾸 나리마시다네

✿ 쌀쌀하군요.
1321
冷え冷えしますね。
히에비에시마스네

◈ 저는 추워서 죽겠습니다. 당신은?

1322 私は 寒くて たまりません。 あなたは?
와따시와 사무꾸떼 다마리마셍   아나따와

※ ～てたまりません ～해서 죽겠습니다(참을 수 없습니다)

◈ 겨울이 되면 추워집니다.

1323 冬になると 寒くなります。
후유니 나루또   사무꾸나리마스

Unit10 계절에 대해 말할 때

일본도 우리와 마찬가지로 사계절의 변화가 뚜렷하다. 春(はる) 夏(なつ) 秋(あき) 冬(ふゆ)가 있으며, 한자로「춘하추동」이라고 할 때는 春夏秋冬(しゅんかしゅうとう)이라고 읽는다. 그러나 국토의 지형이 가늘고 길어서 제일 남쪽에 있는 沖縄는 사계절이 덥고, 제일 북쪽에 위치한 北海道는 여름이 매우 짧다. 이 두 곳을 제외한 다른 곳은 대체적으로 四季가 분명하여 春夏秋冬의 계절을 맛볼 수가 있다. 봄의 따뜻한 날씨라면 暖かいですね, 여름의 더운 날씨라면 暑いですね, 가을의 시원한 날씨라면 涼しいですね, 겨울의 추운 날씨라면 寒いですね라고 먼저 화제를 꺼내면 훨씬 대화가 부드러워질 것이다.

◈ 당신이 가장 좋아하는 계절은?

1324 あなたの いちばん 好きな 季節は?
아나따노   이찌반   스끼나   기세쯔와

◈ 완전히 봄이군요.

1325 すっかり 春ですね。
슥까리   하루데스네

※すっかり 완전히, 남김없이, 죄다, 모두 = 徹底的(てっていてき)に, 完全(かんぜん)に

◈ 여름방학이 기다려집니다.

1326 夏休みが 楽しみです。
나쯔야스미가   다노시미데스

❀ 장마에 들어섰습니다.

1327 梅雨に 入っています。
つゆ　　　　はい
쓰유니　　하잇떼 이마스

❀ 장마가 개어서 다행이군요.

1328 梅雨が 開けて よかったですね。
つゆ　　　あ
쓰유가　　아께떼　　요깟따데스네

❀ 가을 날씨는 변덕스러워요.

1329 秋の天気は 変わりやすいですよ。
あき　てん き　　　か
아끼노 텡끼와　　가와리야스이데스요

❀ 태풍이 다가오고 있습니다.

1330 台風が 近づいています。
たいふう　　　ちか
타이후ー가　치까즈이떼 이마스

❀ 나뭇잎이 모조리 단풍들었습니다.

1331 木の葉は すっかり 紅葉しました。
こ　は　　　　　　　　　こうよう
고노하와　　슥까리　　코ー요ー 시마시따

❀ 밖에는 눈이 내리고 있어요.

1332 外は 雪が 降っていますよ。
そと　　ゆき　ふ
소또와　유끼가　훗떼 이마스요

❀ 이거 첫눈이군요.

1333 これは 初雪ですね。
はつゆき
고레와　　하쯔유끼데스네

❀ 어젯밤에는 서리가 내렸습니다.

1334 昨夜は 霜が 降りました。
さく や　　しも　お
사꾸야와　시모가　오리마시따

Chapter 13 시간과 연월일에 대해서

시각, 요일, 연월일 등 때에 관한 표현은 일상생활에서 언제 어디서든 입에서 술술 나올 때까지 익혀두어야 합니다. 시간을 물을 때는 何時ですか라고 하며, 이에 대한 응답으로는 정각이면 ちょうど를 쓰고 정각을 지났을 때는 すぎ를 써서 표현합니다. 월이나 요일 또는 날짜를 물을 때는 의문의 뜻을 나타내는 조수사 何를 써서 何月(なんがつ), 何曜日(なんようび), 何日(なんにち)라고 묻고, 연도를 물을 때는 何年(なんねん)이라고 하면 됩니다.

Unit1 시간을 묻고 답할 때

바쁘게 살아가는 현대인에게「시간 時間(じかん)」은 매우 긴밀한 관계에 있다. 時(じ)를 물을 때는 何時(なんじ), 분을 물을 때는 何分(なんぷん), 초를 물을 때는 何秒(なんびょう)라고 한다.

🌸 **지금 몇 시입니까?**

1335 いま なんじ
今、何時ですか。
이마 난지데스까

※시간을 말할 때「四時(よじ)」와「九時(くじ)」의 발음에 주의한다.

🌸 **8시 5분입니다.**

1336 じ ふん
8時 5分です。
하찌지 고훈데스

※분을 말할 때는「一分(いっぷん) 三分(さんぷん) 六分(ろっぷん) 八分(はっぷん) 十分(じっ・じゅっぷん)」의 발음에 주의한다.

🌸 **9시 5분 전입니다.**

1337 じ ふんまえ
9時 5分前です。
구지 고훔마에데스

🌸 11시 15분이 지났습니다.

1338 11時 15分過ぎです。

쥬-이찌지 쥬-고훈스기데스

※過(す)ぎ 때가 지나감

🌸 정각 정오입니다.

1339 ちょうど 正午です。

쵸-도 쇼-고데스

※ちょうど 마침, 바로, 꼭 알맞게

🌸 2시가 좀 지났습니다.

1340 2時を ちょっと まわりました。

니지오 촛또 마와리마시따

🌸 시간은 3시 반입니다.

1341 時間は 3時半です。

지깡와 산지한데스

🌸 5시가 다 됐습니다.

1342 5時 近くです。

고지 치까꾸데스

Unit2 시간에 대해 말할 때

일본인은 시간에 대한 강박관념이 투철하여 약속시간 10분 전에 약속장소 근방에 가 있다가 시간에 맞춰 나타나는 게 일본인이다. 총리대신의 하루 일정은 분(分) 단위로 언론에 예고된다.

🌸 몇 시에 약속이 있습니까?

1343 何時に 約束が ありますか。

난지니 약소꾸가 아리마스까

🌼 4시 무렵에는 돌아오겠습니다.

1344
4時頃には 戻って来ます。
요지고로니와　모돗떼 기마스

🌼 15분만 일찍 가도 되겠어요?

1345
15分だけ 早退して いいでしょうか。
쥬-고훈다께　소-따이시떼　이-데쇼-까

※早退는 早引(はやびき)라고도 한다.

🌼 이제 갈 시간입니다.

1346
もう 行く 時間ですよ。
모-　이꾸　지깐데스요

🌼 시간이 없어요.

1347
時間が ありませんよ。
지깡가　아리마셍요

🌼 10시까지 들어가야 해요.

1348
門限が 10時なんです。
몽겡가　쥬-지난데스

※門限은 가정이나 기숙사 등에서의 폐문 시각이나 귀가 시간을 말한다.

🌼 아침에는 몇 시 무렵에 일어납니까?

1349
朝は 何時ごろ 起きますか。
아사와 난지고로　오끼마스까

🌼 어젯밤은 몇 시에 잤습니까?

1350
昨夜は 何時に 寝ましたか。
사꾸야와　난지니　네마시따까

🌼 일은 9시부터 시작됩니다.

1351
仕事は 9時から 始まります。
시고또와　구지까라　하지마리마스

Unit3 시계에 대해 말할 때

일본에서 「1초도 안 틀리는 시계」가 인기를 끈 적이 있다. 이 시계는 라디오 전파를 잡아내는 기능이 있다. 매 시간 방송국 시보(時報)를 듣고 틀린 시각을 스스로 바로 잡는다. 시간관념이 철저한 일본인에겐 시간마다 초침을 교정하는 시계가 필요할 만하다.

🌸 내 시계는 11시입니다.

1352
わたしの 時計では 11時です。
와따시노   도께―데와   쥬―이찌지데스

🌸 내 시계는 정확합니다.

1353
わたしの 時計は 正確です。
와따시노   도께―와   세―까꾸데스

🌸 좀처럼 멈추는 일이 없습니다.

1354
めったに 止まる ことは ありません。
멧따니   도마루   고또와   아리마셍

※ めったに는 뒤에 부정어가 이어져 「좀처럼, 거의」의 뜻을 나타낸다.

🌸 당신 시계는 좀 빠른 것 같습니다.

1355
あなたのは ちょっと 進んでいると 思います。
아나따노와   촛또   스슨데 이루또 오모이마스

※ 時計が進(すす)んでいる 시계가 빠르다

🌸 이 시계는 몇 초밖에 늦지 않습니다.

1356
この時計は 数秒しか 遅れていません。
고노 도께―와   스―뵤―시까   오꾸레떼 이마셍

※ 時計が遅れている 시계가 늦다
～しか ～밖에, ～뿐

🌸 자명종을 7시에 맞춰놨는데 울리지 않았습니다.

1357
目覚ましを 7時に セットしたのに、鳴りませんでした。
메자마시오   시찌지니 셋또시따노니   나리마셍데시따

년도를 물을 때는 何年(なんねん), 월을 물을 때는 何月(なんがつ), 요일을 물을 때는 何曜日(なにようび), 줄여서 何曜日(なんようび)라고도 한다. 일을 물을 때는 何日(なんにち)라고 한다.

🌸 오늘은 며칠입니까?

1358
きょう　　　なんにち
今日は 何日ですか。
쿄-와　　　난니찌데스까

※「一日(ついたち) 二日(ふつか) 三日(みっか) 四日(よっか) 五日(いつか) 六日(むいか) 七日(なのか) 八日(ようか) 九日(ここのか) 十日(とおか)와 十四日(じゅうよっか) 二十日(はつか) 二十四日(にじゅうよっか)」는 고유어로 읽는다.

🌸 오늘은 무슨 요일입니까?

1359
きょう　　　なんよう び
今日は 何曜日ですか。
쿄-와　　　낭요-비데스까

※日曜(にちよう) 月曜(げつよう) 火曜(かよう) 水曜(すいよう) 金曜(きんよう) 土曜(どよう)
※先週(せんしゅう) ← 今週(こんしゅう) → 来週(らいしゅう)

🌸 오늘은 몇 월 며칠입니까?

1360
きょう　　　なんがつ なんにち
今日は 何月 何日ですか。
쿄-와　　　낭가쯔 난니찌데스까

※「四月(しがつ)」와 「九月(くがつ)」의 발음에 주의한다.

🌸 당신의 생일은 언제?

1361
　　　　　たんじょう び
あなたの 誕生日は?
아나따노　　　탄죠-비와

※生年月日(せいねんがっぴ) 생년월일

🌸 몇 년 생입니까?

1362
なんねん　　　う
何年の 生まれですか。
난넨노　　　우마레데스까

※去年(きょねん) ← 今年(ことし) → 来年(らいねん)

💮 모레는 돌아오겠습니다.
1363
明後日には 帰ってきます。
아삿떼니와　가엣떼 기마스

※昨日(きのう) ← 今日(きょう) → 明日(あした)

💮 시험은 언제부터입니까?
1364
試験は いつからですか。
시껜와　이쯔까라데스까

💮 마감은 6월 말입니다.
1365
締め切りは 6月末です。
시메끼리와　로꾸가쯔 마쯔데스

💮 모의고사는 며칠입니까?
1366
模擬テストは 何日ですか。
모기테스또와　난니찌데스까

Chapter 14 미용과 세탁에 대해서

이발소나 미용실에 가면 이발사나 미용사가 どのようにしましょうか(어떻게 할까요?)라고 묻습니다. 이 때 자신이 원하는 헤어스타일을 말해야 합니다. 따라서 면도를 할 것인지, 이발만 할 것인지, 머리는 감을 것인지, 드라이를 할 것인지, 파마를 할 것인지 분명하게 말할 수 있는 표현을 익혀야 합니다. 미용실에서 파마를 부탁할 때는 パーマをかけてください라고 하면 됩니다.

Unit1 이발소에서

이발소에서 이발이란 머리카락을 가지런히 잘라 모양을 다듬는 것이다. 이발소는 理容室(りようしつ), 床屋(とこや)라고도 한다. 친근감을 담아「床屋(とこや)さん」이라고 부르는 경우도 많다.

정기 휴일은 대개 월요일(도쿄 부근)이며 가게 안에 흔히 남자 모델 사진이 있으므로 그것을 보고 머리 모양을 정해도 된다. 직접 사진을 가져가「이런 머리 모양으로 해주세요.」라고 말해 보는 것도 효과적. 머리를 자르는 동안 이발사와 일상적인 이야기를 나누는 것도 즐겁다. 일본어 실력 향상으로 이어질 뿐만 아니라. 일본의 일반적인 생활을 알 수 있다는 좋은 점도 있다.

🌸 어떻게 할까요?

1367

どのように しましょうか。
도노요-니　시마쇼-까

🌸 어떻게 자를까요?

1368

どのように 切りましょうか。
도노요-니　기리마쇼-까

✿ 어느 정도 짧게 자를까요?

1369 どのくらい 短く 切りましょうか。
미지까꾸 기리마쇼-까

도노쿠라이

✿ 가르마는 어느 쪽으로 할까요?

1370 分け目は どこに つけましょうか。
와께메와　　　도꼬니　　쓰께마쇼-까

✿ 머리를 자르고 싶은데요.

1371 髪を 切りたいのですが。
가미오　기리따이노데스가

✿ 스포츠형으로 해 주세요.

1372 スポーツ型に してください。
스뽀-쓰가따니　　시떼 구다사이

✿ 지금과 같은 헤어스타일로 해 주세요.

1373 今と 同じ 髪型にしてください。
이마또　오나지　가미가따니 시떼 구다사이

✿ 이발과 면도를 부탁합니다.

1374 散髪と ひげそりを お願いします。
삼빠쯔또　히게소리오　　오네가이시마스

✿ 귀는 보이도록 해 주세요.

1375 耳は 見えるようにしてください。
미미와　미에루 요-니 시떼 구다사이

✿ 앞머리는 그대로 해 주세요.

1376 前髪は そのままにしてください。
마에가미와　소노마마니 시떼 구다사이

🌸 이발만 부탁합니다.

1377 散髪だけ お願いします。
さんぱつ   ねが
삼바쯔다께   오네가이시마스

🌸 머리를 조금 잘라 주세요.

1378 髪を 少し 刈ってください。
かみ すこ か
가미오 스꼬시 갓떼 구다사이

🌸 면도는?

1379 ひげ剃りは?
そ
히게소리와

※髭(ひげ)を剃(そ)る 수염을 깎다   電気剃刀(でんきかみそり) 전기면도기

🌸 콧수염을 남겨 주세요.

1380 口ひげを 残してください。
くち   のこ
구찌히게오   노꼬시떼 구다사이

🌸 머리를 염색을 해 주세요.

1381 髪の毛を 染めてください。
かみ け そ
가미노께오   소메떼 구다사이

Unit2 미용실에서

미용실의 미용은 머리 손질만을 말하는 것이 아니라, 얼굴이나 모습을 아름답게 하는 일 전반을 가리키는 것이다. 미용실은 美容室(びようしつ), beauty salon, hair salon 등 여러 가지로 불리고 있다. 미용실에 가면 우선 접수할 때「오늘은 어떻게 하시겠습니까?」라고 물으므로「커트 부탁합니다.」등으로 원하는 바를 얘기한다. 대기실에는 헤어 카탈로그나 패션잡지가 놓여 있다. 이 중에서 마음에 드는 머리 모양을 찾아도 좋고,「가수○○씨 모양으로 해 주세요.」라로 말해도 알아듣기 쉽다.

🌸 커트입니까, 파마입니까?

1382 カットですか、パーマですか。
캇또데스까   파-마데스까

✿ 커트를 해 주세요.
1383
カットしてください。
칸도시떼 구다사이

✿ 머리 모양을 마음먹고 바꾸고 싶습니다.
1384
髪型を 思いきって 変えたいです。
가미가따오 오모이킷떼　　가에따이데스

✿ 지금 유행하는 머리 모양으로 해 주세요.
1385
今 流行りの 髪型にしてください。
이마 하야리노　　가미가따니 시떼 구다사이

✿ 이 스타일로 해 주세요.
1386
この スタイルにしてください。
고노　　스따이루니 시떼 구다사이

✿ 지금 헤어스타일을 조금 바꾸고 싶은데요.
1387
今の ヘアスタイルを 少し 変えたいんですが。
이마노　헤아스따이루오　　스꼬시　가에따인데스가

✿ 조금 짧게 해 주세요.
1388
少し 短くしてください。
스꼬시 미지까꾸 시떼 구다사이

✿ 옆을 좀더 커트해 주세요.
1389
横を もう少し カットしてください。
요꼬오　모- 스꼬시　캇또시떼 구다사이

✿ 샴푸와 세트를 부탁합니다.
1390
シャンプーと セットをお願いします。
샴부-또　　　　셋또오 오네가이시마스

✿ 어깨까지의 길게 해 주세요.

1391
肩までの 長さにしてください。
かた　　　　　　　なが
가따마데노　　　나가사니 시떼 구다사이

✿ 가볍게 파마를 해 주세요.

1392
軽く パーマを かけてください。
かる
가루꾸 파ー마오　　　가께떼 구다사이

✿ 이 부분은 너무 짧지 않도록 해 주세요.

1393
この部分は 短すぎないようにしてください。
ぶ ぶん　　　みじか
고노 부붕와　　미지까스기나이 요ー니 시떼 구다사이

　※~ないようにしてください ~하지 않도록 해 주세요

✿ 헤어 컬러해 주세요.

1394
ヘアカラーしてください。
헤아카라ー 시떼 구다사이

✿ 손질이 간편한 머리 모양으로 해 주세요.

1395
手入れが 楽な 髪型にしてください。
て い　　　　らく　　かみがた
데이레가　　　라꾸나　가미가따니 시떼 구다사이

Unit3 세탁소에서

우리는 세탁소 하면 흔히 주택가를 떠올리게 되게 된다. 그러나 일본에는 주택가가 아닌 도심 한가운데에 「미사즈 히트」라는 작은 세탁소가 붐을 일으키고 있다. 더럽혀진 옷을 급히 세탁해야 하는 경우에도 이용되지만 주로 출근길에 맡기고 퇴근길에 찾아가는 독신 남녀, 맞벌이 부부들이 애용하고 있다.

✿ 클리닝을 부탁해요.

1396
クリーニングを お願いします。
ねが
쿠리ー닝구오　　　　오네가이시마스

　※일본에서의 クリーニング屋(세탁소)는 드라이클리닝과 손빨래 모두를 취급한다.

🌸 언제 됩니까?

1397

いつ 仕上がりますか。

이쯔　시아가리마스까

🌸 세탁에 대해서 묻고 싶은데요.

1398

洗濯について お尋ねしたいんですが。

센따꾸니 쓰이떼　　오따즈네 시따인데스가

🌸 와이셔츠 3장과 바지가 있습니다.

1399

ワイシャツ3枚と ズボンが あります。

와이샤쯔 삼마이또　　즈봉가　　아리마스

🌸 이 얼룩은 질까요?

1400

このしみは 取れるでしょうか。

고노 시미와　　도레루데쇼―까

🌸 내일 아침까지 부탁합니다.

1401

明日の朝までに お願いします。

아시따노 아사마데니　　오네가이시마스

🌸 이 바지를 다려 주셨으면 하는데요.

1402

このズボンを プレスしてもらいたいんですが。

고노 즈봉오　　　　푸레스시떼 모라이따인데스가

※プレスする = アイロンをかける 다림질하다

Japanese Conversation for Beginners

Chapter 15 음주와 흡연에 대해서

밤이 되면 번화가와 역의 여기저기서 술에 취해 앉아있거나, 벤치에 누워있는 사람들의 모습을 발견할 수 있다. 그것은 대단히 평범한 샐러리맨, OL, 그리고 학생들의 모습도 있다. 약간 눈살을 찌푸릴 뿐, 그것을 지나치게 나무라지는 않는 것이 일본인입니다. 또한 일본에서는 모여서 술을 마실 기회가 많습니다. 망년회, 신년회, 송별회, 환영회, 사원여행에서의 연회 등 온갖 형태로 집단적으로 술을 마십니다.

Unit1 술을 마시자고 할 때

일본인과 친밀하게 사귀고 싶거나 같은 직장에서 일을 마치고 귀가 길에 一杯 いかがですか(한 잔 하시겠어요?)라고 권하며 잠깐 한 잔 하는 것도 일본어를 할 수 있는 좋은 기회이다. 자신이 한 잔 사고 싶을 때는 今日(きょう)は 私(わたし)が おごります(오늘은 제가 사겠습니다)라고 말한다.

🌸 **어디서 한 잔 하는 건 어때?**

1403
どこかで 一杯 やるのは どう?
도꼬까데　입빠이　야루노와　도-

🌸 **오늘밤 한 잔 하러 가지 않을래요?**

1404
今晩、飲みに 行きませんか。
곰반,　노미니　이끼마셍까

🌸 **맥주를 마시러 가는 건 어때?**

1405
ビールを 飲みに 行くのは どうだい?
비-루오　노미니　이꾸노와　도-다이

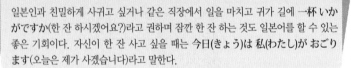

※ ～に 行く　～하러 가다
※ どうだい　남자들이 친근한 사이에 쓰는 어투이다.

🌸 귀가 길에 선술집에 들러 잠깐 한 잔 하자.

¹⁴⁰⁶ 帰りに 居酒屋へ 寄って ちょっと 一杯 やろうよ。
가에리니　이자까야에　욧떼　촛또　입빠이 야로－요

Unit2 술을 마시면서

일본인도 우리와 마찬가지로 함께 술을 마시면서 건배를 할 때는 乾杯(かんぱい)라고 외친다. 그러나 우리와는 달리 술을 권할 때는 한손으로 따라도 된다. 그리고 상대방이 잔에 술이 조금 남아 있을 때는 첨잔하는 것도 한국과는 크게 다른 점이다.

🌸 좀 마셔요.

¹⁴⁰⁷ ちょっと 飲んでください。
촛또　논데 구다사이

🌸 맥주 한 잔 받아요.

¹⁴⁰⁸ ビールを 一杯 どうぞ。
비－루오　입빠이　도－조

🌸 소주는 어때?

¹⁴⁰⁹ 焼酎は どうだい?
쇼－쮸－와　도－다이

🌸 자, 마셔요, 마셔.

¹⁴¹⁰ さあ、どうぞ どうぞ。
사－　도－조　도－조

🌸 한 잔 더 어때?

¹⁴¹¹ もう 一杯 いかが?
모－　입빠이　이까가

🌸 좀더 마시겠어요?

1412
もう<ruby>少<rt>すこ</rt></ruby>し いかがですか。

모ー 스꼬시   이까가데스까

🌸 건배!

1413
<ruby>乾杯<rt>かんぱい</rt></ruby>!

감빠이

🌸 단숨에 들이키세요. 건배!

1414
<ruby>一気<rt>いっき</rt></ruby>に <ruby>飲<rt>の</rt></ruby>み<ruby>干<rt>ほ</rt></ruby>してください。<ruby>乾杯<rt>かんぱい</rt></ruby>!

익끼니   노미호시떼 구다사이   감빠이

Unit3 음주에 대해 말할 때

일본인이 즐겨 마시는 술에는 청주(우리가 잘못 알고 쓰는 正宗(まさむね)은 상표 이름)를 비롯하여,「焼酎(しょうちゅう) 소주」와「ビール(맥주)」,「ウイスキー(위스키) 등이 있다. 이 중 청주는「일본 전래의 술」로서「お酒(さけ) 오사케」라고 하며, 모든 술을 가리키는 집합명사로도 사용된다. 맥주나 위스키가 들어오기 전에「술」을 마신다고 하면, 바로 청주를 마신다는 의미였다.

🌸 자기 전에 술을 마시면 더욱 잘 잠잘 수 있습니다.

1415
<ruby>寝酒<rt>ねざけ</rt></ruby>を <ruby>飲<rt>の</rt></ruby>むと もっとよく <ruby>眠<rt>ねむ</rt></ruby>れますよ。

네자께오   노무또   못또 요꾸   네무레마스요

🌸 얼마나 술을 마시러 갑니까?

1416
どのくらい <ruby>飲<rt>の</rt></ruby>みに <ruby>行<rt>い</rt></ruby>きますか。

도노쿠라이   노미니   이끼마스까

🌸 매일 밤 마시러 갑니까?

1417
<ruby>毎晩<rt>まいばん</rt></ruby> <ruby>飲<rt>の</rt></ruby>みに <ruby>行<rt>い</rt></ruby>くんですか。

마이반   노미니   이꾼데스까

🌸 어느 정도 술을 마십니까?

1418
どのくらい 酒を 飲みますか。
도노쿠라이　　사께오　노미마스까

🌸 저 녀석은 술꾼이야.

1419
あいつは 大酒飲みだ。
아이쯔와　　오-자께노미다

🌸 저는 술을 못하는 편입니다.

1420
私は どちらかと言うと「下戸」です。
와따시와 도찌라까또 유-또　　　게꼬 데스

　※下戸(げこ) ↔ 上戸(じょうご)

🌸 숙취는 없습니까?

1421
二日酔いは しませんか。
후쯔까요이와　　시마셍까

　※酒(さけ)に酔(よ)う 술에 취하다，酔(よ)っぱらう 만취하다

Unit4 금주에 대해 말할 때

🌸 당신은 지나치게 술을 마셔요.

1422
あなたは 飲みすぎますよ。
아나따와　　노미스기마스요

🌸 술을 끊으려고 합니다.

1423
お酒を やめようと思っています。
오사께오　 야메요-또 오못떼 이마스

　※禁酒(きんしゅ) 금주

🌸 이제부터 절대로 술을 마시지 않겠습니다.

1424
これから 絶対に お酒を 飲みません。
고레까라　　젯따이니　 오사께오　노미마셍

🌸 다음주부터 술을 끊기로 했습니다.

1425 来週から お酒を やめる ことに しました。
らいしゅう　　　　さけ
라이슈―까라　　오사께오　　야메루 고또니 시마시따

※동사의 기본형에 「~ことにする」가 접속하면 우리말의 「~하기로 하다」의 뜻으로 본인의 의지 결정을 나타낸다.

Unit5 담배를 피울 때

담배는 우리와는 달리 윗사람 앞에서도 피울 수 있다. 상대 앞에서 담배를 피울 때는 「タバコを 吸っても いいですか(담배를 피워도 되겠습니까?)」라고 반드시 허락을 받고 피우도록 합시다.

🌸 여기서 담배를 피워도 될까요?

1426 ここで タバコを 吸っても いいでしょうか。
　　　　　　　　　　　す
고꼬데　　다바꼬오　　슷떼모　　　이―데쇼―까

🌸 여기서는 담배를 피우지 말았으면 좋겠어.

1427 ここでは タバコを 吸ってもらいたくないの。
　　　　　　　　　　　す
고꼬데와　　　다바꼬오　　슷떼 모라이따꾸나이노

🌸 여기는 금연입니다.

1428 ここは 禁煙になっています。
　　　　きんえん
고꼬와　　깅엔니 낫떼 이마스

🌸 아, 담배를 피우고 싶어 죽겠어.

1429 ああ、タバコが 吸いたくて たまらないな。
　　　　　　　　　　す
아―　　다바꼬가　　스이따꾸떼　　다마라나이나

🌸 담배 한 대 피우시겠어요?

1430 タバコを 一本 いかがですか。
　　　　　いっぽん
다바꼬오　　입뽕　　이까가데스까

✿ 불 좀 빌려 주시겠어요?

1431
火を 貸していただけますか。
ひ　か
히오　가시떼 이따다께마스까

✿ 재떨이를 이리 가지고 오지 않겠어요?

1432
灰皿を こちらへ 取ってくれませんか。
はいざら　　　　　　と
하이자라오 고찌라에　돗떼 구레마셍까

Unit6 흡연에 대해 말할 때

✿ 아버지는 상당한 애연가입니다.

1433
父は かなりの 愛煙家です。
ちち　　　　　あいえん か
치찌와 가나리노　아이엥까데스

✿ 식사 후의 한 대는 정말로 맛있습니다.

1434
食事後の 一服は 実に うまいです。
しょく じ ご　　いっぷく　じつ
쇼꾸지고노　입뿌꾸와　지쯔니 우마이데스

✿ 특히 초조할 때 피우면 기분이 좋아집니다.

1435
特に いらいらした 時に 吸うと 気分が 良くなります。
とく　　　　　　とき　す　　きぶん　よ
토꾸니 이라이라시따　도끼니 스우또　기붕가　요꾸나리마스

Unit7 금연에 대해 말할 때

선진국치고는 흡연에 관대한 편인 일본에서도 점차 흡연자의 설 땅이 좁아지고 있다.
이미 시내 주요 지점을 중심으로 길거리 금연이 실시돼 철퇴를 맞은 애연가들에게는
충격이 아닐 수 없다.

✿ 2년 전에 금연했습니다.

1436
2年前に 禁煙しました。
ねんまえ　きんえん
니넴 마에니　깅엔시마시따

🏵 하루에 어느 정도 피웁니까?

1437 1日に どのくらい 吸いますか。
にち　　　　　　　　　す
이찌니찌니 도노쿠라이　　스이마스까

🏵 아직 담배를 피우고 있니? 금연중이라고 생각했는데.

1438 まだ タバコを 吸ってる? 禁煙中だと 思ったのに。
　　　　　　　　　す　　　　きんえんちゅう　　　おも
마다　　다바꼬오　　숫떼루　　깅엔쮸ー다또 오못따노니

🏵 줄이려고 하고 있는데, 안 됩니다.

1439 減らそうとしているんですが、だめなんです。
へ
헤라소ー또 시떼이룬데스가　　　　　다메난데스

🏵 당신은 담배를 너무 피워요. 몸에 좋지 않아요.

1440 あなたは タバコの吸いすぎですよ。体に 悪いですよ。
　　　　　　　　　す　　　　　　　　からだ　わる
아나따와　　다바꼬노 스이스기데스요　　가라다니 와루이데스요

🏵 저는 항상 뻐끔 담배를 피울 뿐 깊이 들이마시지 않습니다.

1441 私は いつも ふかすだけで、奥まで 吸い込みません。
わたし　　　　　　　　　　　　　おく　　す　こ
와따시와 이쯔모　후까스다께데　　　　오꾸마데　　스이꼬미마셍

🏵 금연을 하고 나서 5킬로그램은 쪘습니다.

1442 禁煙してから 5キロは 太りました。
きんえん　　　　　　　　　ふと
깅엔시떼까라　　5키로와　　후또리마시따

Japanese Conversation for Beginners

PART 6

통신과 교통에 관한 표현

Chapter

이제 유선전화는 물론 휴대전화도 바쁘게 살아가는 현대인의 필수품이 되었습니다. 여기서 전화 통화에 관련된 다양한 표현은 물론, 인터넷, 우편, 은행 등 통신에 관한 표현을 착실히 익히도록 합시다. 또한 외국에 나가서 대중교통을 이용하여 돌아다니는 것은 색다른 맛을 느끼게 해줍니다. 외출을 하기 전에 우선 교통에 관한 표현은 물론 대중교통에 대한 정보를 입수하여 길을 잃거나 헤매는 일이 없도록 합시다.

Chapter 01 전화를 걸고 받을 때

전화는 상대를 얼굴을 보지 않기 때문에 처음에는 불안하지만, 횟수를 반복하는 사이에 자신감이 붙습니다. 여기서는 일정한 패턴에 익숙해지도록 하여 차분하게 메모를 할 수 있도록 합니다. 여기서는 전화를 거는 입장과 받는 입장에서의 표현입니다. 익숙해질 때까지는 전해야 할 용건을 미리 메모해 두어 그것을 보면서 말하면 확실한 의사전달이 이루어집니다. 언제 걸려올지 모르는 전화를 기다리는 것보다 이쪽에서 직접 거는 것이 마음 편한 경우도 있습니다.

Unit1 전화를 걸 때

전화를 걸 때는 반드시 もしもし、キムですが、田中さんを お願いします라고 먼저 자신의 신분이나 소속단체를 밝히고 전화통화를 할 상대를 부탁한다. 상대가 직접 받을 때는 もしもし、そちらは 田中さんでしょうか라고 하면 된다.

🌸 여보세요, 다나카 씨를 부탁합니다.

1443

もしもし、田中さんを お願いします。
모시모시　　　다나까상오　　　　오네가이시마스

※もしもし는 기본적으로 전화상에서 상대를 호출할 때 쓰이는 표현이지만, 모르는 사람을 부를 때도 쓰인다.

🌸 여보세요, 기무라 씨이세요?

1444

もしもし、そちらは 木村さんでしょうか。
모시모시　　　소찌라와　　　기무라산데쇼—까

🌸 여보세요, 요시다 씨 댁입니까?

1445

もしもし、吉田さんの お宅ですか。
모시모시　　　요시다산노　　　오따꾸데스까

🌸 다나카 선생님은 계십니까?

1446

た なかせんせい
田中先生は おられますか。

다나까 센세-와 　오라레마스까

※おられる는 おる(いる의 겸양어)의 존경 표현이다.

🌸 경리부 기무라 씨와 통화를 하고 싶은데요.

1447

けい り ぶ 　　　き むら 　　　　　　　　 はな
経理部の 木村さんと お話ししたいんですが。

게-리부노 　기무라산또 　오하나시 시따인데스가

🌸 영업부 아무나 통화를 하고 싶은데요.

1448

えいぎょう ぶ 　　　　　　　　　　　　 はな
営業部の どなたかと お話ししたいんですが。

에-교-부노 　도나따까또 　오하나시 시따인데스가

🌸 편집부로 연결해 주시겠어요?

1449

へんしゅう ぶ
編集部へ つないでいただけませんか。

헨슈-부에 　쓰나이데 이따다께마셍까

🌸 내선 10번을 부탁합니다.

1450

ないせん 　　　ばん 　　　　 ねが
内線の 10番を お願いします。

나이센노 　쥬-방오 　오네가이시마스

🌸 언제 돌아오십니까?

1451

　　　 もど
いつ お戻りになりますか。

이쯔 　오모도리니 나리마스까

🌸 무슨 연락할 방법은 없습니까?

1452

なん 　　　れんらく 　　　 ほうほう
何とか 連絡する 方法は ありませんか。

난또까 　렌라꾸스루 　호-호-와 　아리마셍까

그녀에게 연락할 수 있는 다른 번호는 없습니까?

彼女に 連絡できる 他の 番号は ありませんか。
かのじょ　れんらく　　　　　ほか　ばんごう

가노죠니　렌라꾸데끼루　　호까노　방고-와　아리마셍까

🌸 나중에 다시 한번 걸게요.

1454
あとで もう一度 かけなおします。
　　　　いちど

아또데　모- 이찌도　가께나오시마스

Unit3 전화를 받을 때

전화를 받을 때는 우선「もしもし、○○でございますが(여보세요, ○○입니다만)」
라고 자신의 이름이나 회사의 이름 등을 밝혀 상대가 확인하는 수고를 덜어주는 것
도 전화 에티켓의 하나이다. 전화 상대를 바꿔줄 때는「ちょっと お待ちください(잠
깐 기다려 주십시오)」라고 한다.

🌸 제가 전화를 받겠습니다.

1455
私が 電話に 出ましょう。
わたし　でんわ　　で

와따시가 뎅와니　　데마쇼-

🌸 접니다만.

1456
私ですが。
わたし

와따시데스가

※찾는 상대가 본인일 경우 대응하는 표현이다.

🌸 누구십니까?

1457
どちら様でしょうか。
　　　さま

도찌라사마데쇼-까

※방문자나 전화상에서 상대를 확인할 때 많이 쓰이는 표현이다.

🌸 잠시 기다려 주십시오.

1458
少々お待ちください。
しょうしょう　ま

쇼-쇼- 오마찌 구다사이

🌸 총무부입니다. 무슨 일이십니까?

1459
総務部です。何でございましょうか。
소-무부데스　　　　난데 고자이마쇼-까

> ※「～でございます」는 단정을 나타내는 「～です」의 존경 표현이다.

🌸 기무라 씨, 다나카 선생님한테 전화입니다.

1460
木村さん、田中先生から お電話です。
기무라상　　　　다나까 센세-까라　　　오뎅와데스

🌸 곧 기무라 씨를 바꿔드리겠습니다.

1461
ただいま 木村さんと 代わります。
다다이마　　　기무라산또　　　가와리마스

Unit4　전화를 받을 수 없을 때

전화가 걸려왔을 때 찾는 사람이 전화를 받을 수 없는 상황일 때, 즉 부재중이거나 회의중, 외출중일 때 적절하게 대응하는 표현을 익히도록 하자.

🌸 미안합니다. 아직 출근하지 않았습니다.

1462
すみません。まだ 出社しておりません。
스미마셍　　　　마다　　숏샤시떼 오리마셍

> ※「～ておりません」은 「～ていません」의 겸양 표현이다.

🌸 잠깐 자리를 비웠습니다.

1463
ちょっと 席を はずしております。
촛또　　　　세끼오　하즈시떼 오리마스

> ※「おる」는 존재를 나타내는 「いる」의 겸양어이다.

🌸 미안합니다. 오늘은 쉽니다.

1464
すみません、今日は 休みを 取っております。
스미마셍　　　　쿄-와　　　야스미오　돗떼 오리마스

🌼 지금 출장중입니다.

今出張中です。

이마 슛쵸-쮸-데스

🌼 방금 점심을 먹으러 나갔는데요.

1466
ただいま 昼食に 出ておりますが。

다다이마　　　츄-쇼꾸니　데떼 오리마스가

🌼 미안합니다, 지금 회의중입니다.

1467
すみません、ただいま 会議中です。

스미마셍　　　　　다다이마　　카이기쮸-데스

※ただいま 조금 전, 외출에서 돌아왔을 때의 인사말

🌼 30분 후에 다시 걸어 주시겠습니까?

1468
30分後に かけなおしていただけますか。

산즙뽕고니　가께나오시떼 이따다께마스까

※かけなおす 다시 걸다

Unit5 메시지를 부탁할 때

🌼 전해 주시겠습니까?

1469
伝言していただけますか。

뎅곤시떼 이따다께마스까

🌼 기무라한테 전화가 왔다고 전해 주십시오.

1470
木村から 電話があったと お伝えください。

기무라까라　뎅와가 앗따또　　　오쓰따에 구다사이

🌼 돌아오면 나에게 전화를 주도록 말해 주세요.

1471
戻りましたら、私に 電話を くれるように 言ってください。

모도리마시따라　와따시니 뎅와오　구레루 요-니　　잇떼 구다사이

※동사의 기본형에 「～ように」가 접속하면 「～하도록」의 뜻을 나타낸다.

Unit6 메시지를 전할 때

✽ 돌아오면 전화하도록 말할까요?
1472
帰ったら 電話するように 言いましょうか。
가엣따라　　덴와스루 요−니　　이이마쇼−까

✽ 메시지를 전해 드릴까요?
1473
伝言を お伝えしましょうか。
뎅공오　　오쓰따에 시마쇼−까

✽ 알겠습니다. 메시지를 전해 드리겠습니다.
1474
わかりました。伝言を お伝えしておきます。
와까리마시따　　　　뎅공오　　오쓰따에 시떼 오끼마스

✽ 기무라 씨, 아까 김씨에게 전화가 있었습니다.
1475
木村さん、さっき 金さんから 電話が ありました。
기무라상　　　삭끼　　김상까라　　　덴와가　　아리마시따

Unit7 전화 트러블

✽ 번호가 틀린 것 같습니다만.
1476
番号を お間違えのようですが。
방고−오　　오마찌가에노 요−데스가

✽ 몇 번에 거셨습니까?
1477
何番へ おかけですか。
남방에　　오까께데스까

✽ 미안합니다, 번호를 잘못 걸었습니다.
1478
すみません、番号を かけ間違えました。
스미마셍　　　　　방고−오　　가께마찌가에마시따

미안합니다. 여기에는 마쓰모토라는 이름을 가진 사람이 없습니다.

すみません、こちらには 松本という 名の者は おりません。
스미마셍 　　　 고찌라니와 　 마쓰모또또유- 나노 모노와 　　 오리마셍

실례했습니다. 끊어져 버렸습니다.

1480 **失礼しました。切れてしまいました。**
시쯔레-시마시따 　　 기레떼 시마이마시따

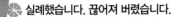

Unit8 국제전화를 이용할 때

일본에서 한국으로 국제전화를 걸 때는 먼저 국제전화 사업자 번호(001, 007 등)를
누르고 나서 한국 코드 넘버 82를 누른다. 다음에 지역번호 머리 숫자 0을 빼고 한국
의 걸고 싶은 번호를 다이얼하면 된다.

서울에 국제전화를 걸고 싶은데요.

1481 **ソウルへ 長距離電話を かけたいのですが。**
소우루에 　　 쵸-꾜리 뎅와오 　　 가께따이노데스가

교환을 통해야 합니까?

1482 **交換台を 通さないと いけませんか。**
코-깐다이오 　 도-사나이또 　 이께마셍까

한국에 직접 전화하는 방법을 가르쳐 주겠어요?

1483 **韓国へ 直接 電話する 方法を 教えてくれますか。**
캉꼬꾸에 　 쵸꾸세쯔 뎅와스루 　 호-호-오 　 오시에떼 구레마스까

서울에 컬렉트콜로 해 주세요.

1484 **ソウルへ コレクト・コールに してくれますか。**
소우루에 　 코레꾸또·코-루니 　　　　 시떼 구레마스까

미안합니다. 다른 사람에게 연결되어 버렸습니다.

1485 **すみません、別の人に つながってしまいました。**
스미마셍 　　　 베쯔노 히또니 쓰나갓떼 시마이마시따

✿ 야마시타 씨를 부탁합니다.

1486
山下さんへ お願いします。
야마시따상에　오네가이시마스

✿ 미안합니다, 통화를 취소해 주시겠어요?

1487
すみません、通話を 取り消してもらえますか。
스미마셍　쓰-와오　도리께시떼 모라에마스까

✿ 끊어져 버렸는데, 다시 한번 연결해 주세요.

1488
切ってしまったので、もう一度 つないでください。
깃떼 시맛따노데　모- 이찌도　쓰나이데 구다사이

✿ 상대에게 연결이 되지 않는데, 어떻게 하면 될까요?

1489
相手に つながらないのですが、どうしたら いいでしょうか。
아이떼니　쓰나가라나이노데스가　도-시따라　이-데쇼-까

✿ 통화한 시간과 요금을 알려 주겠어요?

1490
かかった時間と 料金を 教えてくれませんか。
가깟따 지깐또　료-낑오　오시에떼 구레마셍까

Chapter 02 우체국과 은행을 이용할 때

여기서는 우표를 사거나 편지나 소포를 부칠 때, 환전을 하거나 예금구좌를 만들 때 우체국이나 은행 창구에서 쓰이는 표현에 대해서 최소한의 지식을 익히게 됩니다. 원하는 창구를 모를 때는 …窓口はどこですか라고 물으면 됩니다. 일본 郵便局의 로고는 〒이며, 우표를 뜻하는 切手(キッテ)의 テ에서 유래되었습니다. 은행에서 구좌를 개설할 때는 キャッシュカード도 만들어두면 편리합니다. 은행 창구 이외도 캐시코너가 있어서 현금 입출금과 송금을 거의 여기에서 해결할 수 있습니다.

Unit1 우체국에서

일본의 우편사업은 정부에 의해 행해지고 전국에 우편망이 퍼져 있다. 우체국은 각처에 있고 편지, 소포배달 이외에 저금, 보험 등의 업무도 취급한다. 보통 우체국의 업무시간은 월요일부터 금요일까지로 오전 9시부터 오후 5시까지 하며 토·일요일 및 경축일은 쉰다. 또 우표나 엽서는 우체국 외에 kiosk(전철역에 있는 매장)등 [〒]mark가 있는 상점에서도 판매한다. post box는 도로 여기저기에 설치되어 있고 적색으로 mark가 붙어 있다.

🌸 근처에 우체국이 있습니까?

1491
近くに 郵便局は ありますか。
치까꾸니　유−빙쿄꾸와　아리마스까

※ポストにはがきを出(だ)す 우체통에 엽서를 넣다

🌸 우표를 5장 주세요.

1492
切手を 5枚 ください。
깃떼오　고마이　구다사이

🌸 항공편지를 10장 주세요.

1493
航空書簡を 10枚 ください。
코−꾸− 쇼깐오　쥬−마이 구다사이

🌸 이 편지 요금은 얼마입니까?

1494
この手紙の 送料は いくらですか。
고노 데가미노　소-료-와　이꾸라데스까

🌸 항공편이라면 얼마나 듭니까?

1495
航空便だと いくら かかりますか。
코-꾸-빈다또　이꾸라　가까리마스까

※船便(ふなびん) 선편

🌸 이걸 등기로 보내 주세요.

1496
これを 書留にしてください。
고레오　가끼또메니 시떼 구다사이

🌸 속달로 부탁합니다.

1497
速達で お願いします。
소꾸따쯔데　오네가이시마스

🌸 서울까지 도착하는 데 어느 정도 걸립니까?

1498
ソウルまで 着くのに どのくらい かかりますか。
소우루마데　쓰꾸노니　도노쿠라이　가까리마스까

🌸 더 빠른 방법으로 보내고 싶은데요.

1499
もっと 速い 方法で 送りたいんですが。
못또　하야이　호-호-데　오꾸리따인데스가

🌸 이걸 한국에 보내는 데에 얼마나 듭니까?

1500
これを 韓国に 送るのに いくら かかりますか。
고레오　캉꼬꾸니　오꾸루노니　이꾸라　가까리마스까

🌸 한국에 우편환을 보내고 싶은데요.

1501
韓国へ 郵便為替を 送りたいんですが。
캉꼬꾸에　유-빈가와세오　오꾸리따인데스가

발신인 이름과 주소를 어디에 쓰면 됩니까?

発信人の名前と 住所は どこに 書いたらいいですか。
핫신닌노 나마에또　　　쥬―쇼와　　도꼬니　　가이따라 이―데스까

우편번호는 313-631입니다.

1503 **郵便番号は 313-631です。**
유―빔방고―와　　　산이찌산노 로꾸산이찌데스

Unit2 전보를 칠 때

국제 우편물은 보통 1주일 이내에 도착하며, 급한 경우 EMS, DHL 등의 특급 우편을
사용하면 된다. 한국으로 엽서나 편지를 보낼 때는 반드시 SOUTH KOREA라고 써
야 한다.

이 주변에 전보국이 있습니까?

1504 **この辺に 電報局は ありますか。**
고노 헨니　　뎀뽀―꾜꾸와　　아리마스까

전보업무를 몇 시부터 시작합니까?

1505 **電報業務を 始めるのは 何時からですか。**
뎀뽀― 교―무오　　하지메루노와　　난지까라데스까

해외전보를 치고 싶은데요.

1506 **海外電報を 打ちたいんですが。**
카이가이 뎀뽀―오　우지따인데스가

지급으로 부탁합니다.

1507 **至急で お願いします。**
시뀨―데　오네가이시마스

✺ 전보요금은 얼마입니까?

1508
でんぽうりょうきん
電報料金は いくらですか。
뎀뽀ー 료ー낑와   이꾸라데스까

✺ 한 자 초과할 때마다 얼마 늘어납니까?

1509
ちょうか　　　ご
超過 1語ごとに いくら 増しになりますか。
쵸ー가   이찌고 고또니   이꾸라   마시니 나리마스까

✺ 이 전문은 어느 나라말로 하시겠습니까?

1510
でんぶん　　なに ご
この電文は 何語になりますか。
고노 뎀붕와   나니고니 나리마스까

✺ 수신인명도 요금이 듭니까?

1511
あて な　　　　りょうきん
宛名には 料金が かかりますか。
아떼나니와   료ー낑가   가까리마스까

Unit3 은행 창구에서

일본의 화폐단위는 ¥(엔)으로서 일반적으로 시중에서 사용되고 있는 화폐의 종류는 경화가 1, 5, 10, 50, 100, 500¥(엔)의 여섯 가지이며, 지폐는 1000, 2000, 5000, 10000¥(엔) 네 가지이다.

✺ 은행은 어디에 있습니까?

1512
ぎんこう
銀行は どこに ありますか。
깅꼬ー와   도꼬니   아리마스까

✺ 5만 엔을 인출하고 싶은데요.

1513
まんえん　ひ　だ
5万円 引き出したいのですが。
고망엥   히끼다시따이노데스가

※お金を下(お)ろす 돈을 찾다

공제잔고는 얼마나 됩니까?

ひきだしざんだか
引出残高は いくらに なりますか。

히끼다시잔다까와   이꾸라니 나리마스까

※円高(えんだか) 엔고

현금자동인출기는 어디에 있습니까?

1515
げんきん じ どう し はらい き
現金自動支払機は どこに ありますか。

겡낀 지도―시하라이끼와   도꼬니   아리마스까

Unit4 환전과 수표를 바꿀 때

출국하기 전에 미리 은행이나 공항의 환전소에서 일본 화폐(엔)로 바꾸는 게 좋다. 고액을 바꾼다면 분실시에도 안전한 여행자수표를 준비하는 게 좋고 액면가는 고액보다 소액으로 마련하는 것이 사용하기 편리하며 달러로 바꾼 후 일본에서 환전을 해도 되지만 환전수수료를 손해 본다. 여행자수표의 환전수수료가 현금보다 유리하다.

환전 창구는 어디인가요?

1516
りょうがえ   まどぐち
両替の 窓口は どちらですか。

료―가에노 마도구찌와 도찌라데스까

※為替(かわせ) 환어음, 약속어음, 환율, 환시세

오늘 환율은 얼마입니까?

1517
きょう   こうかん
今日の 交換レートは いくらですか。

쿄―노   코―깐 레―또와   이꾸라데스까

여행자수표를 사고 싶은데요.

1518
りょこうしゃ こ ぎっ て   か
旅行者小切手を 買いたいのですが。

료―꼬―샤 고깃떼오   가이따이노데스가

※トラベラーズチェック 여행자수표

여행자용 수표를 현금으로 바꾸고 싶은데요.

1519
りょこうしゃよう こ ぎっ て   げんきん   か
旅行者用小切手を 現金に 換えたいのですが。

료―꼬―샤요― 고깃떼오   겡낀니   가에따이노데스가

🌸 수표 전부 서명이 필요합니까?

1520
小切手の 一枚一枚に 署名が 必要ですか。
고깃떼노   이찌마이 이찌마이니   쇼메이가   히쯔요-데스까

※署名する 서명하다 = サインする 사인하다

Unit5 예금과 대출을 받을 때

우리나라에서 은행을 이용해 본 경험이 있는 사람이라면 일본에서 은행을 이용하는데는 별 어려움이 없고 통장을 개설할 때는 외국인 등록증이나 여권을 지참해야 한다. 자유롭게 입출금할 수 있는 보통 예금 통장을 만드는 것이 편리하다. 업무시간은 우리나라보다 훨씬 짧기 때문에 주의해야 한다. 월요일부터 금요일까지 오전 9시부터 오후 3시까지이고 현금 카드가 있으면 평일은 오후 7시까지, 주말은 오후 5시까지 돈을 인출할 수 있다.

🌸 예금하고 싶은데요.

1521
預金したいのですが。
요끼니따이노데스가

※貯金(ちょきん)する 저금하다, 貯蓄(ちょちく)する 저축하다

🌸 구좌를 개설하고 싶은데요.

1522
口座を 設けたいのですが。
코-자오   모-께따이노데스가

※口座(こうざ)を設(もう)ける 구좌를 개설하다

🌸 보통예금구좌로 해 주세요.

1523
普通預金口座にしてください。
후쓰-요낑 코-자니 시떼 구다사이

🌸 구좌를 이 은행으로 옮기고 싶은데요.

1524
口座を この銀行に 移したいんですが。
코-자오   고노 깅꼬-니   우쯔시따인데스가

정기예금과 적금 중에 어느 것이 좋겠어요?

定期預金と 積立預金では どちらが いいでしょうか。
데ー끼요낀또　쓰미타떼요낀데와　도찌라가　이ー데쇼ー까

이율은 몇 퍼센트입니까?

1526 利息は 何パーセントですか。
리소꾸와　난빠ー센또데스까

용지에 기입했습니다.

1527 用紙に 記入しました。
요ー시니　기뉴ー시마시따

당좌예금구좌로 직접 불입해 주시겠어요?

1528 当座預金口座に 直接 振り込んでもらえますか。
도ー자요낑 코ー자니　쵸꾸세쯔 후리꼰데 모라에마스까

투자신탁은 취급합니까?

1529 投資信託は 扱っていますか。
토ー시신따꾸와　아쯔깟떼 이마스까

융자는 이용할 수 있습니까?

1530 ローンは 利用できますか。
로ー옹와　리요ー 데끼마스까

장기대출제도에 대해 알고 싶은데요.

1531 長期貸付制度について 知りたいのですが。
쵸ー끼 가시쓰께세ー도니 쓰이떼　시리따이노데스가

Japanese Conversation for Beginners

여기서는 길을 잃었을 때 길을 묻는 방법과 다른 사람이 길을 물어왔을 때 안내하는 요령 등도 제시되어 있습니다. 길을 물을 때 많이 쓰이는 패턴으로는 …へ行く道を教えてください가 있습니다. 일본의 경우는 도로의 표지판이나 주소지 등이 명확하게 정리되어 있어 지도 한 장만 있어도 어디든 원하는 목적지에 혼자서도 찾아갈 수 있습니다. 만약 길을 잘 모르거나 잃었을 때는 지도를 펴 보이며 물어봐도 되고 인근 파출소(交番)에 가서 물어보면 친절하게 안내를 해 줍니다.

Unit1 길을 물을 때

🌸 미안합니다, 역은 어떻게 가면 좋을까요?

1532
すみません、駅へは どう 行ったらよいでしょうか。
스미마셍　　　에끼에와　　도－　잇따라 요이데쇼－까

※「すみません」은 모르는 사람에게 말을 걸거나 부탁할 때도 쓰인다.

🌸 팔레스 호텔로 가는 길을 가르쳐 줄래요?

1533
パレス ホテルへ 行く道を 教えてくれますか。
파레스 호떼루에　　　　이꾸 미찌오　오시에떼 구레마스까

🌸 미안합니다, 책방을 찾고 있는데, 이 근처에 있습니까?

1534
すみません、本屋を 探してるんですが、この辺に ありますか。
스미마셍,　　　홍야오　사가시떼룬데스가　　고노 헨니　아리마스까

🌸 우에노 공원은 이 길로 가면 됩니까?

1535
上野公園は この道で いいんでしょうか。
우에노 코－엥와　고노 미찌데　이인데쇼－까

저는 방향치입니다.

私は 方向音痴なんです。
わたし　　ほうこうおんち
와따시와 호−꼬− 온찌난데스

※音痴 음치, 특정 감각이 둔함, 그런 사람. 味覚(みかく)音痴 미각이 둔함

Unit2 길을 가리켜 줄 때

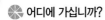

🌸 어디에 가십니까?

1537
どこへ いらっしゃるのですか。
도꼬에　　이랏샤루노데스까

🌸 집 주소를 보여 주시겠어요?

1538
おうちの 住所を 見せてもらえますか。
　　　　じゅうしょ　み
오우찌노　　쥬−쇼오　　미세떼 모라에마스까

🌸 이 길로 곧장 가세요.

1539
この道を 真っ直ぐ 行ってください。
　　みち　　ま　す　い
고노 미찌오　　맛스구　　잇떼 구다사이

🌸 두 번째 모퉁이에서 왼쪽으로 도세요.

1540
2つ目の 角を 左に 曲がりなさい。
　　め　　かど　ひだり　ま
후따쯔메노　　가도오　히다리니 마가리나사이

※左 왼쪽 ↔ 右(みぎ) 오른쪽

🌸 거긴 모퉁이를 꺾은 곳입니다.

1541
それは ちょうど 角を 曲がった ところです。
　　　　　　　かど　ま
소레와　　쵸−도　　가도오　마갓따　　도꼬로데스

※左折する 좌회전하다 ↔ 右折する 우회전하다

🌸 지금 온 길을 돌아가야 합니다.

1542
今 来た 道を 戻らないといけません。
いま　き　みち　もど
이마 기따　　미찌오 모도라나이또 이께마셍

❀ 여기서 걸어서 약 3분 정도입니다.

¹⁵⁴³ ここから 歩いて ほんの 3分ほどです。
　　　　　　 ある　　　　　　　　　 ぶん
고꼬까라　　　아루이떼　　혼노　　　삼뿡 호도데스

❀ 저도 그쪽으로 갈 테니까, 따라오세요.

¹⁵⁴⁴ 私も そちらの 方向へ 行きますから、お連れしましょう。
　　 わたし　　　　　　　 ほうこう　 い　　　　　　　　　　つ
와따시모 소찌라노　호-꼬-에　이끼마스까라　　　 오쓰레시마쇼-

Unit3 길을 물어올 때

일본에 여행을 갔을 때 일본인과 얼굴이 비슷하기 때문에 길을 물어오는 경우가 적지
않다. 또한 한국에 여행을 온 일본인이 길을 물어올 때는 당황하지 말고 다음 표현을
잘 익혀두어 자신 있게 대처하자.

❀ 미안합니다. 잘 모르겠습니다.

¹⁵⁴⁵ すみません。よく わかりません。
스미마셍　　　　　요꾸　와까리마셍

❀ 저도 여기는 처음이라서요.

¹⁵⁴⁶ 私も ここは 初めてなものですから。
　　 わたし　　　　 はじ
와따시모 고꼬와　하지메떼나모노데스까라

❀ 유감스럽지만, 저도 잘 모릅니다.

¹⁵⁴⁷ 残念ながら、私も よく わからないんですよ。
　　 ざんねん　　　 わたし
잔넹나가라　　　와따시모 요꾸　와까라나인데스요

❀ 저는 여행자입니다.

¹⁵⁴⁸ 私は 旅行者なのです。
　　 わたし　 りょこうしゃ
와따시와 료꼬-샤나노데스

❀ 미안하지만, 이 주변은 그다지 잘 모릅니다.

¹⁵⁴⁹ すみませんが、このあたりは あまり よく 知らないんです。
　　　　　　　　　　　　　　　　　　　　　　　　 し
스미마셍가　　　고노 아따리와　　아마리　요꾸　시라나인데스

다른 사람에게 물어보십시오.

だれか ほかの人に 聞いてください。
다레까　　호까노 히또니　　기이떼 구다사이

저 사람에게 물어 보십시오.
1551
あちらの人に 聞いてください。
아찌라노 히또니　　기이떼 구다사이

지도를 가지고 있습니까?
1552
地図を 持っていますか。
치즈오　　못떼 이마스까

Chapter 04 대중교통을 이용할 때

여기서는 열차, 전철, 지하철, 버스, 택시, 비행기를 이용하는 경우에 필요한 표현을 다루었습니다. 역이나 차 안에서 일본인이 말을 걸어왔을 때 대처하는 방법도 포함되어 있으므로 실제로 응용해 봅시다. 정류장이나 역을 물을 때는 電車駅・バス停・タクシー乗り場はどこですか라고 합니다. 택시를 이용할 때는 ～までお願いします라고 기사에게 말하면 목적지까지 데려다 줍니다.

Unit1 택시를 이용할 때

급하거나 길을 잘 모를 때는 택시를 이용하는 게 편리하다. 말이 통하지 않을 때는 가고 싶은 곳의 주소를 적어서 택시기사에게 주면 된다. 택시를 이용할 때는 「～まで お願いします(～까지 가주세요)」라고 기사에게 말하면 목적지까지 실어다 준다. 목적지를 잘 모를 때는 주소를 보이며 「この 住所まで お願いします(이 주소로 가주세요)」라고 하면 된다.

🌸 **택시승강장은 어디에 있습니까?**

1553
タクシー乗り場は どこですか。
타꾸시-노리바와　　　　도꼬데스까

🌸 **어디서 기다리고 있으면 됩니까?**

1554
どこで 待っていれば いいですか。
도꼬데　　맛떼 이레바　　　이-데스까

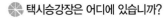

※ ～ばいいですか ～하면 됩니까(좋습니까)?

🌸 **우리들 모두 탈 수 있습니까?**

1555
私たちは 全員 乗れますか。
와따시다찌와　젠인　노레마스까

트렁크를 열어 주시겠어요?

トランクを 開けてください。

토랑꾸오 　　　 아께떼 구다사이

(주소를 보이며) 이 주소로 가 주세요.

ここへ 行ってください。

고꼬에 　 잇떼 구다사이

도쿄돔으로 가 주세요.

東京ドームに 行ってください。

도-꾜-도-무니 　　 잇떼 구다사이

서둘러 주시겠어요?

急いでいただけますか。

이소이데 이따다께마스까

가장 가까운 길로 가 주세요.

いちばん 近い道で 走ってください。

이찌반 　　 치까이 미찌데 하싯떼 구다사이

좀더 천천히 가 주세요.

もっと ゆっくり 走ってください。

못또 　　 육꾸리 　　 하싯떼 구다사이

여기서 세워 주세요.

ここで 止めてください。

고꼬데 　 도메떼 구다사이

좀더 앞까지 가 주세요.

もう少し 先まで 行ってください。

모- 스꼬시 　 사끼마데 　 잇떼 구다사이

🌸 여기서 기다려 주시겠어요?

1564

ここで 待ってもらえませんか。
고꼬데　　맛떼 모라에마셍까

※「〜てもらえませんか」를 더욱 정중하게 말할 때는 「〜ていただけませんか」라고 한다.

🌸 얼마입니까?

1565

おいくらですか。
오이꾸라데스까

Unit2 버스를 이용할 때

시내를 자유롭게 이동하려면 시내버스가 싸고 편리하므로 관광안내소 등에서 노선도를 받아두자. 일본에서는 요금을 직접 요금함에 넣는 경우가 대부분이고, 시내버스 요금은 대부분 정해져 있지만 지역에 따라 거리별로 요금이 달라지므로 버스를 탈 때 미리 표를 받아두었다가 계산하면 된다.

🌸 어느 버스를 타면 됩니까?

1566

どのバスに 乗れば いいですか。
도노 바스니　　노레바　　이-데스까

※〜に乗(の)る 〜을 타다

🌸 갈아타야 합니까?

1567

乗り換えなければ なりませんか。
노리까에나께레바　　나리마셍까

※〜なければなりませんか 〜하지 않으면 안 됩니까?

🌸 여기서 내려요.

1568

ここで 降ります。
고꼬데　　오리마스

🌸 버스 터미널은 어디에 있습니까?

1569

バスターミナルは どこに ありますか。
바스타-미나루와　　도꼬니 아리마스까

돌아오는 버스는 어디서 탑니까?

帰りのバスは どこから 乗るのですか。

가에리노 바스와　도꼬까라　노루노데스까

거기에 가는 직행버스는 있나요?

そこへ 行く 直通バスは ありますか。

소꼬에　이꾸　쵸꾸쓰-바스와　아리마스까

도착하면 알려 주세요.

着いたら 教えてください。

쓰이따라　오시에떼 구다사이

> ※「たら」는 앞서 배운 가정형의 「ば」와 거의 비슷하지만 용법에서 차이가 있다. 「ば」는 일반적인 사실을 나타내는 데에 비해, 「たら」는 개별적인 경우 등에 쓰인다.

버스는 어디서 대기하고 있습니까?

バスは どこで 待っていてくれるのですか。

바스와　도꼬데　맛떼이떼 구레루노데스까

호텔까지 데리러 와 줍니까?

ホテルまで 迎えに 来てくれるのですか。

호떼루마데　무까에니　기떼 구레루노데스까

Unit3 지하철 · 전철을 이용할 때

일본은 지상으로 달리는 열차를 덴샤(電車), 지하로 달리는 열차를 치카테쯔(地下鉄)로 구분한다. 일본의 대도시에는 지하철과 전철이 거미줄처럼 얽혀 있기 때문에 자신이 가고자 하는 목적지를 잘 선택해서 타야 한다. 잘 모를 경우에는 창구에서 물어보거나, 노선도를 잘 이용하면 편리한 교통수단이 될 것이다.

전철 노선도를 주시겠습니까?

電車の路線図を ください。

덴샤노 로센즈오　구다사이

❄ 이 근처에 지하철역이 있습니까?

この近くに 地下鉄の駅は ありませんか。

고노 치까꾸니　치까떼즈노 에끼와　아리마셍까

※일본에서는 지하로 달리는 전동열차를 「地下鉄(ちかてつ)」라고 하고, 지상으로 달리는 전동열차를 「電車(でんしゃ)」라고 구분하여 부른다.

❄ 자동매표기는 어디에 있습니까?

切符販売機は どこですか。

깁뿌함바이끼와　도꼬데스까

❄ 신주쿠로 가려면 어느 선을 타면 됩니까?

新宿へ 行くには どの線に 乗ればいいですか。

신쥬꾸에　이꾸니와　도노센니　노레바 이-데스까

❄ 우에노공원으로 가려면 어디로 나가면 됩니까?

上野公園へ 行くには どこから 出たらいいですか。

우에노 코-엥에　이꾸니와　도꼬까라　데따라 이-데스까

❄ 동쪽 출구로 나가세요.

東口に 出てください。

히가시구찌니 데떼 구다사이

※일본의 지하철이나 전철역의 출입구는 동서남북으로 표시되어 있다.
東口(ひがしぐち)　西口(にしぐち)　南口(みなみぐち)　北口(きたぐち)

❄ 어디서 갈아탑니까?

どこで 乗り換えるのですか。

도꼬데　노리까에루노데스까

❄ 이 지하철은 시부야 역에 섭니까?

この電車は 渋谷駅に 止まりますか。

고노 덴샤와　시부야에끼니　도마리마스까

❄ 표를 잃어버렸습니다.

切符を なくしました。

깁뿌오　나꾸시마시따

지하철에 가방을 두고 내렸습니다.

地下鉄に かばんを 忘れました。
치까테쯔니　가방오　와스레마시따

Unit4 열차를 이용할 때

대도시 주위를 운행하는 근거리 열차는 지하철이나 전철처럼 바로 표를 구입할 수 있지만, 신칸셍(新幹線), 신토카이셍(新東海道線), 도호쿠셍(東北線)과 같은 장거리 열차와 고속열차는 좌석을 미리 예약해 두어야 하며, 지정석은 추가요금을 지불해야 한다.

✿ 매표소는 어디입니까?
1585 切符売り場は どこですか。
깁뿌우리바와　　도꼬데스까

✿ 오사카까지 편도 주세요.
1586 大阪までの 片道切符を ください。
오-사까마데노　가따미찌 깁뿌오　구다사이

✿ 예약 창구는 어디입니까?
1587 予約の 窓口は どこですか。
요야꾸노 마도구찌와　도꼬데스까

✿ 1등석을 주세요.
1588 一等席を ください。
잇또-세끼오　구다사이

✿ 더 이른 열차는 있습니까?
1589 もっと 早い列車は ありますか。
못또　　하야이 렛샤와　아리마스까

🌸 급행열차입니까?

¹⁵⁹⁰ きゅうこうれっしゃ
急行列車ですか。

큐-꼬-렛샤데스까

🌸 3번 홈은 어디입니까?

¹⁵⁹¹ ばん
3番ホームは どこですか。

삼방 호-무와　　　도꼬데스까

🌸 이건 오사카행입니까?

¹⁵⁹² おおさか ゆ
これは 大阪行きですか。

고레와　　　오-사까유끼데스까

※「〜行き」는 장소를 나타내는 말에 붙어 그곳으로 감을 나타낸다.

🌸 도중에 하차할 수 있습니까?

¹⁵⁹³ と ちゅう げ しゃ
途中下車は できますか。

도쮸-게샤와　　　데끼마스까

🌸 열차를 놓쳤습니다.

¹⁵⁹⁴ の おく
乗り遅れてしまいました。

노리오꾸레떼 시마이마시따

🌸 거기는 제 자리입니다.

¹⁵⁹⁵ わたし せき
そこは 私の 席です。

소꼬와　　　와따시노 세끼데스

항공기는 설령 예약을 해 두었더라도 여행지 또는 환승지에 3일 이상 체재하는 경우에는 출발 72시간 전에 다음 목적지까지의 예약을 항공사에 재확인해야 한다(reconfirm). 재확인을 하지 않으면 예약이 자동으로 취소되거나 예약이 되어 있지 않는 경우도 있다.

🌸 비행기 예약을 부탁합니다.
1596
フライトの予約を お願いします。
후라이또노 요야꾸오　오네가이시마스

🌸 내일 홋카이도행 비행기 있습니까?
1597
明日の 北海道行きの 便は ありますか。
아시따노　혹까이도 유끼노　빙와　아리마스까

🌸 일찍 가는 비행기로 부탁합니다.
1598
早い便を お願いします。
하야이 빙오　오네가이 시마스

🌸 성함과 편명을 말씀하십시오.
1599
お名前と 便名を どうぞ。
오나마에또　빔메-오　도-조

🌸 출발시간을 확인하고 싶은데요.
1600
出発時刻を 確認したいのですが。
슛빠쯔지꼬꾸오　카꾸닌시따이노데스가

🌸 일본항공 카운터는 어디입니까?
1601
日本航空のカウンターは どこですか。
니홍코-꾸-노 카운따-와　도꼬데스까

🌸 지금 체크인할 수 있습니까?
1602
今 チェックインできますか。
이마 첵꾸인 데끼마스까

🌸 항공권은 가지고 계십니까?

1603 **航空券は お持ちですか。**
코-꾸껭와　오모찌데스까

🌸 금연석 통로 쪽으로 부탁합니다.

1604 **禁煙席の通路側を お願いします。**
킹엔세끼노 쓰-로가와오　오네가이시마스

🌸 이 짐은 기내로 가지고 갑니다.

1605 **この荷物は 機内持ち込みです。**
고노 니모쯔와　기나이 모찌꼬미데스

🌸 요금은 어떻게 됩니까?

1606 **料金は どうなりますか。**
료-낑와　도- 나리마스까

🌸 몇 번 출구로 나가면 됩니까?

1607 **何番ゲートに 行けば いいのですか。**
남반게-또니　이께바　이-노데스까

🌸 이건 센다이 행 출구입니까?

1608 **これは 仙台行きの ゲートですか。**
고레와　센다이 유끼노　게-또데스까

🌸 비행은 예정대로 출발합니까?

1609 **フライトは 予定どおりに 出発しますか。**
후라이또와　요떼- 도-리니　슛빠쯔시마스까

🌸 이 짐을 맡길게요.

1610 **この荷物を 預けます。**
고노 니모쯔오　아즈께마스

🌸 탑승이 시작되었나요?

1611 **搭乗は 始まっていますか。**
토-죠-와　하지맛떼 이마스까

Chapter 05 자동차를 운전할 때

　　　여기서는 렌터카를 빌릴 때, 주유소(ガソリンスタンド)에서 기름을 넣을 때, 운전을 하면서 부딪치는 교통위반이나 사고, 주정차, 세차, 보험 등 운전에 관한 표현을 익히도록 했습니다. 사고가 났을 때 유용하게 쓸 수 있는 표현으로는 事故よ! 助けて!가 있습니다. 차를 빌려서 관광을 할 경우에는 우리와 교통의 흐름이 반대이므로 주의해서 운전을 해야 합니다. 따라서 운전석도 우리는 왼쪽에 있지만, 일본은 오른쪽에 있습니다.

Unit1 렌터카를 이용할 때

　　　렌터카를 빌릴 때는 여권과 국제면허증이 필요하다. 만일을 대비하여 보험도 잊지 말고 꼭 들어두자. 관광시즌에는 한국에서 출발하기 전에 미리 렌터카 회사에 예약을 해 두는 게 좋다. 신청할 때는 지불보증으로서 신용카드를 요구하는 경우가 많으므로 카드를 준비해 두자.

🌸 (공항에서) 렌터카 카운터는 어디에 있습니까?

1612

レンタカーの　カウンターは　どこですか。
렌따카-노　　　　카운따-와　　　　도꼬데스까

🌸 어느 정도 운전할 예정이십니까?

1613

どのくらい　ドライブする　予定ですか。
도노쿠라이　　　도라이부스루　　　요떼-데스까

※동사의 기본형에 「予定(よてい)だ」가 접속하면 「~할 예정이다」의 뜻으로 이미 확정된 예정을 나타낸다. 그러나 「つもりだ」가 접속하면 아직 확정되지 않은 예정을 말할 때 쓰인다.

🌸 차를 3일간 빌리고 싶습니다.

1614

車を　三日間　借りたいです。
구루마오　믹까깡　　가리따이데스

🌸 이것이 제 국제운전면허증입니다.

1615
これが 私の 国際運転免許証です。
わたし こくさいうんてんめんきょしょう
고레가 와따시노 고꾸사이 운뗌 멩꾜쇼―데스

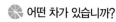

🌸 어떤 차가 있습니까?

1616
どんな 車が ありますか。
くるま
돈나 구루마가 아리마스까

🌸 렌터카 목록을 보여 주시겠어요?

1617
レンタカーリストを 見せてもらえますか。
み
렌따카― 리스또오 미세떼 모라에마스까

🌸 어떤 타입의 차가 좋으시겠습니까?

1618
どのタイプの 車が よろしいですか。
くるま
도노 타이뿌노 구루마가 요로시―데스까

🌸 중형차를 빌리고 싶은데요.

1619
中型車を 借りたいのですが。
ちゅうがたしゃ か
츄―가따샤오 가리따이노데스가

※小型車 소형차 ↔ 大型車(おおがたしゃ) 대형차

🌸 오토매틱밖에 운전하지 못합니다.

1620
オートマチックしか 運転できません。
うんてん
오―또마칙꾸시까 운뗀 데끼마셍

PART6 통신과 교통에 관한 표현

✿ 선불이 필요합니까?

1621 前金が 必要ですか。
마에낑가　히쯔요-데스까

✿ 보증금은 얼마입니까?

1622 保証金は いくらですか。
호쇼-낑와　　이꾸라데스까

✿ 1주간 요금은 얼마입니까?

1623 一週間の 料金は いくらですか。
잇슈-깐노　　로-낑와　이꾸라데스까

✿ 특별요금은 있습니까?

1624 特別料金は ありますか。
토꾸베쯔료-낑와　아리마스까

✿ 그 요금에 보험은 포함되어 있습니까?

1625 その料金に 保険は 含まれていますか。
소노 로-낑니　호껜와　후꾸마레떼 이마스까

✿ 종합보험을 들어 주십시오.

1626 総合保険を かけてください。
소-고-호껜오　　가께떼 구다사이

※保険をかける 보험을 들다

여기서는 주유소에서 기름을 넣을 때, 주정차, 세차 등의 표현을 익힌다. 차를 빌려서 관광을 할 경우에는 우리와 교통의 흐름이 반대이므로 주의해서 운전을 해야 한다. 따라서 운전석도 우리는 왼쪽에 있지만, 일본은 오른쪽에 있다.

❁ 긴급연락처를 알려 주시겠어요?

1627
緊急連絡先を 教えてください。
킹뀨ー렌라꾸사끼오   오시에떼 구다사이

❁ 도로지도를 주시겠습니까?

1628
道路地図を いただけますか。
도ー로치즈오   이따다께마스까

❁ 닛코는 어느 길로 가면 됩니까?

1629
日光へは どの道を 行けば いいですか。
닉꼬ー에와   도노 미찌오   이께바   이ー데스까

❁ 5호선으로 남쪽으로 가세요.

1630
5号線で 南へ 行ってください。
고 고ー센데   미나미에 잇떼 구다사이

❁ 곧장입니까, 아니면 왼쪽입니까?

1631
まっすぐですか、それとも 左ですか。
맛스구데스까   소레또모   히다리데스까

❁ 하코네까지 몇 킬로미터입니까?

1632
箱根まで 何キロですか。
하코네마데   낭키로데스까

❁ 차로 후지산까지 어느 정도 걸립니까?

1633
車で 富士山まで どのくらい かかりますか。
구루마데 후지삼마데   도노쿠라이   가까리마스까

가장 가까운 교차로는 어디입니까?

いちばん 近い 交差点は どこですか。
이찌반　치까이　코ー사뗑와　도꼬데스까

Unit5 주유 · 주차할 때

🌀 이 근처에 주유소가 있습니까?

1635

この近くに ガソリンスタンドは ありますか。
고노 치까꾸니　가소린스딴도와　아리마스까

🌀 가득 넣어 주세요.

1636

満タンにしてください。
만딴니 시떼 구다사이

> ※満タン 탱크에 가득 채움, タン은 タンク(tank)의 약어

🌀 선불입니까, 후불입니까?

1637

先払ですか、後払いですか。
사끼바라이데스까　아또바라이데스까

🌀 여기에 주차해도 됩니까?

1638

ここに 車を 駐車しても いいですか。
고꼬니　구루마오 츄ー샤시떼모　이ー데스까

Unit6 차가 고장났을 때

 배터리가 떨어졌습니다.

1639
バッテリーが あがってしまいました。
밧떼리-가　　　아갓떼 시마이마시따

※バッテリーがあがる 배터리가 떨어지다(다 닳다)

 펑크가 났습니다.

1640
パンクしました。
팡꾸시마시따

 시동이 걸리지 않습니다.

1641
エンジンが かからないんです。
엔징가　　　　가까라나인데스

※エンジンをかける 시동을 걸다

 브레이크가 잘 안 듣습니다.

1642
ブレーキのききが あまいです。
부레-끼노 기끼가　　　　아마이데스

※ブレーキをかける 브레이크를 걸다

 고칠 수 있습니까?

1643
修理できますか。
슈-리 데끼마스까

 차를 돌려드리겠습니다.

1644
車を 返します。
구루마오 가에시마스

PART 7

여행과 출장에 관한 표현

Chapter

일본으로 여행은 그 자체만으로 가슴을 설레게 합니다. 막연하게 아무런 준비 없이 여행이나 출장을 떠나는 것보다는 기본적인 일본어 회화를 익혀두어야 함은 물론이고, 또한 여행 계획을 잘 짜두어야 훨씬 안전하고 즐거운 여행을 할 수 있습니다. 따라서 여기서는 여행시 필요한 숙박, 쇼핑, 관광 등에 관한 다양한 표현을 익히도록 하였습니다.

Chapter 01 출국 비행기 안에서

한국 출발의 항공회사(airline/carrier)의 편(flight)에는 대개 한국인 승무원이 탑승하고 있어서 말이 통하지 않아도 큰 불편은 없습니다. 비행기를 처음 타거나 배정된 좌석을 찾기 힘들 땐 항상 항공사 스튜어디스에게 도움을 청하면 됩니다. 만약 외국비행기에 탑승했을 경우 의사소통이 어렵더라도 좌석권을 스튜어디스에게 보여 주기만 하면 직원들이 알아듣고 서비스를 제공해 줍니다. 승무원을 호출할 때 호출버튼을 이용하여 스튜어디스를 호출하면 됩니다.

Unit1 기내 서비스를 받을 때

출국심사를 마치고 비행기에 탑승하면 이제 한국 땅을 떠나게 된다. 국제선의 기내는 그 항공사가 소속하는 나라의 영토 취급을 한다. 한국 출발의 외국 항공회사(airline/carrier)의 편(flight)에는 대개 한국인 승무원이 탑승하고 있어서 말이 통하지 않아 불편한 점은 그다지 없다.

🌸 음료는 뭐가 좋겠습니까?

1645
お飲み物は 何が いいですか。
오노미모노와　나니가 이-데스까

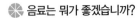

※동사의 중지형에 「物(もの)」가 접속하면 「~할 것」이라는 뜻의 명사가 된다.

🌸 어떤 음료가 있습니까?

1646
どんな 飲み物が ありますか。
돈나　노미모노가　아리마스까

🌸 맥주를 주시겠습니까?

1647
ビールを いただけますか。
비-루오　이따다께마스까

※상대에게 요구를 할 때 직접적인 「ください」를 쓰는 것보다 완곡하게 「いただけますか」를 쓰는 것이 훨씬 정중한 표현이 된다.

🌸 베개와 모포를 주세요.

1648 枕と 毛布を ください。
まくら もうふ
마꾸라또 모-후오   구다사이

🌸 한국어 신문은 있습니까?

1649 韓国語の新聞は ありますか。
かんこく ご   しんぶん
캉꼬꾸고노 심붕와   아리마스까

🌸 식사는 언제 나옵니까?

1650 食事は いつ 出ますか。
しょく じ   で
쇼꾸지와   이쯔   데마스까

🌸 식사는 필요 없습니다.

1651 食事は 要りません。
しょく じ   い
쇼꾸지와   이리마셍

🌸 식사는 다 하셨습니까?

1652 食事は お済みですか。
しょく じ   す
쇼꾸지와   오스미데스까

Unit2 입국카드 작성과 면세품을 구입할 때

입국카드를 비행기에서 미리 작성해 두면 입국심사를 받을 때 별다른 질문을 받지 않고도 통과할 수 있으므로 기내에서 작성해 두는 것이 좋다. 또한 선물용으로 면세품을 기내에서 구입할 수 있으므로 미리 사 두는 게 좋다.

🌸 이것은 입국카드입니까?

1653 これは 入国カードですか。
にゅうこく
고레와   뉴-꼬꾸 카-도데스까

🌸 이 서류 작성법을 가르쳐 주시겠어요?

1654 この書類の 書き方を 教えてください。
しょるい   か   かた   おし
고노 쇼루이노   가키까따오   오시에떼 구다사이

기내에서 면세품을 판매합니까?

免税品を 機内販売 していますか。
めんぜいひん　き ないはんばい

멘제-힝오　기나이 함바이 시떼 이마스까

💮 어떤 담배가 있습니까?

1656

どんな タバコが ありますか。

돈나　다바꼬가　아리마스까

💮 (면세품 사진을 가리키며) 이것은 있습니까?

1657

これは ありますか。

고레와　아리마스까

※이 표현은 면세품 카탈로그를 보면서 물건을 구입할 때 쓰는 표현이다.

Unit3 몸이 불편하거나 궁금한 사항을 물을 때

💮 비행기 멀미약은 있습니까?

1658 飛行機酔いの薬は ありますか。
ひ こうき よ　くすり

히꼬-끼요이노 구스리와　아리마스까

💮 좀 몸이 불편합니다. 약을 주시겠어요?

1659 少し 気分が 悪いのです。 何か 薬を ください。
すこ　き ぶん　わる　なん　くすり

스꼬시 기붕가　와루이노데스　낭까　구스리오 구다사이

💮 추운(더운)데요.

1660 寒い(暑い)のですが。
さむ　あつ

사무이(아쯔이)노데스가

💮 아까 부탁한 물이 아직 안 나왔습니다.

1661 先ほど 頼んだ 水が まだです。
さき　たの　みず

사끼호도　다논다　미즈가 마다데스

✿ 헤드폰 상태가 안 좋습니다.

1662

ヘッドホーンの調子が 悪いです。
헷도호ー∟노 쵸ー시가　　와루이데스

✿ 비행은 예정대로입니까?

1663

フライトは 時間どおりですか。
후라이또와　　지깐 도ー리데스까

Unit4 페리(선박)를 이용할 때

한일공동승차권(직행표)으로 서울 및 전국 주요 도시에서 철도 → 부산 → 부관훼리 → 시모노세키 → 신간선(신깐센) → 도쿄 및 전국 주요 도시까지 경제적이고 편리한 일본여행 루트를 이용할 수 있다.

✿ (승선권을 보이며) 제 선실은 어딘가요?

1664

私の 船室は どこですか。
와따시노 센시쯔와　　도꼬데스까

✿ 어느 것이 제 침구입니까?

1665

どれが 私の 寝具ですか。
도레가　　와따시노 싱구데스까

✿ 매점은 어디에 있습니까?

1666

売店は どこに ありますか。
바이뗀와　　도꼬니　　아리마스까

✿ 식당은 있습니까?

1667

食堂は ありますか。
쇼꾸도ー와　　아리마스까

✿ 파도는 거칩니까?

1668

波は 荒いですか。
나미와　아라이데스까

뱃멀미가 납니다.

船酔いにかかりました。
후나요이니 가까리마시따

(뱃멀미로) 토할 것 같습니다.

1670
吐きそうです。
하끼소-데스

의무실로 데리고 가 주십시오.

1671
医務室へ 連れて いってください。
이무시쯔에   쓰레떼   잇떼 구다사이

Japanese Conversation for Beginners

Chapter 02 공항에 도착해서

　　　여행 목적지에 도착해서 세관통과와 입국심사를 받을 때 주고받는 대화 등에 대해서 예비지식을 갖출 필요가 있습니다. 外国人이라고 표시한 곳에 줄을 서서 여권과 출입국신고서를 제출하면 입국심사에서는 여권 및 비자의 유효기간을 검사하고 입국목적, 체재기간 등을 묻습니다. 그러나 미리 출입국신고서에 방문목적, 체재기간, 묵을 곳의 주소, 이름, 전화 등을 정확히 기재하면 별도의 질문을 받지 않습니다. 입국허가 스탬프를 받고 세관검사를 받게 됩니다.

Unit1 입국심사를 받을 때

　　外国人이라고 표시한 곳에 줄을 서서 여권과 출입국신고서를 제출하면 입국심사에서는 여권·비자의 유효기간을 검사하고 입국목적, 체재기간 등을 묻는다. 미리 출입국신고서에 방문목적, 체재기간, 묵을 곳의 주소, 이름, 전화 등을 정확히 기재하면 별도의 질문을 받지 않아도 된다.

❁ 여권을 보여 주십시오.

1672

パスポートを 見^みせてください。
파스뽀-또오 　　미세떼 구다사이

　※パスポート(passport)=旅券(りょけん)　ビザ(visa)=入国査証(にゅうこくさしょう)

❁ 입국 목적은 무엇입니까?

1673

にゅうこく　もくてき　なん
入国の 目的は 何ですか。
뉴-꼬꾸노　목떼끼와　난데스까

　※訪問(ほうもん)の 目的(もくてき) 방문 목적

❁ 얼마나 체류하십니까?

1674

なんにちかん　　たいざい
何日間の 滞在ですか。
난니찌깡노　　타이자이데스까

PART7 여행과 출장에 관한 표현

공항에 도착해서　**321**

어디에 머무십니까?

どこに 滞在しますか。
도꼬니　타이자이시마스까

🌼 (메모를 보이며) 숙박처는 이 호텔입니다.

1676　宿泊先は この ホテルです。
슈꾸하꾸사끼와 고노　호떼루데스

🌼 (호텔은) 아직 정하지 않았습니다.

1677　まだ 決めていません。
마다　기메떼 이마셍

※우리말의 「아직 ~하지 않았습니다」는 「まだ ~ていません」으로 표현하므로 직역하여 과거로 표현하지 않도록 주의한다.

🌼 (호텔은) 단체여행이라서 모릅니다.

1678　団体旅行なので わかりません。
단따이료꼬―나노데　와까리마셍

🌼 현금은 얼마나 가지고 있습니까?

1679　現金は いくら 持っていますか。
겡낑와　이꾸라　못떼 이마스까

🌼 일본은 처음입니까?

1680　日本は 初めてですか。
니홍와　하지메떼데스까

Unit2 짐을 찾을 때

입국심사가 끝나면 **ターンテーブル**가 있는 곳으로 가서 자신이 타고 온 항공사와 편명이 표시된 턴테이블로 짐이 나오므로 그 주위에서 기다렸다 찾으면 된다.

🌸 짐은 어디서 찾습니까?

1681
手荷物は どこで 受け取りますか。
테니모쯔와　도꼬데　우께또리마스까

🌸 이건 714편 턴테이블입니까?

1682
これは 714便の ターンテーブルですか。
고레와　나나햐꾸쥬-욘빈노 타-ㄴ테-부르데스까

🌸 714편 짐은 나왔습니까?

1683
714便の 荷物は もう 出てきましたか。
나나햐꾸 쥬-욘빈노 니모쯔와 모- 데떼 키마시따까

🌸 제 짐이 보이지 않습니다.

1684
私の 手荷物が 見つかりません。
와따시노 데니모쯔가　미쯔까리마셍

🌸 이게 수화물인환증입니다.

1685
これが 手荷物引換証です。
고레가　데니모쯔 히끼까에쇼-데스

🌸 당장 보상해 주세요.

1686
当座の 補償を してください。
도-자노　호쇼-오　시떼 구다사이

자신의 짐을 다 찾은 후에는 세관 카운터 앞으로 가서 직원에게 짐과 여권을 건네준다. 배낭을 든 여행자의 경우에는 대부분 그냥 통과할 수 있다. 세관 신고 때 짐을 열어보는 경우는 거의 없지만, 만약 과세 대상이 있어도 신고를 하지 않았다가 적발될 경우에는 압류를 당하거나 무거운 벌금을 물게 되므로 주의한다.

❀ 여권과 신고서를 보여 주십시오.

1687

パスポートと 申告書を 拝見します。
파스뽀―또또　　싱꼬꾸쇼오　　하이껜시마스

※「拝見(はいけん)する」는「見(み)る」의 겸양어이다.

❀ 세관신고서는 가지고 계십니까?

1688

税関申告書を お持ちですか。
제―깐싱꼬꾸쇼오　　오모찌데스까

❀ 신고할 것은 있습니까?

1689

申告するものは ありますか。
싱꼬꾸스루 모노와　　아리마스까

❀ 이 가방을 열어 주십시오.

1690

このバッグを 開けてください。
고노 박구오　　아께떼 구다사이

❀ 내용물은 무엇입니까?

1691

中身は 何ですか。
나까미와　　난데스까

❀ 이건 뭡니까?

1692

これは 何ですか。
고레와　　난데스까

 다른 짐은 있나요?

1693
他に 荷物は ありますか。
<small>ほか にもつ</small>

호까니 니모쯔와 아리마스까

 이건 과세 대상이 됩니다.

1694
これは 課税対象となります。
<small>か ぜいたいしょう</small>

고레와 가제-타이쇼-또 나리마스

 과세액은 얼마입니까?

1695
課税額は いくらですか。
<small>か ぜいがく</small>

카제-가꾸와 이꾸라데스까

Unit4 공항 내의 관광안내소에서

 관광안내소는 어디에 있습니까?

1696
観光案内所は どこですか。
<small>かんこうあんないじょ</small>

캉꼬-안나이죠와 도꼬데스까

 시가 지도와 관광 팸플릿을 주시겠어요?

1697
市街地図と 観光パンフレットを ください。
<small>しがいちず かんこう</small>

시가이치즈또 캉꼬- 팡후렛또오 구다사이

 매표소는 어디에 있습니까?

1698
切符売場は どこですか。
<small>きっぷうりば</small>

깁뿌우리바와 도꼬데스까

 호텔 리스트는 있습니까?

1699
ホテルリストは ありますか。

호떼루리스또와 아리마스까

 여기서 렌터카를 예약할 수 있습까?

1700
ここでレンタカーの 予約が できますか。
<small>よやく</small>

고꼬데 렌따카-노 요야꾸가 데끼마스까

🌸 포터를 찾고 있습니다.

1701
ポーターを 探しています。
포―따―오　　　사가시떼 이마스

🌸 이 짐을 택시승강장까지 옮겨 주세요.

1702
この荷物を タクシー乗り場まで 運んでください。
고노 니모쯔오　　타꾸시― 노리바마데　　　　하꼰데 구다사이

🌸 이 짐을 버스정류소까지 옮겨 주세요.

1703
この荷物を バス乗り場まで 運んでください。
고노 니모쯔오　　바스 노리바마데　　　하꼰데 구다사이

🌸 카트는 어디에 있습니까?

1704
カートは どこに ありますか。
카―또와　　도꼬니　　아리마스까

🌸 짐을 호텔로 보내 주세요.

1705
荷物を ホテルに 届けてください。
니모쯔오　　호떼루니　　토도께떼 구다사이

Japanese Conversation for Beginners

호텔을 이용할 때

호텔의 예약과 체크인, 프런트나 보이와의 대화에서 지불을 마치고 체크아웃할 때까지 일본을 여행하면서 관광을 즐기는 데 필요한 표현을 익히도록 합시다. 호텔에 도착하면 프런트에 가서 予約しましたが라며 이름을 말하고 예약을 확인합니다. 호텔에 머물면서 필요한 것을 부탁하고자 할 때는 …をお願いします라고 하면 됩니다. 호텔에는 안내문 및 룸서비스에 대한 세부사항이 적힌 리스트가 놓여 있는데 이것을 잘 이용하도록 합시다.

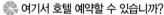

Unit1 관광안내소에서 호텔을 예약할 때

호텔을 현지에서 찾을 때는 공항이나 시내의 観光案内所(Tourist Information)에서 물어보도록 하자. 예약을 해 주는 곳도 있기는 하지만, 우선 가능하면 한국에서 출발하기 전에 예약을 해 두는 것이 좋다. 예약할 때는 요금, 입지, 치안 등을 고려해서 정하도록 하자.

 여기서 호텔 예약할 수 있습니까?

1706

ここで ホテルの 予約が できますか。

고꼬데　　호떼루노　　요야꾸가　데끼마스까

공항까지 데리러 옵니까?

1707

空港まで 迎えに 来てくれますか。

쿠-꼬우마데　　무까에니　　기떼 구레마스까

※동사의 중지형에 조사 「に」를 접속하고 이동을 나타내는 동사 「行(い)く、来(く)る、帰(かえ)る」 등이 오면 「~하러」의 뜻으로 동작의 목적을 나타낸다.

그 호텔은 어디에 있습니까?

1708

そのホテルは どこに ありますか。

소노 호떼루와　　　　도꼬니　　아리마스까

다른 호텔을 소개해 주십시오.

他のホテルを　紹介してください。
<ruby>他<rt>ほか</rt></ruby>のホテルを　<ruby>紹介<rt>しょうかい</rt></ruby>してください。
호까노 호떼루오　쇼-까이시떼 구다사이

Unit2　전화로 호텔을 예약할 때

❀ 오늘 밤, 빈방 있습니까?

1710　<ruby>今夜<rt>こん や</rt></ruby>、<ruby>空<rt>あ</rt></ruby>き<ruby>部屋<rt>べ や</rt></ruby>は　ありますか。
공야　아끼베야와　아리마스까

❀ 숙박요금은 얼마입니까?

1711　<ruby>宿泊料金<rt>しゅくはくりょうきん</rt></ruby>は　おいくらですか。
슈꾸하꾸료-낑와　오이꾸라데스까

❀ 1박에 얼마입니까?

1712　<ruby>一泊<rt>いっぱく</rt></ruby>　いくらですか。
입빠꾸　이꾸라데스까

　　※「一泊(いっぱく)　三泊(さんぱく)　六泊(ろっぱく)　八白(はっぱく)　十泊(じっぱく)」의
　　　발음에 주의한다.

❀ 요금에 조식은 포함되어 있나요?

1713　<ruby>料金<rt>りょうきん</rt></ruby>に　<ruby>朝食<rt>ちょうしょく</rt></ruby>は　<ruby>含<rt>ふく</rt></ruby>まれていますか。
료-낑니　쵸-쇼꾸와　후꾸마레떼 이마스까

❀ 봉사료와 세금은 포함되어 있습니까?

1714　サービス<ruby>料<rt>りょう</rt></ruby>と　<ruby>税金<rt>ぜいきん</rt></ruby>は　<ruby>含<rt>ふく</rt></ruby>まれていますか。
사-비스료-또　제-낑와　후꾸마레떼 이마스까

❀ 예약을 하고 싶은데요.

1715　<ruby>予約<rt>よ やく</rt></ruby>を　したいのですが。
요야꾸오　시따이노데스가

✿ 몇 박을 하실 겁니까?

1716
何泊なさいますか。
남빠꾸 나사이마스까

✿ 오늘 밤부터 2박 할 겁니다.

1717
今晩から 二泊します。
곰방까라　　니하꾸시마스

Unit3 프런트에서 체크인할 때

호텔의 체크인 시각은 보통 오후 2시부터이다. 호텔 도착 시간이 오후 6시를 넘을 때는 예약이 취소되는 경우도 있으므로 늦을 경우에는 호텔에 도착시간을 전화로 알려두는 것이 좋다. 방의 형태, 설비, 요금, 체재 예정 등을 체크인할 때 확인하도록 하자.

✿ 예약은 하셨습니까?

1718
予約は されていますか。
요야꾸와　　사레떼 이마스까

✿ 예약은 한국에서 했습니다.

1719
予約は 韓国で 済ませました。
요야꾸와　캉꼬꾸데　스마세마시다

✿ 아직 예약을 하지 않았습니다.

1720
まだ 予約は していません。
마다　요야꾸와　시떼 이마셍

✿ 오늘밤 빈방은 있습니까?

1721
今夜、空き部屋は ありますか。
공야　아끼베야와　　아리마스까

성함을 말씀하십시오.

お名前を どうぞ。
오나마에오　　　도-조

※「どうぞ」는 상대에게 권유하거나 부탁할 때 등에 쓰이는 아주 간편한 말이다.

Unit4 방을 결정할 때

🌸 조용한 방으로 부탁합니다.

1723
静かな 部屋を お願いします。
시즈까나　　헤야오　　오네가이 시마스

🌸 전망이 좋은 방으로 부탁합니다.

1724
眺めのいい 部屋を お願いします。
나가메노 이-　　헤야오　　오네가이 시마스

🌸 방을 보여 주세요.

1725
部屋を 見せてください。
헤야오　　미세떼 구다사이

🌸 좀더 좋은 방은 없습니까?

1726
もっと よい部屋は ありませんか。
못또　　요이 헤야와　　아리마셍까

🌸 좀더 큰 방으로 바꿔 주세요.

1727
もう少し 大きい部屋に かえてください。
모- 스꼬시　　오-끼- 헤야니　　가에떼 구다사이

🌸 이 방으로 하겠습니다.

1728
この 部屋に します。
고노　　헤야니　　시마스

🌸 숙박카드에 기입해 주십시오.

¹⁷²⁹ 宿泊カードに ご記入ください。

슈꾸하꾸 카-도니　고키뉴- 구다사이

🌸 귀중품을 보관해 주시겠어요?

¹⁷³⁰ 貴重品を 預かってもらえますか。

기쬬힝오　아즈깟떼 모라에마스까

🌸 짐을 방까지 옮겨 주겠어요?

¹⁷³¹ 荷物を 部屋まで 運んでくれますか。

니모쯔오　헤야마데　하꼰데 구레마스까

🌸 여기가 손님방입니다.

¹⁷³² こちらが お客様の お部屋になります。

고찌라가　오캬꾸사마노　오헤야니 나리마스

※우리말의 「~이(가) 되다」를 일본어로 표현할 때는 반드시 「~になる」로 표현해야 한다.

Unit5 체크인에 문제가 생겼을 때

🌸 다시 한번 확인해 주시겠어요?

¹⁷³³ もう一度 調べていただけますか。

모- 이찌도　시라베떼 이따다께마스까

※~ていただけますか ~해 주실 수 있습니까?, ~해 주시겠습니까?

🌸 예약을 취소하지 마세요.

¹⁷³⁴ 予約を 取り消さないでください。

요야꾸오　도리께사나이데 구다사이

※~ないでください ~하지 말아 주세요, ~하지 마세요

🌸 (예약되어 있지 않을 때) 다시 한번 제 예약을 확인해 주십시오.

¹⁷³⁵ もう一度私の予約を 調べてください。

모- 이찌도　와따시노 요야꾸오 시라베떼 구다사이

방을 취소하지 않았습니다.

部屋を キャンセルしていません。
헤야오　　　칸세루시떼 이마셍

🌸 다른 호텔을 찾으십시오.
1737
ほかの ホテルを 探してください。
호까노　　호떼루오　　　사가시떼 구다사이

Unit6 　룸서비스를 부탁할 때

방에 도착하면 짐을 가져다 준 보이에게 팁을 준다. 방의 설비에 대해서 모르는 점이
있으면 그때 물어보도록 하자. 요즘 호텔에서는 자동으로 모닝콜을 하는 곳이 많다.
조작을 모를 때는 프런트에 연락을 하고, 서구의 호텔 방에는 슬리퍼가 없으므로 준
비해 가도록 하자.

🌸 룸서비스를 부탁합니다.
1738
ルームサービスを お願いします。
루-무사-비스오　　　　오네가이시마스

🌸 내일 아침 8시에 아침을 먹고 싶은데요.
1739
明日の朝 8時に 朝食を 食べたいのですが。
아시따노 아사 하찌지니 쵸-쇼꾸오　　다베따이노데스가

🌸 어느 정도 시간이 걸립니까?
1740
どのくらい 時間が かかりますか。
도노쿠라이　　지깡가　　가까리마스까

🌸 세탁 서비스는 있습니까?
1741
洗濯のサービスは ありますか。
센따꾸노 사-비스와　　　아리마스까

✿ 따뜻한 마실 물이 필요한데요.

1742
飲むお湯が ほしいのですが。
노무 오유가　　　호시-노데스가

✿ 모닝콜을 부탁합니다.

1743
モーニングコールを お願いします。
모-닝구코-루오　　　　　오네가이시마스

✿ 방 번호를 말씀하십시오.

1744
お部屋番号を どうぞ。
오헤야 방고-오　　　도-조

✿ 한국으로 전화를 하고 싶은데요.

1745
韓国に 電話を かけたいのですが。
캉꼬꾸니　뎅와오　　가께따이노데스가

✿ 마사지를 부탁합니다.

1746
マッサージを お願いします。
맛사-지오　　　　오네가이시마스

✿ 식당 예약 좀 해 주시겠어요?

1747
レストランを 予約していただけますか。
레스또랑오　　　요야꾸시떼 이따다께마스까

Unit7　룸서비스가 들어올 때

✿ (노크하면) 누구십니까?

1748
どなたですか。
도나따데스까

✿ 잠시 기다리세요.

1749
ちょっと 待ってください。
춋또　　　맛떼 구다사이

들어오세요.

お入りください。
오하이리 구다사이

※요구를 나타내는 「〜てください」를 더욱 정중하게 말할 때는 「お+동사의 중지형+ください」
로 표현한다.

🌼 이건 팁입니다.

これは チップです。
고레와   칩뿌데스

Unit8 호텔의 시설을 이용할 때

호텔 내의 시설이나 설비, 서비스 내용은 체크인할 때 확인해 두도록 하자. 예약이나
트러블, 문의 사항은 대부분 프런트 데스크에 부탁하면 해결해 주지만, 클리닝, 룸서
비스 등의 내선번호는 방에 준비되어 있는 안내서에 적혀 있다.

🌼 자판기는 있습니까?

自動販売機は ありますか。
지도-함바이끼와   아리마스까

🌼 식당은 어디에 있습니까?

食堂は どこですか。
쇼꾸도-와 도꼬데스까

🌼 식당은 몇 시까지 합니까?

食堂は 何時まで 開いていますか。
쇼꾸도-와 난지마데 아이떼 이마스까

🌼 이 호텔에 테니스코트는 있습니까?

このホテルに テニスコートは ありますか。
고노 호떼루니   테니스코-또와   아리마스까

❀ 커피숍은 어디에 있습니까?

1756
コーヒーショップは どこですか。
코ー히ー숍뿌와   도꼬데스까

※喫茶店(きっさてん) 다방

❀ 바는 언제까지 합니까?

1757
バーは いつまで 開いていますか。
바ー와   이쯔마데   아이떼 이마스까

❀ 이메일을 체크하고 싶은데요.

1758
メールを チェックしたいのですが。
메ー루오   첵꾸시따이노데스가

❀ 팩스는 있습니까?

1759
ファックスは ありますか。
확꾸스와   아리마스까

❀ 여기서 관광버스 표를 살 수 있습니까?

1760
ここで 観光バスの チケットを 買えますか。
고꼬데   캉꼬ー바스노   치껫또오   가에마스까

❀ 이발소는 있습니까?

1761
理髪店は ありますか。
리하쯔뗑와   아리마스까

※美容室(びようしつ) 미용실

❀ 계산은 방으로 해 주세요.

1762
勘定は 部屋に つけて おいてください。
간죠ー와   헤야니   쓰께떼   오이떼 구다사이

호텔 방이 100% 안전하다고 과신해서는 안 된다. 비품이 제대로 갖추어져 있지 않거나 불의의 사고로 다치거나, 종업원을 가장해 방에 들어와 물건을 훔치는 경우도 적지 않다. 문제가 발생했을 때는 그냥 넘어가지 말고 반드시 프런트 데스크에 연락을 취해 해결하도록 하자.

✿ **문이 잠겨 방에 들어갈 수 없습니다.**

1763
かぎ
鍵が かかって 部屋に 入れないんです。
카기가 가깟떼　　　헤야니　　하이레나인데스

※「入れる」는「入(はい)る」의 가능형이다.

✿ **열쇠를 방에 두고 나왔습니다.**

1764
かぎ
鍵を 部屋に 忘れました。
카기오 헤야니　　와스레마시다

✿ **카드키는 어떻게 사용하죠?**

1765
カードキーは どうやって 使うのでしょう?
카―도키―와　　도―얏떼　　　쓰까우노데쇼―

※どうやって 어떻게 해서, 어떻게, 어떤 방법으로

✿ **방 번호를 잊어버렸습니다.**

1766
へ や ばんごう わす
部屋の 番号を 忘れました。
헤야노 방고―오　　와스레마시따

✿ **복도에 이상한 사람이 있습니다.**

1767
ろう か ふ しん ひと
廊下に 不審な人が います。
로―까니　후신나 히또가　　이마스

✿ **옆방이 무척 시끄럽습니다.**

1768
となりの 部屋が とても うるさいんです。
도나리노 헤야가　　도떼모　　우루사인데스

✸ 뜨거운 물이 나오지 않는데요.

1769
お湯が 出ないのですが。
오유가　　데나이노데스가

※お湯 뜨거운 물, 水(みず) 물의 총칭, 차가운 물

✸ 방을 바꿔 주세요.

1770
部屋を 替えてください。
헤야오　　가에떼 구다사이

✸ 빨리 고쳐 주세요.

1771
すぐ 修理に 来てください。
스구　　슈ー리니　　기떼 구다사이

✸ 방 청소가 아직 안 되었습니다.

1772
部屋が まだ 掃除されていません。
헤야가　　마다　　소ー지사레떼 이마셍

✸ 타월을 바꿔 주세요.

1773
タオルを 取り替えてください。
타오루오　　도리까에떼 구다사이

Unit10 체크아웃을 준비할 때

아침 일찍 호텔을 떠날 때는 가능하면 전날 밤 짐을 꾸려 다음날 아침 짐을 가지러 오도록 미리 벨캡틴에게 부탁해 두면 좋다. 택시를 부르거나 공항버스 시각을 알아두고 체크아웃 예약도 전날 밤 해 두면 편하게 출발할 수 있다.

✸ 체크아웃은 몇 시입니까?

1774
チェックアウト タイムは 何時ですか。
첵꾸아우또　　타이무와　　난지데스까

몇 시에 떠날 겁니까?

ご出発は 何時ですか。
고슛빠쯔와   난지데스까

🌸 하룻밤 더 묵고 싶은데요.

1776

もう 一泊したいのですが。
모ー   입빠꾸 시따이노데스가

🌸 하루 일찍 떠나고 싶은데요.

1777

一日早く 発ちたいのですが。
이찌니찌 하야꾸 다찌따이노데스가

🌸 오후까지 방을 쓸 수 있나요?

1778

午後まで 部屋を 使えますか。
고고마데   헤야오   쓰까에마스까

※「使える」는「使(つか)う」의 가능형이다.

🌸 오전 10시에 택시를 불러 주세요.

1779

午前 10時に タクシーを 呼んでください。
고젠   쥬ー지니 타꾸시ー오   욘데 구다사이

※タクシーを拾(ひろ)う 택시를 잡다

Unit11 체크아웃할 때

여행을 마치고 카운터로 체크아웃하러 가기 전에 방을 나갈 때는 잃은 물건이 없는
지 확인하도록 하자. 카운터에 맡긴 물건이 있으면 반드시 수취한다.

🌸 (전화로) 체크아웃을 하고 싶은데요.

1780

チェックアウトを したいのですが。
첵꾸아우또오   시따이노데스가

✿ 1234호실 홍길동입니다.
1781
1234号室の ホンギルドンです。
센니햐꾸 산쥬―용 고―시쯔노 홍기루동데스

✿ 포터를 보내 주세요.
1782
ポーターを お願いします。
뽀―따오   오네가이시마스

✿ 맡긴 귀중품을 꺼내 주세요.
1783
預けておいた 貴重品を 出してください。
아즈께떼 오이따   기쵸힝오   다시떼 구다사이

✿ 출발할 때까지 짐을 맡아 주시겠어요?
1784
出発まで 荷物を 預かってもらえますか。
슛빠쯔마데   니모쯔오   아즈깟떼 모라에마스까

✿ 방에 물건을 두고 나왔습니다.
1785
部屋に 忘れ物を しました。
헤야니   와스레모노오   시마시다

Unit12 계산을 할 때

✿ 계산을 부탁합니다.
1786
会計を お願いします。
카이께―오   오네가이시마스

✿ 신용카드도 됩니까?
1787
クレジットカードで 支払いできますか。
쿠레짓또카―도데   시하라이 데끼마스까

✿ 여행자수표도 됩니까?
1788
トラベラーズチェックで 支払いできますか。
토라베라―즈첵꾸데   시하라이 데끼마스까

전부 포함된 겁니까?

全部込みですか。

ぜん ぶ こ

젬부 꼬미데스까

계산이 틀린 것 같은데요.

1790 計算違いが あるようです。

けいさんちがい

케-산치가이가　　아루요-데스

고맙습니다. 즐겁게 보냈습니다.

1791 ありがとう。快適な 滞在でした。

たいざい

아리가또-　　카이떼끼나 타이자이데시따

Japanese Conversation for Beginners

Chapter 04 식당을 이용할 때

상대에게 함께 식사할 것을 권유할 때는 一緒に食事でもいかがですか라고 합니다. 이에 상대가 동의를 하면 식당을 정하고 예약이 가능한지 여부를 확인한 다음 식당으로 들어섭니다. 종업원의 안내에 따라 테이블이 정해지면 주문을 받게 됩니다. 메뉴를 보고 싶을 때는 종업원에게 メニューを見せてくれますか라고 하고, 주문할 요리가 정해지면 메뉴를 가리키며 これをください라고 하면 됩니다. 주문한 것과는 다른 요리가 나왔을 때는 これは注文したのと違いますよ라고 합니다.

Unit1 식당을 찾을 때

일본요리를 맛볼 수 있는 곳은 고급 레스토랑에서 저렴한 대중음식점에 이르기까지 다양하므로 자신의 취향대로 가면 된다. 일본의 대중식당의 경우 보통 바깥 쇼윈도우에 모형음식이 전시되어 있다. 일본요리는 우리와 거의 비슷한 재료를 사용해서 요리를 하지만, 대체로 맛이 달고 싱겁다.

🌸 이 근처에 맛있게 하는 음식점은 없습니까?

1792
この近くに おいしい レストランは ありませんか。
고노 치까꾸니　오이시―　레스또랑와　　　아리마셍까

🌸 이곳에 한국 식당은 있습니까?

1793
この町に 韓国レストランは ありますか。
고노 마찌니　캉꼬꾸 레스또랑와　　아리마스까

※일본에서는 우리가 흔히 말하는 食堂(しょくどう)은 구내식당을 말한다.

🌸 적당히 싸고 맛있는 가게는 있습니까?

1794
手頃な 値段で おいしい 店は ありますか。
데고로나　네당데　오이시―　미세와　아리마스까

※手頃(てごろ)な 손에 들기가 알맞은 크기나 무게, 자기의 힘에 알맞음

PART7 여행과 출장에 관한 표현

가볍게 식사를 하고 싶은데요.

軽い 食事を したいのです。
かる　しょくじ
가루이　쇼꾸지오　시따이노데스

1796 이 시간에 문을 연 가게는 있습니까?

この時間に 開いている 店は ありますか。
じ かん　　あ　　　　　　　みせ
고노 지깐니　아이떼이루　미세와 아리마스까

1797 식당이 많은 곳은 어디입니까?

レストランが 多いのは どの辺りですか。
おお　　　　　あた
레스또랑가　오-이노와　도노 아따리데스까

1798 이곳 사람들이 많이 가는 식당이 있습니까?

地元の人が よく 行く レストランは ありますか。
じ もと　ひと　　　　　い
지모또노 히또가　요꾸　이꾸　레스또랑와　아리마스까

> ※地元(じもと) 그 토지, 관계있는 지역, 자기가 살고 있는 지구

Unit2 식당을 예약할 때

가벼운 레스토랑이나 패스트푸드점 같은 곳은 예약을 하지 않고도 자유롭게 들어가
식사를 할 수 있지만, 고급 레스토랑의 경우 미리 예약을 해 두어야만 제대로 서비스
를 받을 수가 있다.

1799 그 레스토랑을 예약해 주세요.

そのレストランに 予約してください。
よ やく
소노 레스또란니　요야꾸시떼 구다사이

1800 여기서 예약할 수 있나요?

ここで 予約できますか。
よ やく
고꼬데　요야꾸 데끼마스까

✽ 오늘밤 예약하고 싶은데요.

1801
今晩、 席を 予約したいのです。
こんばん　せき　　よやく
곰방　　세끼오　요야꾸 시따이노데스

✽ (주인) 손님은 몇 분이십니까?

1802
お客様は 何人ですか。
きゃくさま　なんにん
오캬꾸사마와　난닌데스까

※さま는 존칭을 나타내는 さん의 존경어로 우리말의 「님」에 해당하다.

✽ 오후 6시 반에 5명이 갑니다.

1803
午後 6時半に 5人で 行きます。
ごご　じはん　にん　い
고고　로꾸지한니　고닌데　이끼마스

✽ 전원 같은 자리로 해 주세요.

1804
全員 いっしょの席で お願いします。
ぜんいん　せき　ねが
젠잉　잇쇼노 세끼데　　오네가이시마스

✽ 거기는 어떻게 갑니까?

1805
そちらへは どうやって 行くのですか。
い
소찌라에와　　도-얏떼　　이꾸노데스까

✽ 몇 시라면 자리가 납니까?

1806
何時なら 席を とれますか。
なんじ　せき
난지나라　세끼오　도레마스까

※なら는 명사, 형용동사, 동사의 기본형에 접속하여 가정을 나타낸다.

✽ 미안합니다. 예약을 취소하고 싶습니다.

1807
すみません、予約を 取り消したいのです。
よやく　と　け
스미마셍　　요야꾸오　도리께시따이노데스

※予約を変更(へんこう)する 예약을 변경하다

식당으로 들어서면 먼저 종업원이 예약을 확인하고 손님은 자신이 원하는 좌석을 말하면 종업의 안내에 따라 테이블이 정해지고 자리에 앉게 된다.

안녕하세요. 예약은 하셨습니까?

1808
こんばんは。 ご予約は いただいていますか。
곰방와　　　　　고요야꾸와　　이따다이떼 이마스까

예약을 하지 않았습니다.

1809
予約は しておりません。
요야꾸와　　시떼 오리마셍

몇 분이십니까?

1810
何名様ですか。
남메―사마데스까

안내해 드릴 때까지 기다려 주십시오.

1811
ご案内するまで お待ちください。
고안나이스루마데　　　오마찌 구다사이

조용한 안쪽 자리로 부탁합니다.

1812
静かな 奥の席に お願いします。
시즈까나　　오꾸노 세끼니　오네가이시마스

Unit4 메뉴를 볼 때

말이 잘 통하지 않더라도 대부분의 식당이 메뉴와 함께 그 요리에 관한 사진이 있으므로 메뉴를 보면 그 요리 내용을 대충 알 수 있다. 메뉴를 보고 싶을 때는 종업원에게 メニューを 見せてくれますか라고 한다.

메뉴 좀 보여 주세요.

1813
メニューを 見せてください。
메뉴-오　　　미세떼 구다사이

메뉴에 대해서 가르쳐 주세요.

1814
メニューについて 教えてください。
메뉴-니 쓰이떼　　　오시에떼 구다사이

이 지방의 명물요리는 있습니까?

1815
この地方の 名物料理は ありますか。
고노 치호-노　　메-부쯔료-리와　　아리마스까

무엇을 권하시겠습니까?

1816
何が おすすめですか。
나니가　오스스메데스까

나중에 다시 오실래요?

1817
また あとで 来てもらえますか。
마따　아또데　　기떼 모라에마스까

주문할 요리가 정해지면 메뉴를 가리키며 これを ください라고 하면 일본어를 모르더라도 종업원은 금방 알아차리고 요리 주문을 받을 수 있다.

🌸 (웨이터) 주문하시겠습니까?

1818
ご注文を おうかがいできますか。
고츄-몽오　오우까가이 데끼마스까

🌸 잠깐 기다려 주세요.

1819
もう ちょっと 待ってください。
모-　촛또　맛떼 구다사이

🌸 (웨이터를 부르며) 주문받으세요.

1820
注文を したいのですが。
츄-몽오　시따이노데스가

🌸 (웨이터) 음료는 무엇으로 하시겠습니까?

1821
飲み物は 何に なさいますか。
노미모노와　나니니　나사이마스까

🌸 여기서 잘하는 요리는 무엇입니까?

1822
ここの 自慢料理は 何ですか。
고꼬노　지만료-리와　난데스까

🌸 오늘 특별 요리가 있습니까?

1823
本日の 特別料理は ありますか。
혼지쯔노　토꾸베쯔료-리와　아리마스까

🌸 (메뉴를 가리키며) 이것과 이것으로 주세요.

1824
これと これを お願いします。
고레또　고레오　오네가이시마스

❋ 저도 같은 것으로 주세요.

1825
私にも 同じ物を お願いします。
와따시니모 오나지모노오 오네가이시마스

❋ 저것과 같은 요리를 주시겠어요?

1826
あれと 同じ 料理を ください。
아레또 오나지 료―리오 구다사이

❋ 빨리 됩니까?

1827
すぐ できますか。
스구 데끼마스까

❋ 이것은 무슨 요리입니까?

1828
これは どういう 料理ですか。
고레와 도―이우 료―리데스까

❋ 요리재료는 뭡니까?

1829
食材は 何ですか。
쇼꾸자이와 난데스까

❋ (웨이터) 다른 주문은 없으십니까?

1830
ほかに ご注文は ございますか。
호까니 고츄―몽와 고자이마스까

❋ 디저트는 어떻게 하시겠습니까?

1831
デザートは いかが なさいますか。
데자―또와 이까가 나사이마스까

Unit 6 먹는 법·재료를 물을 때

🌸 **먹는 법을 가르쳐 주시겠어요?**

832 食べ方を 教えてください。
다베까따오   오시에떼 구다사이

🌸 **이건 어떻게 먹으면 됩니까?**

1833 これは どうやって 食べたら いいですか。
고레와   도-얏떼   다베따라   이-데스까

※〜たら いいですか 〜하면 좋을까요?

🌸 **이 고기는 무엇입니까?**

1834 この お肉は 何ですか。
고노   오니꾸와   난데스까

🌸 **이것은 재료로 무엇을 사용한 겁니까?**

1835 これは 材料に 何を 使っているのですか。
고레와   자이료-니 나니오 쓰깟떼 이루노데스까

Unit 7 필요한 것을 부탁할 때

식사 도중에 종업원을 부를 때는 「すみません (여보세요)」라고 하며, 음식이나 음료를 추가로 더 시킬 때는 손으로 가리키며 「おかわり どうぞ」라고 하면 됩니다.

🌸 **빵을 좀 더 주세요.**

1836 もう少し パンを ください。
모- 스꼬시   팡오   구다사이

🌸 **물 한 잔 주세요.**

1837 水を 一杯 ください。
미즈오 입빠이   구다사이

❀ 소금 좀 갖다 주시겠어요?

1838 塩を いただけますか。
しお
시오오 이따다께마스까

> ※塩(しお) 소금, 砂糖(さとう) 설탕, 胡椒(こしょう) 후추, 醤油(しょうゆ) 간장

❀ 젓가락을 떨어뜨렸습니다.

1839 箸を 落としてしまいました。
はし　お
하시오 오또시떼 시마이마시따

> ※～てしまう ～해버리다(동작의 완료를 나타냄)

❀ ～를 하나 더 주세요.

1840 ～おかわりお願いします。
ねが
오까와리 오네가이 시마스

Unit8 디저트 · 식사를 마칠 때

❀ 디저트를 주세요.

1841 デザートを ください。
데자ー또오　　구다사이

❀ 디저트는 뭐가 있나요?

1842 デザートは 何が ありますか。
なに
데자ー또와　　나니가 아리마스까

❀ 이걸 치워주시겠어요?

1843 これを 下げてください。
さ
고레오　　사게떼 구다사이

❀ 맛있는데요!

1844 これは おいしいです。
고레와　　오이시ー데스

(동석한 사람에게) 담배를 피워도 되겠습니까?

タバコを 吸^すっても いいですか。
다바꼬오 슷떼모 이-데스까

※喫煙(きつえん) 흡연 ↔ 禁煙(きんえん) 금연

Unit9 요리가 늦게 나올 때

주문한 게 아직 안 나왔습니다.

1846
注文^{ちゅうもん}した ものが 来^きていません。
츄-몬시따 모노가 기떼 이마셍

어느 정도 기다려야 합니까?

1847
どのくらい 待^まちますか。
도노쿠라이 마찌마스까

아직 시간이 많이 걸립니까?

1848
まだ だいぶ 時間^{じ かん}が かかりますか。
마다 다이부 지깡가 가까리마스까

조금 서둘러 주겠어요?

1849
少^{すこ}し 急^{いそ}いでくれませんか。
스꼬시 이소이데 구레마셍까

Unit10 주문을 취소하거나 바꿀 때

이건 주문하지 않았는데요.

1850
これは 注文^{ちゅうもん}していませんが。
고레와 츄-몬시떼 이마셍가

🌸 주문을 확인해 주겠어요?

1851 _{ちゅうもん} _{たし}
注文を 確かめてください。
츄-몽오   다시까메떼 구다사이

🌸 주문을 취소하고 싶은데요.

1852 _{ちゅうもん}
注文を キャンセルしたいのですが。
츄-몽오   칸세루 시따이노데스가

🌸 주문을 바꿔도 되겠습니까?

1853 _{ちゅうもん} _か
注文を 変えても いいですか。
츄-몽오   가에떼모   이-데스까

🌸 글라스가 더럽습니다.

1854 _{よご}
グラスが 汚れています。
구라스가   요고레떼 이마스

🌸 새 것으로 바꿔 주세요.

1855 _{あたら} _と _か
新しいのと 取り替えてください。
아따라시-노또   도리까에떼 구다사이

Unit11 요리에 문제가 있을 때

테이블에 앉을 때는 오른손으로 의자를 잡아당겨 왼쪽에서 앉는다. 테이블에는 각 담당의 웨이터가 정해져 있으므로 무언가를 부탁하거나 식사 중에 문제가 발생하면 먼저 담당 웨이터를 부른다. 식사 중에 나이프나 포크를 떨어뜨렸으면 자신이 줍지 말고 웨이터를 불러 다시 가져오도록 한다.

🌸 수프에 뭐가 들어있습니다.

1856 _{なに} _{はい}
スープに 何か 入っています。
수-뿌니   나니까 하잇떼 이마스

🌸 요리가 덜 된 것 같네요.

ちょっと 火が 通っていないようですが。
<ruby>火<rt>ひ</rt></ruby>　<ruby>通<rt>とお</rt></ruby>
촛또　　히가　도옷떼 이나이 요-데스가

🌸 이 요리를 데워 주세요.
1858
この料理を 温めてください。
<ruby>料理<rt>りょうり</rt></ruby>　<ruby>温<rt>あたた</rt></ruby>
고노 료-리오　　아따따메떼 구다사이

🌸 너무 많아서 먹을 수 없습니다.
1859
ちょっと 多すぎて 食べられません。
<ruby>多<rt>おお</rt></ruby>　<ruby>食<rt>た</rt></ruby>
촛또　　오-스기떼　다베라레마셍

※「~すぎる」는 동사의 중지형이나 형용사와 형용동사의 어간에 접속하여 「지나치게(너무) ~
　하다」의 뜻을 가진 동사를 만든다.

Unit12 지불방법을 말할 때

식사가 끝나면 손을 들어서 すみません이라고 웨이터나 웨이트리스를 불러 お勘定
を お願いします라고 계산서를 부탁한다. 계산서에 세금과 봉사료가 포함되어 있는
경우에 팁은 필요 없다. 신용카드로 계산을 하고 싶을 때는 クレジットカードで 支
払えますか라고 하면 된다.

🌸 매우 맛있었습니다.
1860
とても おいしかったです。
도떼모　　오이시깟따데스

🌸 여기서 지불할 수 있나요?
1861
ここで 払えますか。
<ruby>払<rt>はら</rt></ruby>
고꼬데　　하라에마스까

🌸 어디서 지불하나요?
1862
どこで 払うのですか。
<ruby>払<rt>はら</rt></ruby>
도꼬데　　하라우노데스까

✽ 따로따로 지불하고 싶은데요.

1863 別々に 支払いを したいのですが。
べつべつ　　しはら

베쯔베쯔니 시하라이오　　시따이노데스가

※割(わ)り勘(かん) 각자부담

✽ 제가 모두 내겠습니다.

1864 私が まとめて 払います。
わたし　　　　　　　はら

와따시가 마또메떼　　하라이마스

✽ 제 몫은 얼마인가요?

1865 私の分は いくらですか。
わたし　ぶん

와따시노 붕와　이꾸라데스까

✽ 팁은 포함되어 있습니까?

1866 チップは 含まれていますか。
ふく

칩뿌와　　　후꾸마레떼 이마스까

✽ 제가 내겠습니다.

1867 私の おごりです。
わたし

와따시노 오고리데스

※おごる 사치하다, 돈을 낭비하다, 한턱내다

✽ 신용카드도 받나요?

1868 クレジットカードで 支払えますか。
しはら

쿠레짓또카ー도데　　　　시하라에마스까

✽ 현금으로 낼게요.

1869 現金で 払います。
げんきん　はら

겡낀데　　하라이마스

계산해 주세요.

1870

お勘定 お願いします。

오깐죠- 오네가이시마스

전부해서 얼마입니까?

1871

全部で おいくらですか。

젬부데 오이꾸라데스까

이 요금은 무엇입니까?

1872

この料金は 何ですか。

고노 료-낑와 난데스까

계산서를 나눠 주시겠어요?

1873

計算書は 分けていただけますか。

게-산쇼와 와께떼 이따다께마스까

계산이 틀린 것 같습니다.

1874

計算が 違っているようです。

게-상가 치갓떼이루 요-데스

※ ～ようだ ~한 것 같다

봉사료는 포함되어 있습니까?

1875

サービス料は 入っていますか。

사-비스료-와 하잇떼 이마스까

영수증을 주세요.

1876

領収書を ください。

료-슈-쇼오 구다사이

거스름돈이 틀린 것 같은데요.

1877

おつりが 違っているようですが。

오쓰리가 치갓떼이루 요-데스가

Japanese Conversation for Beginners

관광의 첫걸음은 관광안내소에서 시작됩니다. 대부분이 시내의 중심부에 있으며 볼거리 소개부터 버스 예약까지 여러 가지 서비스를 하고 있습니다. 무료 시내지도, 지하철, 버스 노선도 등이 구비되어 있는 경우가 많으므로 정보수집에 매우 편리합니다. 미술관이나 박물관은 휴관일을 확인하고 나서 예정을 잡읍시다. 요일에 따라서 개관을 연장하거나 할인요금이나 입장료가 달라지는 곳도 있으므로 가이드북을 보고 확인합시다. お寺(절)이나 神社(진쟈)는 관광지이기 전에 종교적인 신성한 건물입니다. 들어갈 때 정숙하지 못한 복장이나 소란은 삼가야 합니다.

Unit1 시내의 관광안내소에서

단체여행인 경우는 현지 가이드의 안내에 따라 관광을 하면 되지만, 개인여행인 경우는 현지의 観光案内所(かんこうあんないじょ)를 잘 활용하는 것도 즐거운 여행이 되는 하나의 방법이다.

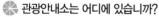

관광안내소는 어디에 있습니까?

1878
観光案内所は どこですか。
かんこうあんないじょ
캉꼬―안나이죠와   도꼬데스까

이 도시의 관광안내 팸플릿이 있습니까?

1879
この町の 観光案内パンフレットは ありますか。
まち　　　　かんこうあんない
고노 마찌노   캉꼬―안나이 팡후레또와   아리마스까

※パンフレット[pamphlet]

무료 시내 지도는 있습니까?

1880
無料の市街地図は ありますか。
むりょう　し　がい ち　ず
무료―노 시가이치즈와   아리마스까

※有料(ゆうりょう) 유료

관광지도를 주세요.

観光地図を ください。
칸꼬-치즈오   구다사이

※路線図(ろせんず) 노선도

여기서 볼 만한 곳을 가르쳐 주시겠어요?

1882
ここの 見どころを 教えてください。
고꼬노   미도꼬로오   오시에떼 구다사이

※見所(みどころ) 보아야 할 곳, 볼 만한 가치가 있는 곳

경치가 좋은 곳을 아십니까?

1883
景色がいい ところを ご存じですか。
게시끼가 이ー   도꼬로오   고존지데스까

젊은 사람이 가는 곳은 어디입니까?

1884
若い人の 行く ところは どこですか。
와까이 히또노 이꾸   도꼬로와   도꼬데스까

여기서 표를 살 수 있습니까?

1885
ここで 切符が 買えますか。
고꼬데   깁뿌가   가에마스까

지금 축제는 하고 있나요?

1886
何か お祭りは やっていますか。
낭까   오마쯔리와   얏떼 이마스까

여기서 멉니까?

1887
ここから 遠いですか。
고꼬까라   도ー이데스까

여기서 걸어서 갈 수 있습니까?

1888
ここから 歩いて 行けますか。
고꼬까라   아루이떼   이께마스까

🏵 왕복으로 어느 정도 시간이 걸립니까?

1889
往復で どのくらい 時間が かかりますか。
오-후꾸데　도노쿠라이　　　지깡가　가까리마스까

※時間がかかる 시간이 걸리다, お金(かね)がかかる 돈이 들다

🏵 당일치기로 어디에 갈 수 있습니까?

1890
日帰りでは どこへ 行けますか。
히가에리데와　　도꼬에　이께마스까

Unit2 투어를 이용할 때

🏵 관광버스 투어는 있습니까?

1891
観光バス ツアーは ありますか。
캉꼬바스　　쓰아-와　　아리마스까

※ツアー[tour] 투어, 관광

🏵 어떤 투어가 있습니까?

1892
どんな ツアーが あるんですか。
돈나　　쓰아-가　　아룬데스까

🏵 오전(오후) 코스는 있습니까?

1893
午前(午後)の コースは ありますか。
고젱(고고)노　　코-스와　　아리마스까

🏵 야간관광은 있습니까?

1894
ナイトツアーは ありますか。
나이또 쓰아-와　　아리마스까

🏵 투어는 몇 시간 걸립니까?

1895
ツアーは 何時間 かかりますか。
쓰아-와　　난지깡　　가까리마스까

식사는 나옵니까?

食事は 付いていますか。
<ruby>食<rt>しょく</rt></ruby><ruby>事<rt>じ</rt></ruby>は <ruby>付<rt>つ</rt></ruby>いていますか。

쇼꾸지와　쓰이떼 이마스까

몇 시에 출발합니까?
1897
出発は 何時ですか。
<ruby>出発<rt>しゅっぱつ</rt></ruby>は <ruby>何時<rt>なんじ</rt></ruby>ですか。

슛빠쯔와　난지데스까

요금은 얼마입니까?
1898
料金は いくらですか。
<ruby>料金<rt>りょうきん</rt></ruby>は いくらですか。

료-낑와　이꾸라데스까

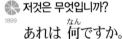

Unit3 관광버스 안에서

저것은 무엇입니까?
1899
あれは 何ですか。
あれは <ruby>何<rt>なん</rt></ruby>ですか。

아레와　난데스까

저것은 무슨 강입니까?
1900
あれは 何という 川ですか。
あれは <ruby>何<rt>なん</rt></ruby>という <ruby>川<rt>かわ</rt></ruby>ですか。

아레와　난또 이우　가와데스까

여기서 얼마나 머뭅니까?
1901
ここで どのくらい 止まりますか。
ここで どのくらい <ruby>止<rt>と</rt></ruby>まりますか。

고꼬데　도노쿠라이　도마리마스까

몇 시에 버스로 돌아오면 됩니까?
1902
何時に バスに 戻ってくれば いいですか。
<ruby>何時<rt>なんじ</rt></ruby>に バスに <ruby>戻<rt>もど</rt></ruby>ってくれば いいですか。

난지니　바스니　모돗떼구레바　이-데스까

※ ～てくれればいいですか ～오면 됩니까?

전망대는 어떻게 오릅니까?

1903
<ruby>展望台<rt>てんぼうだい</rt></ruby>へは どうやって <ruby>上<rt>あ</rt></ruby>がるのですか。

템보–다이에와   도–얏떼   아가루노데스까

저 건물은 무엇입니까?

1904
あの<ruby>建物<rt>たてもの</rt></ruby>は <ruby>何<rt>なん</rt></ruby>ですか。

아노 다떼모노와   난데스까

누가 여기에 살았습니까?

1905
<ruby>誰<rt>だれ</rt></ruby>が <ruby>住<rt>す</rt></ruby>んでいたのですか。

다레가   슨데이따노데스까

언제 세워졌습니까?

1906
いつごろ <ruby>建<rt>た</rt></ruby>てられたのですか。

이쯔고로   다떼라레따노데스까

퍼레이드는 언제 있습니까?

1907
パレードは いつ ありますか。

파레–도와   이쯔   아리마스까

몇 시에 돌아와요?

1908
<ruby>何時<rt>なんじ</rt></ruby>に <ruby>戻<rt>もど</rt></ruby>りますか。

난지니   모도리마스까

여행을 하면서 그 도시의 정보지 등에서 뮤지컬이나 연극(가부키), 콘서트 등 보고 싶은 것을 찾아서 미리 호텔의 인포메이션이나 관광안내소에서 예약을 해 두는 것이 좋다. 표는 극장의 창구에서 사는 것이 가장 확실하다. 적어도 공연의 3일 전쯤에는 예매를 해 두어야 한다.

❀ 입장은 유료입니까?
1909 入場は 有料ですか。
にゅうじょう　ゆうりょう
뉴-죠-와　유-료-데스까

❀ 입장료는 얼마입니까?
1910 入場料は いくらですか。
にゅうじょうりょう
뉴-죠-료-와　이꾸라데스까

❀ 단체할인은 있습니까?
1911 団体割引は ありますか。
だんたいわりびき
단따이 와리비끼와　아리마스까

❀ 이 티켓으로 모든 전시를 볼 수 있습니까?
1912 このチケットで すべての 展示が 見られますか。
てんじ　み
고노 치켓또데　스베떼노　덴지가　미라레마스까

❀ 무료 팸플릿은 있습니까?
1913 無料のパンフレットは ありますか。
むりょう
무료-노 팡후렛또와　아리마스까

❀ 단체할인은 있나요?
1914 団体割引は ありますか。
だんたいわりびき
단따이와리비끼와　아리마스까

❀ 재입관할 수 있습니까?
1915 再入館できますか。
さいにゅうかん
사이뉴-깐 데끼마스까

✤ 짐을 맡아 주세요.

1916
荷物を 預かってください。
니모쯔오 아즈깟떼 구다사이

✤ 오늘 표는 아직 있습니까?

1917
今日の 切符は まだ ありますか。
쿄-노 깁뿌와 마다 아리마스까

Unit6 사진촬영을 허락받을 때

미술관이나 박물관에서는 사진촬영이 금지되어 있는 곳이 많으므로 게시판을 잘 살펴야 한다. 삼각대, 플래시는 거의 금지되어 있다. 함부로 다른 사람에게 카메라를 향하는 것은 예의에 어긋나므로, 찍고 싶은 상대에게 허락을 받고 나서 사진을 찍어야 한다.

✤ 여기서 사진을 찍어도 됩니까?

1918
ここで 写真を 撮っても いいですか。
고꼬데 샤싱오 돗떼모 이-데스까

※~ても いいですか ~해도 됩니까? (허락, 요구의 표현)

✤ 여기서 플래시를 터뜨려도 됩니까?

1919
ここで フラッシュを たいても いいですか。
고꼬데 후랏슈오 다이떼모 이-데스까

✤ 비디오 촬영을 해도 됩니까?

1920
ビデオ撮影しても いいですか。
비데오 사쯔에- 시떼모 이-데스까

✤ 당신 사진을 찍어도 되겠습니까?

1921
あなたの 写真を 撮っても いいですか。
아나따노 샤싱오 돗떼모 이-데스까

※写真を撮る 사진을 찍다. 写真を写(うつ)す 사진을 박다

함께 사진을 찍으시겠습니까?

一緒に 写真を 撮ってもらえませんか。
잇쇼니　샤싱오　돗떼 모라에마셍까

🌸 사진 좀 찍어 주시겠어요?

1923 私の 写真を 撮ってもらえませんか。
와따시노 샤싱오　돗떼 모라에마셍까

🌸 셔터를 누르면 됩니다.

1924 シャッターを 押すだけです。
샷따—오　　　　오스다께데스

🌸 여기서 우리들을 찍어 주십시오.

1925 ここから 私たちを 写してください。
고꼬까라　와따시타찌오　우쯔시떼 구다사이

🌸 한 장 더 부탁합니다.

1926 もう一枚 お願いします。
모— 이찌마이　오네가이 시마스

🌸 나중에 사진을 보내드리겠습니다.

1927 あとで 写真を 送ります。
아또데　샤싱오　　오꾸리마스

🌸 주소를 여기서 적어 주시겠어요?

1928 住所を ここに 書いてください。
쥬—쇼오　　고꼬니　가이떼 구다사이

✿ 그림엽서는 있습니까?

1929
絵ハガキは ありますか。
에하가끼와　　아리마스까

✿ 기념품으로 인기 있는 것은 무엇입니까?

1930
おみやげで 人気が あるのは 何ですか。
오미야게데　　닝끼가　　아루노와　　난데스까

✿ 뭔가 먹을 만한 곳은 있습니까?

1931
何か 食べられる ところは ありますか。
나니까 다베라레루　　도꼬로와　　아리마스까

✿ 이 박물관의 오리지널 상품입니까?

1932
この博物館の オリジナル商品ですか。
고노 하꾸부쯔깐노　　오리지나루 쇼-힌데스까

✿ 이거하고 같은 컬러필름은 팝니까?

1933
これと 同じ カラーフィルムは 売っていますか。
고레또　　오나지　카라-휘루무와　　옷떼 이마스까

✿ 건전지는 어디서 살 수 있나요?

1934
電池は どこで 買えますか。
덴찌와　　도꼬데　가에마스까

✿ 어디서 현상할 수 있습니까?

1935
どこで 現像できますか。
도꼬데　　겐조- 데끼마스까

Japanese Conversation for Beginners

Chapter 06 쇼핑을 할 때

값싸고 좋은 물건을 사기 위해서는 현지인의 도움을 받거나 미리 쇼핑 정보를 통해 알아두는 것도 하나의 방법입니다. 가게를 찾을 때는 ~는 어디에 있습니까라고 묻고, 가게에 들어서면 점원이 いらっしゃいませ라고 반갑게 맞이합니다. 물건을 고를 때는 あれを見せてください, 가격을 흥정할 때는 少し割引きできませんか, 지불할 때는 全部でいくらになりますか라고 합니다. 이처럼 여기서는 쇼핑의 기본이 되는 필수 표현을 익힙니다.

Unit1 쇼핑센터를 찾을 때

여행에서 쇼핑도 빼놓을 수 없는 즐거움의 하나다. 꼭 필요한 품목은 미리 계획을 세워서 구입해야만 충동구매를 피할 수 있고, 귀국시 세관에서 통관 절차가 간단하다.

쇼핑센터는 어디에 있습니까?

1936
ショッピングセンターは どこに ありますか。
숍핑구 센따-와   도꼬니   아리마스까

이 도시의 쇼핑가는 어디에 있습니까?

1937
この町の ショッピング街は どこですか。
고노 마찌노 숍핑구가이와   도꼬데스까

쇼핑 가이드는 있나요?

1938
ショッピングガイドは ありますか。
숍핑구 가이도와   아리마스까

면세점은 있습니까?

1939
免税店は ありますか。
멘제-뗀와   아리마스까

❀ 이 주변에 백화점은 있습니까?

1940
この 辺りに デパートは ありますか。
　　あた
고노 아따리니　　데빠―또와　　　아리마스까

Unit2 가게를 찾을 때

쇼핑은 여행의 커다란 즐거움의 하나이다. 싼 가게, 큰 가게, 멋진 가게, 대규모의 쇼핑센터 등을 사전에 알아두면 편리하다. 한국과는 다르게 일요일에 쉬는 가게가 많으므로 영업시간이나 휴업일을 미리 알아두자.

❀ 가장 가까운 슈퍼는 어디에 있습니까?

1941
一番近い スーパーは どこですか。
いちばんちか
이찌반 치까이　　스―빠―와　　　도꼬데스까

❀ 편의점을 찾고 있습니다.

1942
コンビニを 探しています。
　　　　　さが
콤비니오　　　사가시떼 이마스

❀ 좋은 스포츠 용품점을 가르쳐 주시겠어요?

1943
いい スポーツ用具店を 教えてください。
　　　　　　ようぐてん　　おし
이―　　스뽀―쯔 요―구뗑오　　오시에떼 구다사이

❀ 그건 어디서 살 수 있나요?

1944
それは どこで 買えますか。
　　　　　　　か
소레와　　도꼬데　　가에마스까

❀ 그 가게는 오늘 문을 열었습니까?

1945
その店は 今日 開いていますか。
　　みせ　きょう　あ
소노 미세와　코―　아이떼 이마스까

❀ 여기서 멉니까?

1946
ここから 遠いですか。
　　　　とお
고꼬까라　　토―이데스까

영업시간은 몇 시부터 몇 시까지입니까?

営業時間は 何時から 何時までですか。

에-교-지깡와　　난지까라　　　난지마데 데스까

몇 시까지 합니까?

1948
何時まで 開いていますか。

난지마데　　　아이떼 이마스까

Unit3 가게에 들어서서

가게에 들어서면 제일 먼저 종업원이 いらっしゃいませ라고 반갑게 인사를 한다.
이 때 손님은 가볍게 인사를 하고 찾고자 하는 물건을 말하면 친절하게 안내해 줄 것
이다.

(점원) 어서 오십시오.

1949
いらっしゃいませ。

이랏샤이마세

뭔가 찾으십니까?

1950
何か お探しですか。

나니까 오사가시데스까

그냥 구경하는 겁니다.

1951
見ているだけです。

미떼이루 다께데스

필요한 것이 있으시면 말씀하십시오.

1952
何か ご用がありましたら、 お知らせください。

나니까　고요-가 아리마시따라　　　오시라세 구다사이

Unit4 물건을 찾을 때

가게에 들어가면 점원에게 가볍게 인사를 하자. 「何を お探しですか(뭐를 찾으십니까?)」라고 물었을 때 살 마음이 없는 경우에는 「見ているだけです(보고 있습니다)」라고 대답한다. 말을 걸었는데 대답을 하지 않거나 무시하는 것은 상대에게 실례가된다.

❀ 여기 잠깐 봐 주시겠어요?

1953
ちょっと よろしいですか。
촛또   요로시－데스까

❀ 코트를 찾고 있습니다.

1954
コートを 探しているのです。
코－또오   사가시떼 이루노데스

❀ 아내에게 선물할 것을 찾고 있습니다.

1955
妻への プレゼントを 探しています。
쓰마에노   푸레젠또오   사가시떼 이마스

❀ 캐주얼한 것을 찾고 있습니다.

1956
カジュアルな ものを 探しています。
카쥬아루나   모노오   사가시떼 이마스

❀ 샤넬은 있습니까?

1957
シャネルは 置いてありますか。
샤네루와   오이떼 아리마스까

❀ 선물로 적당한 것은 없습니까?

1958
何か おみやげに 適当な 物は ありませんか。
나니까 오미야게니   데끼또－나 모노와 아리마셍까

🌸 저걸 보여 주시겠어요?

959

あれを 見せてください。

아레오　　미세떼 구다사이

🌸 면으로 된 것이 필요한데요.

1960

綿素材のものが 欲しいんですが。

멘 소자이노 모노가　　　호시인데스가

🌸 이것과 같은 것은 있습니까?

1961

これと 同じものは ありますか。

고레또　　오나지 모노와　　아리마스까

🌸 이것뿐입니까?

1962

これだけですか。

고레다께데스까

🌸 30세 정도의 남자에게는 뭐가 좋을까요?

1963

30歳くらいの 男性には 何が いいですか。

산줏사이 쿠라이노　　단세-니와　　나니가　이-데스까

Unit6 물건을 보고 싶을 때

가게에 들어가서 상품에 함부로 손을 대지 않도록 하자. 가게에 진열되어 있는 상품은 어디까지나 샘플이기 때문에 손을 대는 것은 살 마음이 있다고 상대가 받아들일 수도 있다. 보고 싶을 경우에는 옆에 있는 점원에게 부탁을 해서 꺼내오도록 해야 한다.

🌸 그걸 봐도 될까요?

1964

それを 見ても いいですか。

소레오　　미떼모　　이-데스까

✿ 몇 가지 보여 주세요.

1965
いくつか 見せてください。
이꾸쓰까　　　미세떼 구다사이

✿ 이 가방을 보여 주시겠어요?

1966
このバッグを 見せてもらえますか。
고노 박구오　　　미세떼 모라에마스까

✿ 다른 것을 보여 주시겠어요?

1967
別の ものを 見せていただけますか。
베쯔노　모노오　　　미세떼 이따다께마스까

※상대에게 뭔가를 요구할 때 쓰이는 일본어 표현은 다음처럼 정중함을 달리한다.
「～てください → ～てもらえますか → ～ていただけますか」

✿ 더 품질이 좋은 것은 없습니까?

1968
もっと 質のいいのは ありませんか。
못또　　　시쯔노 이-노와　　　아리마셍까

✿ 잠깐 다른 것을 보겠습니다.

1969
ちょっと 他のものを 見てみます。
촛또　　　호까노 모노오　　미떼미마스

Unit7 색상을 고를 때

✿ 무슨 색이 있습니까?

1970
何色が ありますか。
나니이로가 아리마스까

✿ 빨간 것은 있습니까?

1971
赤いのは ありますか。
아까이노와　　　아리마스까

※赤(あか)い 빨갛다, 青(あお)い 파랗다, 黄色(きいろ)い 노랗다, 白(しろ)い 하얗다, 黒(くろ)い 검다

너무 화려합니다.

派手すぎます。

하데스기마스

※地味(じみ)だ 수수하다

🌸 더 화려한 것은 있습니까?

1973

もっと 派手なのは ありますか。

못또　　하데나노와　　　아리마스까

🌸 더 수수한 것은 있습니까?

1974

もっと 地味なのは ありますか。

못또　　지미나노와　　　아리마스까

🌸 이 색은 좋아하지 않습니다.

1975

この色は 好きではありません。

고노 이로와　　스끼데와 아리마셍

Unit8 　디자인을 고를 때

🌸 다른 스타일은 있습니까?

1976

ほかの型は ありますか。

호까노 가따와　　아리마스까

🌸 어떤 디자인이 유행하고 있습니까?

1977

どんな デザインが 流行していますか。

돈나　　데자인가　　　류-꼬-시떼 이마스까

🌸 이런 디자인은 좋아하지 않습니다.

1978

このデザインは 好きではありません。

고노 데자잉와　　　스끼데와 아리마셍

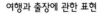

✿ 다른 디자인은 있습니까?

1979
<ruby>他<rt>ほか</rt></ruby>の デザインは ありますか。
　호까노　데자잉와　　　아리마스까

✿ 디자인이 비슷한 것은 있습니까?

1980
デザインが <ruby>似<rt>に</rt></ruby>ているものは ありますか。
　데자잉가　　　니떼이루 모노와　　아리마스까

Unit9　사이즈를 고를 때

✿ 어떤 사이즈를 찾으십니까?

1981
どのサイズを お<ruby>探<rt>さが</rt></ruby>しですか。
　도노 사이즈오　　오사가시데스까

✿ 사이즈는 이것뿐입니까?

1982
サイズは これだけですか。
　사이즈와　　고레다께데스까

✿ 제 사이즈를 모르겠는데요.

1983
<ruby>自分<rt>じ ぶん</rt></ruby>のサイズが わからないのですが。
　지분노 사이즈가　　　와까라나이노데스가

✿ 사이즈를 재주시겠어요?

1984
サイズを <ruby>測<rt>はか</rt></ruby>っていただけますか。
　사이즈오　　하깟떼 이따다께마스까

✿ 더 큰 것은 있습니까?

1985
もっと <ruby>大<rt>おお</rt></ruby>きいのは ありますか。
　못또　　오-끼-노와　　아리마스까

더 작은 것은 있습니까?

もっと 小さいのは ありますか。
못또　　치-사이노와　　아리마스까

Unit10 품질에 대해 물을 때

❋ 재질은 무엇입니까?

1987　材質は 何ですか。
자이시쯔와 난데스까

❋ 일제입니까?

1988　日本製ですか。
니혼세-데스까

❋ 질은 괜찮습니까?

1989　質は いいですか。
시쯔와 이-데스까

❋ 이건 실크 100%입니까?

1990
これは シルク 100%ですか。
고레와　　시루꾸　　햐꾸 파-센또데스까

❋ 이건 수제입니까?

1991
これは ハンドメイドですか。
고레와　　한도메이도데스까

❋ 이건 무슨 향입니까?

1992　これは 何の 香りですか。
고레와　　난노　　가오리데스까

Unit11 가격을 물을 때

🌸 계산은 어디서 합니까?

1993
かいけい
会計は どちらですか。
카이께-와   도찌라데스까

🌸 전부해서 얼마가 됩니까?

1994
ぜん ぶ
全部で いくらになりますか。
젬부데   이꾸라니 나리마스까

🌸 하나에 얼마입니까?

1995
1つ、 いくらですか。
히또쯔   이꾸라데스까

🌸 이건 세일 중입니까?

1996
ちゅう
これは セール中ですか。
고레와   세-루쮸데스까

🌸 세금이 포함된 가격입니까?

1997
ぜいきん   ふく   がく
税金は 含まれた 額ですか。
제이낑와   후꾸마레따   가꾸데스까

Unit12 값을 깎을 때

백화점 같은 대형 쇼핑몰에서는 정찰제이므로 가격을 흥정할 일은 많지 않지만, 할인점이나 시장 등에서는 가격을 흥정하는 경우가 많다. 흥정할 때는 少し 割引きできませんか라고 하면 된다.

🌸 너무 비쌉니다.

1998
たか
高すぎます。
다까스기마스

PART7 여행과 출장에 관한 표현

깎아 주시겠어요?

負けてくれますか。
ま
마께떼 구레마스까

더 싼 것은 없습니까?
2000
もっと 安い物は ありませんか。
やす もの
못또　　　야스이 모노와　아리마셍까

더 싸게 해 주실래요?
2001
もっと 安くして くれませんか。
やす
못또　　　야스꾸시떼　　구레마셍까

깎아주면 사겠습니다.
2002
負けてくれたら 買います。
ま か
마께떼 구레따라　　가이마스

현금으로 지불하면 더 싸게 됩니까?
2003
現金払いなら 安くなりますか。
げんきんばら やす
겡낑바라이나라　　야스꾸 나리마스까

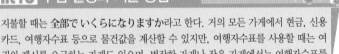

Unit13 구입 결정과 지불 방법

지불할 때는 全部でいくらになりますか라고 한다. 거의 모든 가게에서 현금, 신용
카드, 여행자수표 등으로 물건값을 계산할 수 있지만, 여행자수표를 사용할 때는 여
권의 제시를 요구하는 가게도 있으며, 번잡한 가게나 작은 가게에서는 여행자수표를
꺼리는 경우도 있다.

이걸로 하겠습니다.
2004
これに します。
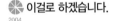
고레니　　시마스

🌸 이것을 10개 주세요.
2005
これを 10個 ください。
고레오　죽-꼬　구다사이

🌸 지불은 어떻게 하시겠습니까?
2006
お支払いは どうなさいますか。
오시하라이와　도- 나사이마스까

🌸 카드도 됩니까?
2007
カードで 支払いできますか。
카-도데　시하라이 데끼마스까

🌸 여행자수표도 받나요?
2008
トラベラーズチェックで 支払いできますか。
토라베라-즈 첵꾸데　시하라이 데끼마스까

🌸 영수증을 주시겠어요?
2009
領収書を いただけますか。
로-슈-쇼오　이따다께마스까

Unit14 포장을 부탁할 때

🌸 봉지를 주시겠어요?
2010
袋を いただけますか。
후꾸로오 이따다께마스까

🌸 봉지에 넣기만 하면 됩니다.
2011
袋に 入れるだけで けっこうです。
후꾸로니 이레루다께데　겟꼬-데스

🌸 이걸 선물용으로 포장해 주시겠어요?
2012
これを ギフト用に 包んでもらえますか。
고레오　기후또요-니　쓰쓴데 모라에마스까

따로따로 포장해 주세요.

別々に 包んでください。

베쓰베쓰니 쓰쓴데 구다사이

이거 넣을 박스 좀 얻을 수 있나요?

2014

これを 入れる ボックスを いただけますか。

고레오　이레루　복꾸스오　　이따다께마스까

Unit15 배달을 원할 때

구입한 물건이 크거나 무거워서 들고 갈 수 없는 경우에는 호텔까지 배달을 부탁한다.
경우에 따라 배달료를 받는 곳도 있으므로 반드시 확인을 하여 배달을 결정한다.

이걸 팔레스 호텔까지 갖다 주시겠어요?

2015

パレス ホテルまで これを 届けてもらえますか。

파레스 호떼루마데　　　고레오　도도께떼 모라에마스까

언제 배달해 주시겠습니까?

2016

いつ 届けてもらえますか。

이쯔　도도께떼 모라에마스까

별도로 요금이 듭니까?

2017

別料金が かかりますか。

베쓰료-낑가　가까리마스까

이 카드를 첨부해서 보내 주세요.

2018

このカードを 添えて 送ってください。

고노 카-도오　소에떼　오꿋떼 구다사이

이 주소로 보내 주세요.

2019

この住所に 送ってください。

고노 쥬-쇼니　오꿋떼 구다사이

Unit16 배송을 원할 때

한국으로 직접 배송을 원하는 경우에는 항공편인지 선편인지 확인하는 것을 잊지 말고 선편이라면 한국까지 상당한 시간이 걸린다. 빠른 것을 원할 경우에는 항공회사나 국제택배 등을 이용하는 것이 좋다.

이 가게에서 한국으로 발송해 주시겠어요?

2020
この店から 韓国に 発送してもらえますか。
고노 미세까라　캉꼬꾸니　핫소─시떼 모라에마스까

한국 제 주소로 보내 주시겠어요?

2021
韓国の 私の住所宛に 送ってもらえますか。
캉꼬꾸노 와따시노 쥬─쇼아떼니 오꿋떼 모라에마스까

항공편으로 부탁합니다.

2022
航空便で お願いします。
코─꾸─빈데　오네가이시마스

선편으로 부탁합니다.

2023
船便で お願いします。
후나빈데　오네가이시마스

한국까지 항공편으로 며칠 정도 걸립니까?

2024
韓国まで 航空便で 何日くらい かかりますか。
캉꼬꾸마데　코─꾸─빈데　난니찌 쿠라이　가까리마스까

항공편으로 얼마나 듭니까?

2025
航空便で いくらくらい かかりますか。
코─꾸─빈데　이꾸라 쿠라이　가까리마스까

PART7 여행과 출장에 관한 표현

Unit17 구입한 물건을 교환할 때

가게에 클레임을 제기할 때는 감정적으로 대하지 말고 침착하게 요점을 말해야 한다. 보통 한번 돈을 지불해버리면 흠집이 났거나 더럽더라도 구입한 고객의 책임이 되어 버린다. 사기 전에 물건을 잘 확인하자. 교환을 원할 경우 영수증이 있어야 하므로 없어지지 않도록 하고, 환불은 특별한 경우가 아니면 어려운 것이 한국과 마찬가지이다.

❀ 여기에 얼룩이 있습니다.

2026
ここに シミが 付いています。
고꼬니　시미가　쓰이떼 이마스

❀ 새 것으로 바꿔드리겠습니다.

2027
新しいものと お取り替えします。
아따라시- 모노또　오또리까에 시마스

❀ 구입 시에 망가져 있었습니까?

2028
ご購入時に 壊れていましたか。
고코-뉴-지니　고와레떼 이마시따까

❀ 샀을 때는 몰랐습니다.

2029
買った ときには 気が つきませんでした。
갓따　토끼니와　키가　쓰끼마센데시따

❀ 사이즈가 안 맞았어요.

2030
サイズが 合いませんでした。
사이즈가　아이마센데시따

❀ 다른 것으로 바꿔 주시겠어요?

2031
別の物と 取り替えていただけますか。
베쯔노모노또　도리까에떼 이따다께마스까

🌸 **어디로 가면 됩니까?**

2032

どこに 行けば いいのですか。

도꼬니　이께바　이-노데스까

🌸 **반품하고 싶은데요.**

2033

返品したいのですが。

헴삔시따이노데스가

🌸 **아직 쓰지 않았습니다.**

2034

まだ 使っていません。

마다　쓰깟떼 이마셍

🌸 **가짜가 하나 섞여 있었습니다.**

2035

偽物が 一つ 混ざっていました。

니세모노가 히또쯔　마잣떼 이마시따

🌸 **영수증은 여기 있습니다.**

2036

領収書は これです。

료-슈-쇼와　고레데스

🌸 **어제 샀습니다.**

2037

昨日 買いました。

기노-　가이마시따

🌸 **환불해 주시겠어요?**

2038

返金してもらえますか。

헹낀시떼 모라에마스까

PART7 여행과 출장에 관한 표현

산 물건하고 다릅니다.

買った ものと 違います。
갓따　　　모노또　　치가이마스

구입한 게 아직 배달되지 않았습니다.

2040 買った ものが まだ 届きません。
갓따　　　모노가　　마다　　도도끼마셍

대금은 이미 지불했습니다.

2041 代金は もう 払いました。
다이낑와　　모－　　하라이마시따

수리해 주든지 환불해 주시겠어요?

2042 修理するか、お金を 返していただけますか。
슈－리스루까　　　오까네오　가에시떼 이따다께마스까

계산이 틀린 것 같습니다.

2043 勘定が 間違っているようです。
간죠－가　　마찌갓떼 이루 요－데스

Japanese Conversation for Beginners

Chapter 07 여행을 마치고 귀국할 때

귀국 당일은 출발 2시간 전까지 공항에 미리 나가서 체크인을 마쳐야 합니다. 출국절차는 매우 간단합니다. 터미널 항공사 카운터에 가서 여권, 항공권, 출입국카드(입국시 여권에 붙여 놓았던 것)를 제시하면 직원이 출국카드를 떼어 내고 비행기의 탑승권을 줍니다. 동시에 화물편으로 맡길 짐도 체크인하면 화물 인환증을 함께 주므로 잘 보관해야 합니다. 항공권에 공항세가 포함되지 않았을 경우에는 출국 공항세를 지불해야 하는 곳도 있습니다. 그 뒤는 보안검사, 수화물 X선 검사를 받고 탑승권에 지정되어 있는 탑승구로 가면 됩니다. 면세품을 사려면 출발 로비의 면세점에서 탑승권을 제시하고 사면 됩니다.

Unit1 귀국편을 예약할 때

출발하기 전에 맡길 짐과 기내로 갖고 들어갈 짐을 나누어 꾸리고 토산품과 구입한 물건의 품명과 금액 등에 대한 목록을 만들어 두면 좋다.

🌼 인천행을 예약하고 싶은데요.

2044
インチョン行きを 予約したいのですが。
인천 유끼오　　　　　요야꾸시따이노데스가

🌼 내일 비행기는 예약이 됩니까?

2045
明日の便の 予約は できますか。
아시따노 빈노　　요야꾸와　　데끼마스까

🌼 다른 비행기는 없습니까?

2046
別の便は ありますか。
베쓰노 빙와　　아리마스까

🌼 편명과 출발 시간을 알려 주십시오.

2047
便名と 出発の時間を 教えてください。
빔메─또　　슛빠쯔노 지깡오　　오시에떼 구다사이

몇 시까지 탑승수속을 하면 됩니까?

何時までに 搭乗手続きを すれば いいですか。
なんじ　　　　とうじょうてつづ

난지마데니　　　토-죠-테쓰즈끼오　　스레바　　이-데스까

Unit2　예약을 재확인할 때

귀국하는 날짜가 다가오면 비행기 예약을 한다. 한국에서 떠날 때 예약해 둔 경우에
는 미리 전화나 시내의 항공회사 영업소에서 반드시 예약 재확인(reconfirm)을 해 두
어야 한다. 공항에는 여유를 가지고 출발 2시간 전에 도착하는 것이 좋다.

예약을 재확인하고 싶은데요.
2049
リコンファームを したいのですが。

리콩화-무오　　　　　　시따이노데스가

성함과 편명을 말씀하십시오.
2050
お名前と 便名を どうぞ。
な まえ　　びんめい

오나마에또　　빔메-오　　도-조

무슨 편 몇 시발입니까?
2051
何便で 何時 発ですか。
なにびん　　なんじ　はつ

나니빈데　　난지　하쯔데스까

저는 분명히 예약했습니다.
2052
私は 確かに 予約しました。
わたし　　たし　　　よやく

와따시와 타시까니　요야꾸시마시따

즉시 확인해 주십시오.
2053
至急、調べてください。
しきゅう　しら

시뀨-　　시라베떼 구다사이

Unit3 예약을 변경하거나 취소할 때

여기서는 여행 일정이 바뀌어 비행기 예약을 취소하거나 변경할 때 유용하게 쓸 수 있는 표현을 익힌다.

비행편을 변경할 수 있습니까?

2054
便の変更を お願いできますか。

빈노 헹꼬-오 　　오네가이 데끼마스까

어떻게 변경하고 싶습니까?

2055
どのように ご変更 なさいますか。

도노 요-니 　　고헹꼬- 　　나사이마스까

10월 9일로 변경하고 싶습니다.

2056
10月9日に 変更したいのです。

쥬-가쯔 고꼬노까니 헹꼬-시따이노데스

예약을 취소하고 싶은데요.

2057
予約を 取り消したいのですが。

요야꾸오 　도리께시따이노데스가

다른 항공사 비행기를 확인해 주세요.

2058
他の 会社の便を 調べてください。

호까노 카이샤노 빙오 　　시라베떼 구다사이

해약 대기로 부탁할 수 있습니까?

2059
キャンセル待ちで お願いできますか。

칸세루마찌데 　　　　오네가이 데끼마스까

※キャンセル[cancel] 캔슬, 취소 =取(と)り消(け)し

Unit4 탑승수속을 할 때

공항에서는 2시간 전에 체크인하는 것이 바람직하다. 만일에 문제가 발생했더라도 여유를 가지고 대처할 수 있으므로 귀국하기 전날 모든 것을 마무리해야 한다.

🌸 탑승수속은 어디서 합니까?

2060 搭乗手続きは どこで するのですか。

토-죠-테쓰즈끼와　　도꼬데　　스루노데스까

🌸 일본항공 카운터는 어디입니까?

2061 日本航空のカウンターは どこですか。

니홍코-꾸-노 카운따-와　　　　　　도꼬데스까

※カウンター[counter] 카운터

🌸 앞쪽 자리가 좋겠는데요.

2062 前方の席が いいですが。

젬뽀-노 세끼가　　이-데스가

🌸 통로쪽(창쪽)으로 부탁합니다.

2063 通路側(窓側)の席を お願いします。

쓰-로가와(마도가와)노 세끼오　오네가이시마스

🌸 친구와 같은 좌석으로 주세요.

2064 友人と 隣り合わせの席に してください。

유-진또　　도나리아와세노 세끼니　　시떼 구다사이

짐이 늘어난 경우에는 초과요금을 지불해야 한다. 가능하면 초과되지 않는 범위 내에서 짐을 기내로 가지고 들어가도록 하며, 시간적 여유가 있을 때 사지 못한 선물이 있다면 면세점에서 구입하면 된다.

맡기실 짐은 있으십니까?

2065
お預けになる 荷物は ありますか。
오아즈께니나루　니모쯔와　아리마스까

※일본어의 가장 대표적인 존경 표현은 「お+동사의 중지형+になる」의 형식으로 우리말의 「~시다」에 대응한다.

그 가방은 맡기시겠습니까?

2066
そのバッグは お預けになりますか。
소노 박구와　　오아즈께니 나리마스까

이 가방은 기내로 가지고 들어갑니다.

2067
このバッグは 機内に 持ち込みます。
고노 박구와　　기나이니　모찌꼬미마스

다른 맡기실 짐은 없습니까?

2068
お預かりする 荷物は 他に ございますか。
오아즈까리스루　니모쯔와　호까니　고자이마스까

※일본어의 가장 대표적인 겸양 표현은 「お+동사의 중지형+にする」의 형식이다.

(탑승권을 보이며) 게이트는 몇 번입니까?

2069
ゲートは 何番ですか。
게-또와　　남반데스까

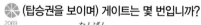

3번 게이트는 어느 쪽입니까?

3番ゲートは どちらでしょうか。

삼반게ー또와　　도찌라데쇼ー까

인천행 탑승 게이트는 여기입니까?

2071

インチョン行きの 搭乗ゲートは ここですか。

인천유끼노　　　　토ー죠ー게ー또와　　고꼬데스까

왜 출발이 늦는 겁니까?

2072

なぜ 出発が 遅れているのですか。

나제　슛빠쯔가　오꾸레떼 이루노데스까

탑승은 시작되었습니까?

2073

搭乗は もう 始まりましたか。

토ー죠ー와　모ー　하지마리마시다까

방금 인천행 비행기를 놓쳤는데요.

2074

たった今、インチョン行きの便に 乗り遅れたのですが。

닷따이마　　인천 유끼노 빈니　　　노리오꾸레따노데스가

긴급상황에 관한 표현

Chapter

여기서는 일본에서의 여행이나 출장시 위급한 상황에 처했을 때 침착하게 대처할 수 있는 회화 표현을 익히도록 하였습니다. 또한, 외국에 나가면 환경의 변화로 생각지도 않은 질병에 걸리기도 합니다. 병원이나 약국에 가서 자신의 증상을 정확히 전달할 수 있어야 정확한 치료를 받을 수 있으므로 질병의 증상에 관한 표현을 잘 익히도록 합시다.

Chapter 01 난처한 상황에 빠졌을 때

여행지에서 난처한 일이 발생하여 도움을 구하는 필수 표현은 助けて!입니다. 하지만 순식간에 난처한 일이 발생했을 때는 입이 얼어 아무 말도 나오지 않는 법입니다. 트러블은 가급적 피하는 게 좋겠지만, 그렇지 못할 때를 대비해서 상대를 제지할 수 있는 최소한의 표현은 반드시 기억해 둡시다. 익숙하지 않는 일본어로 말하고 있으면, 상대가 하는 말을 알아듣지 못하는 경우가 많습니다. 그 자리의 분위기나 상대에게 신경을 쓴 나머지 자신도 모르게 그만 웃으며 승낙을 하는 경우가 있으므로 결코 알았다는 행동을 취하지 말고 적극적으로 물어봅시다.

Unit1 난처할 때

여행지에서 갑자기 화장실을 가야 할 경우나 곤란한 상황에 빠졌을 경우 말이 통하지 않으면 매우 난처해진다. 이럴 때를 대비해서 적절한 표현을 익혀 두도록 하자.

✾ 화장실은 어디에 있습니까?

2075

トイレは どこですか。

토이레와　　도꼬데스까

✾ 지금 무척 난처합니다.

2076

今 大変 困ってるんです。

이마　다이헹　고맛떼룬데스

✾ 어떻게 하면 좋을까요?

2077

どうしたら いいでしょうか。

도ー시따라　　이ー데쇼ー까

✾ 무슨 좋은 방법은 없습니까?

2078

何か いい方法は ないですか。

나니까　이ー 호ー호ー와　나이데스까

🌸 어떻게 해 주세요.

2079 なん
何とか してください。
난또까　　　시떼 구다사이

🌸 다가오지 말아요!

2080 ちか
近づかないで!
치까즈까 나이데

※「〜ないで」는「〜ないでください」를 줄인 형태이다.

Unit2 위급한 상황일 때

순식간에 위급한 일이 발생했을 때는 입이 얼어 아무 말도 나오지 않는 법이다. 트러블은 가급적 피하는 게 좋겠지만, 그렇지 못 할 때를 대비해서 상대를 제지할 수 있는 최소한의 표현은 반드시 기억해두자.

🌸 긴급합니다.

2081 きんきゅう
緊急です。
깅뀨ー데스

🌸 의사를 불러 주세요.

2082 い しゃ　　よ
医者を 呼んでください。
이샤오　　　　욘데 구다사이

🌸 살려줘요! / 도와줘요!

2083 たす
助けて!
다스께떼

🌸 위험해!

2084 あぶ
危ない!
아부나이

난처한 상황에 빠졌을 때　**389**

움직이지 마!

動くな!

우고꾸나

※「〜な」는 동사의 기본형에 접속하여 강한 금지를 나타낸다.

 멈춰!

止まれ!

도마레

※일본어의 명령형은 남자들이 친한 사이에서나 거칠게 이야기할 때 쓰는 정도이다.

 쏘지 마!

撃つな!

우쓰나

 떠들지 마!

騒ぐな!

사와구나

 손들어!

手を 上げろ!

데오   아게로

 침착해!

落ち着け!

오치쓰께

 위험해. 엎드려!

あぶない。伏せろ!

아부나이   후세로

 누가 와 줘요!

誰か 来て!

다레까 기떼

🌸 저리 가!

2093
あっちへ 行け!
앗찌에　　　이께

🌸 뭐하는 놈이야!

2094
何者だ?
나니모노다

🌸 경찰을 부르겠다!

2095
警察を 呼ぶぞ!
게ー사쯔오　요부조

※「ぞ」는 자신의 판단을 강하게 말하거나 주장할 때에 쓴다.

Unit3 말이 통하지 않을 때

익숙하지 않는 일본어로 말하고 있으면, 자신은 물론 상대도 잘 알아듣지 못하는 경우가 많다. 그 자리의 분위기나 상대에게 신경을 쓴 나머지 자신도 모르게 그만 웃으며 승낙을 하는 경우가 있으므로 결코 알았다는 행동을 취하지 말고 적극적으로 묻자. 이야기의 내용을 모를 때는 「わかりません(모르겠습니다)」이라고 분명히 말하자.

🌸 일본어는 하지 못합니다.

2096
日本語は 話せません。
니홍고와　　　하나세마셍

🌸 제 일본어로는 부족합니다.

2097
私の 日本語では 不十分です。
와따시노 니홍고데와　　후쥬ー분데스

🌸 다시 한번 말해 주세요.

2098
もう一度 言ってください。
모ー 이찌도　　잇떼 구다사이

뭐라고 말씀하셨습니까?

何と おっしゃいましたか。
난또 옷샤이마시따까

※おっしゃる 말씀하시다, 「言(い)う」의 존경어

천천히 말씀해 주시겠습니까?

ゆっくりと 言っていただけますか。
육꾸리또 잇떼 이따다께마스까

한국어를 하는 분은 없습니까?

韓国語を 話す方は いませんか。
캉꼬꾸고오 하나스 가따와 이마셍까

이것은 일본어로 뭐라고 합니까?

これは 日本語で 何と 言うのですか。
고레와 니홍고데 난또 이우노데스까

Japanese Conversation for Beginners

Chapter 02 도난을 당했을 때

여권이나 귀중품을 분실하거나 도난을 당했다면 먼저 호텔의 경비담당이나 경찰에 신고를 하고 도난증명서를 발급받습니다. 이것은 재발행이나 보험을 청구할 때 필요하기 때문입니다. 여권의 발행 연월일, 번호, 발행지 등은 수첩에 메모를 해 두고 예비사진 2장도 준비해 두는 것이 만약의 경우에 도움이 됩니다. 도난신고를 할 때는 盗難届けを出したいんですが(도난신고를 내고 싶은데요.)라고 하면 됩니다.

Unit1 물건을 분실했을 때

여행 도중에 짐을 잃어버렸다면 거의 대부분은 찾지 못한다. 그러므로 항상 주의를 기울이는 방법밖에 없다. 하지만 비행기에서 출발하면서 짐을 부쳤는데 찾지 못한 경우는 보상받을 수 있다.

🌸 **경찰을 불러 주세요.**

2103 警察を 呼んでください。
게ー사쯔오 욘데 구다사이

🌸 **가방을 잃어버렸습니다.**

2104 バッグを 忘れました。
박구오　　　와스레마시따

※ バッグ[bag] 백, 가방 =かばん

🌸 **누구에게 알리면 됩니까?**

2105 誰に 知らせたら いいですか。
다레니 시라세따라　　　이ー데스까

※ ～たらいいですか ～하면 됩니까?

PART8 긴급상황에 관한 표현

도난을 당했을 때 **393**

유실물 담당은 어디입니까?

2106
遺失物係は どこですか。
い しつぶつがかり
이시쯔부쯔 가까리와 도꼬데스까

※〜係(がかり) 계원, 담당자

무엇이 들어있습니까?

2107
何が 入っていましたか。
なに はい
나니가 하잇떼 이마시따까

얼마 들어 있습니까?

2108
いくら 入っていましたか。
はい
이꾸라 하잇떼 이마시따까

찾으면 연락하겠습니다.

2109
見つかったら 連絡します。
み れんらく
미쯔깟따라 렌라꾸시마스

이 서류에 기입해 주세요.

2110
この書類に 記入してください。
しょるい き にゅう
고노 쇼루이니 기뉴-시떼 구다사이

한국대사관은 어디입니까?

2111
韓国大使館は どこですか。
かんこくたい し かん
캉꼬꾸 타이시깡와 도꼬데스까

여권을 잃어버렸습니다.

2112
パスポートを なくしました。
파스뽀-또오 나꾸시마시따

※パスポート[passport] 여권 =旅券(りょけん)

한국어를 할 줄 아는 담당자를 불러 주세요.

2113
韓国語を 話せる係員を 呼んでください。
かんこく ご はな かかりいん よ
캉꼬꾸고오 하나세루 가까리잉오 욘데 구다사이

✹ 재발행해 주세요.

2114
再発行してください。
<ruby>再<rt>さい</rt></ruby>はっこう

사이학꼬ー시떼 구다사이

✹ 카드를 무효화해 주세요.

2115
カードを 無効にしてください。
むこう

카ー도오　무꼬ー니 시떼 구다사이

※〜にする ~으로 하다, ~으로 삼다

Unit2　강도를 만났을 때

일본은 세계에서 가장 치안이 잘 되어 있는 나라로 강도를 만나거나 도둑을 당하는 일은 드물다. 하지만 만약을 대비해서 다음과 같은 표현도 잘 익혀 두면 위급할 때 유용하게 쓸 수 있다.

✹ 강도야!

2116
強盗ッ!
ごうとう

고ー또ー人

✹ 돈을 빼앗겼습니다.

2117
お金を 奪われました。
かね　　うば

오까네오　우바와레마시따

✹ 말한 대로 해!

2118
言った とおりに しろ!
い

잇따　　　도ー리니　　　시로

※「〜とおりに」는 활용어에 접속하여 「~하는(한) 대로」의 뜻으로 같은 상태임을 나타낸다.
※「する」의 명령형은 「しろ」와 「せよ」가 있으나, 「せよ」는 주로 문장체에서 쓰인다.

✹ 돈을 내놔. 그렇지 않으면 죽이겠다!

2119
金を よこせ。さもないと 殺すぞ!
かね　　　　　　　　　　　ころ

가네오　요꼬세　　　사모나이또　　　고로스조

돈은 안 갖고 있어요!

お金は 持っていません!
_{かね} _も
오까네와 못데 이마셍

 도둑이야!

2121 泥棒ッ!
_{どろぼう}
도로보ー人

 돌려 줘!

2122 返してくれ!
_{かえ}
가에시떼 구레

 저 놈이 내 가방을 훔쳤어요!

2123 あいつが 私のバッグを 取ったんです!
_{わたし} _と
아이쓰가 　　와따시노 박구오 　　 돗딴데스

 파출소까지 데려가 주세요.

2124 交番まで 連れて行ってください。
_{こうばん} _つ _い
고ー방마데 　　쓰레떼 잇떼 구다사이

 제 가방이 보이지 않는데요.

2125 私のバックが 見当たらないんですが。
_{わたし} _{み あ}
와따시노 박구가 　　미아따라나인데스가

 전철 안에서 지갑을 소매치기 당했습니다.

2126 電車の中で 財布を すられました。
_{でんしゃ} _{なか} _{さい ふ}
덴샤노 나까데 　　사이후오 　　 스라레마시따

✿ 카메라를 도둑맞았습니다.

2127
カメラを 盗まれました。

카메라오　　누스마레마시따

✿ 도둑이 든 것 같습니다.

2128
泥棒が 入ったようなんです。

도로보-가　하잇따요-난데스

✿ 도난신고를 내고 싶은데요.

2129
盗難届けを 出したいんですが。

도-난토도께오　　다시따인데스가

✿ 무엇을 소매치기 당했습니까?

2130
何を すられましたか。

나니오　스라레마시따까

※すり 소매치기

Chapter 03 재해 · 사고를 당했을 때

　　　　일본은 세계에서 가장 치안이 안정되어 있는 나라이지만, 지진이나 해일, 태풍 등의 자연재해가 많은 나라입니다. 만일을 위해 해외여행 상해보험은 반드시 들어 둡시다. 사고가 일어나면 먼저 경찰에게 알립니다. 그리고 보험회사, 렌터카 회사에 연락을 취합니다. 당사자인 경우에는 먼저 すみません이라고 말하면 잘못을 인정하는 꼴이 되어버립니다. 다쳐서 구급차를 부를 때는 救急車をお願いします라고 하면 됩니다.

Unit1 자연재해를 당했을 때

비상시 경찰에 구조를 요청하려면 공중전화기의 붉은 버튼을 누르고 110번, 화재신고나 구급차 호출은 119번을 누른다. 자연재해를 만났을 때는 당황하지 말고 침착하게 현지인의 대피 모습을 보고 그 요령에 따라 대처하도록 하자.

✿ **화산이 분화했습니다.**

2131 　か ざん　　ふん か
火山が　噴火しました。
카장가　　훙까시마시따

✿ **화산활동이 시작되었습니다.**

2132 　か ざんかつどう　　はじ
火山活動が　始まりました。
카장카쓰도-가　　하지마리마시따

✿ **저 산은 지금도 활동 중입니다.**

2133 　　やま　　いま　　かつどうちゅう
あの山は　今でも　活動中です。
아노 야마와　이마데모　카쓰도-츄-데스

✿ 어제 진도 4의 지진이 있었습니다.

2134 きのう 震度4の 地震が ありました。
기노— 신도 욘노 지싱가 아리마시따

※ 地震が起(お)こる 지진이 일어나다

✿ 전원이 무사히 피했습니다.

2135 全員が 無事に 逃れました。
젱잉가 부지니 노가레마시따

✿ 태풍이 접근하고 있답니다.

2136 台風が 接近しているそうです。
타이후—가 섹낀시떼이루 소—데스

※ 활용어에「~そうだ」가 접속하면「~한다고 한다」의 뜻으로 전문을 나타낸다.

✿ 홍수 경보가 났습니다.

2137 洪水警報が 出ています。
코—즈이 케—호—가 데떼 이마스

✿ 도시 전체가 물에 잠겼습니다.

2138 町全体が 水に つかっています。
마찌 젠따이가 미즈니 쓰깟떼 이마스

✿ 강이 범람할 우려가 있습니다.

2139 川が 氾濫する 恐れが あります。
가와가 한란스루 오소레가 아리마스

✿ 강한 눈보라로 교통이 마비되었습니다.

2140 猛吹雪で 交通が ストップしています。
모—후부끼데 고—쓰—가 스톱뿌시떼 이마스

🌸 불이야!

2141 火事だ!

카지다

🌸 화재는 아직 진화되지 않았습니다.

2142 火事は まだ 鎮火していません。

카지와　　마다　　칭까시떼 이마셍

🌸 걱정하실 필요가 없습니다. 이건 훈련입니다.

2143 ご心配いりません。これは 訓練です。

고심빠이 이리마셍　　　　고레와　　쿤렌데스

🌸 지하실로 피난하시오.

2144 地下室に 避難しなさい。

치까시쯔니　　히난시나사이

🌸 가스를 잠궈!

2145 ガスを 止めろ!

가스오　　도메로

🌸 가스가 샌다!

2146 ガス漏れしてるぞ!

가스모레시떼루조

🌸 폭발한다!

2147 爆発するぞ!

바꾸하쓰스루조

🌸 몇 차례 폭발이 있었습니다.

2148 何度も 爆発が ありました。

난도모　　바꾸하쓰가 아리마시따

Unit3 사고가 났을 때

⁕ **구급차를 부탁합니다! 자동차 사고입니다.**

2149 救急車を お願いします! 自動車事故です。
きゅうきゅうしゃ   ねが   じ どうしゃ じ こ
  규−뀨−샤오   오네가이시마스   지도−샤지꼬데스

⁕ **도와줘요! 사고예요!**

2150 助けて! 事故よ!
たす   じ こ
  다스께떼   지꼬요

⁕ **다친 사람이 있습니다.**

2151 けが人が います。
にん
  게가닝가   이마스

⁕ **뺑소니 사고예요. 빨리 번호를 적어요!**

2152 ひき逃げ事故よ。 早く ナンバーを ひかえて!
に   じ こ   はや
  히끼니게 지꼬요   하야꾸 남바−오   히까에떼

⁕ **정면충돌 사고입니다.**

2153 正面衝突事故です。
しょうめんしょうとつ じ こ
  쇼−멘쇼−또쯔 지꼬데스

Unit4 사고 경위를 말할 때

사고가 일어나면 먼저 경찰에게 알린다. 그리고 보험회사, 렌터카 회사에 연락을 취한다. 당사자인 경우에는 먼저 **すみません**이라고 말하면 잘못을 인정하는 꼴이 되어버린다. 만일을 위해 해외여행 상해보험은 반드시 들어 두자. 보험 청구를 위해서는 사고증명서를 반드시 받아두어야 한다.

⁕ **경찰을 불러 주세요.**

2154 警察の人を 呼んでください。
けいさつ ひと   よ
  게−사쯔노 히또오 욘데 구다사이

상황을 설명해 주세요.

状況を 説明してください。

じょうきょう せつめい

조-꾜-오 세쯔메-시떼 구다사이

이 분이 사고 목격자입니다.

この方が 事故の目撃者です。

かた じこ もくげきしゃ

고노 가따가 지꼬노 모꾸게끼샤데스

저는 과실이 없습니다.

私の方には 過失は ありません。

わたし ほう かしつ

와따시노 호-니와 가시쯔와 아리마셍

이 아이가 갑자기 길로 뛰어들었습니다.

この子供が いきなり 道に 飛び出したんです。

こ ども みち と だ

고노 고도모가 이끼나리 미찌니 도비다시딴데스

저 사람이 신호를 무시했습니다.

あの人が 信号を 無視したんです。

ひと しんごう むし

아노 히또가 싱고-오 무시시딴데스

상대의 차가 차선을 넘어서 부딪쳤습니다.

相手の車が 車線を 越えて ぶつかってきました。

あいて くるま しゃせん こ

아이떼노 구루마가 샤셍오 고에떼 부쓰깟떼 기마시따

❋ 제 탓입니다.

2161
私のせいです。

わたし

와따시노 세-데스

❋ 우발적인 사건입니다.

2162
偶発的な 出来事なんです。

ぐうはつてき　　で　き　ごと

구-하쯔테끼나　데끼고또난데스

❋ 미안해요. 악의로 한 게 아닙니다.

2163
ごめんなさい。悪気で したんじゃないんです。

わる　ぎ

고멘나사이　　　　　　와루기데　　　시딴쟈나인데스

❋ 제 과실이 아니에요.

2164
私の 落ち度ではないですよ。

わたし　　お　　ど

와따시노　오찌도데와 나이데스요

❋ 남에게 책임전가를 하지 마라.

2165
他人に 責任転嫁を するなよ。

た　にん　　せきにんてん か

타닌니　　세끼닌텡까오　　스루나요

Chapter 04 몸이 아플 때

만났을 때 힘이 없어 보이면 調子はどうですか(컨디션은 어떠세요?), 大丈夫ですか(괜찮으세요?)라고 물으십시오. 여행 중에 호텔에서 의사를 부를 경우에는 먼저 프런트에 전화를 해서 医者を呼んでもらいたいのですが(의사를 불러주셨으면 하는데요)라고 말합니다. 그리고 どのくらい待たなければなりませんか(어느 정도 기다려야 합니까?), 빨리 오기를 바랄 때는 急いでくれませんか(서둘러 주시겠어요?)라고 덧붙여 보십시오.

Unit1 병원의 접수창구에서

패키지 관광인 경우는 우선 주관 여행사의 현지 담당자에게 알린다. 호텔 안에서의 사고는 프런트에 의뢰를 하여 의사를 부르거나 병원에 가도록 한다. 그리고 공항이나 역일 경우에는 여행자 구호소의 도움을 받는다.

❋ 접수는 어디에서 합니까?

2166
受付は どちらでしょうか。
うけつけ
우께쯔께와 도찌라데쇼―까

❋ 오늘이 처음입니다.

2167
今日が 初めてです。
きょう はじ
쿄―가   하지메떼데스

❋ 접수용지는 어디에 있습니까?

2168
受付用紙は どこに ありますか。
うけつけようし
우께쓰께 요―시와 도꼬니   아리마스까

❋ 의료보험증입니다.

2169
健康保険証です。
けんこう ほ けんしょう
겡꼬― 호껜쇼―데스

🌀 보험증은 여기에 제출합니까?

2170
保険証は こちらへ 提出するのですか。
호껜쇼-와　고찌라에　데-슈쯔스루노데스까

🌀 아까 전화로 예약한 김인데요.

2171
先ほど 予約の電話をした キムですが。
사끼호도　요야꾸노 뎅와오 시따　기무데스가

🌀 10시에 진찰 예약이 되어 있습니다.

2172
10時に 診ていただく 予約がしてあります。
쥬-지니　미떼 이따다꾸　요야꾸가 시떼 아리마스

🌀 병력을 기입할 필요가 있습니까?

2173
病歴を 書き込む必要が ありますか。
뵤-레끼오　가끼꼬무 히쯔요-가　아리마스까

🌀 기무라 선생님은 진찰중이십니까?

2174
木村先生は ご診察中ですか。
기무라 센세-와　고신사쯔쮸-데스까

🌀 이 병원은 몇 시부터 몇 시까지입니까?

2175
この病院は 何時から 何時までですか。
고노 뵤-잉와　난지까라　난지마데데스까

🌀 안과는 어디에 있습니까?

2176
眼科は どちらでしょうか。
강까와　도찌라데쇼-까

🌀 이비인후과 선생님에게 진찰을 받고 싶은데요.

2177
耳鼻咽喉科の先生に 診ていただきたいのですが。
지비잉꼬-까노 센세-니　미떼 이따다끼따이노데스가

정신과는 있습니까?

しんけいか
神経科は ありますか。
싱께-까와   아리마스까

진찰실은 어디입니까?

2179 しんさつしつ
診察室は どこですか。
신사쯔시쯔와   도꼬데스까

Unit2 증상을 묻고 답할 때

말이 통하지 않으면 현지에서 몸이 아플 때 매우 당혹스럽다. 이럴 때는 현지 가이드의 통역을 받는 것이 가장 손쉬운 일이지만, 혼자일 경우에는 아픈 증상을 정확하게 전달할 수 있는 의사소통의 능력을 갖추어야 한다.

어디 아프세요?

2180
いた
どこか 痛みますか。
도꼬가   이따미마스까

가슴이 아픕니다.

2181 むね いた
胸が 痛いんです。
무네가 이따인데스

무릎이 좀 아픕니다.

2182 ひざ   いた
膝が ちょっと 痛いのです。
히자가 촛또   이따이노데스

부딪친 곳이 아직 아픕니다.

2183 う   ところ   いた
打った所が まだ 痛いんです。
웃따 도꼬로가   마다   이따인데스

✿ 왼쪽 귀가 아픕니다.
2184 左の耳が 痛いのです。
ひだり みみ いた
히다리노 미미가 이따이노데스

✿ 오른쪽 어깨가 아픕니다.
2185 右肩が 痛いです。
みぎかた いた
미기카따가 이따이데스

✿ 머리가 지끈지끈 아픕니다.
2186 頭が がんがん 痛みます。
あたま いた
아따마가 강강 이따미마스

✿ 등이 묵직하게 아픕니다.
2187 背中に 鈍痛がします。
せ なか どんつう
세나까니 돈쓰ー가 시마스

✿ 아랫배가 살살 아픕니다.
2188 下腹が しくしく 痛みます。
したはら いた
시따하라가 시꾸시꾸 이따미마스

✿ 왼쪽 눈이 따끔따끔 아픕니다.
2189 左の眼が ちくちく 痛みます。
ひだり め いた
히다리노 메가 치꾸치꾸 이따미마스

✿ 위가 너무 쓰려서 참을 수 없습니다.
2190 胃の痛みが ひどくて 我慢できません。
い いた が まん
이노 이따미가 히도꾸떼 가만데끼마셍

✿ 허리 주위가 아픕니다.
2191 腰のまわりが 痛みます。
こし いた
고시노 마와리가 이따미마스

여기가 아픕니다.

ここが 痛いのです。
고꼬가   이따이노데스

턱을 움직이면 몹시 아픕니다.

あごを 動かすと ひどく 痛いです。
아고오   우고까스또   히도꾸   이따이데스

숨을 쉬면 가슴이 아픕니다.

息をすると 胸が 痛いのです。
이끼오 스루또   무네가   이따이노데스

약간 붓기만 해도 아픕니다.

ちょっと 腫れるだけでも 痛いです。
촛또   하레루다께데모   이따이데스

누르면 가끔 아픕니다.

押すと ときどき 痛いんです。
오스또   도끼도끼   이따인데스

관절이 가끔 아픕니다.

関節が ときどき 痛むんです。
간세쯔가   도끼도끼   이따문데스

걸으면 발목이 아픕니다.

歩くと 足の付け根が 痛いのです。
아루꾸또   아시노 쓰께네가   이따이노데스

3일 전부터 아팠습니다.

3日前から 痛くなりました。
믹까 마에까라   이따꾸나리마시따

✿ 이제 아프지 않습니다.

²²⁰⁰ もう 痛くなくなりました。

모─ 이따꾸 나꾸나리마시따

Unit3 건강검진을 받을 때

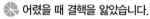

✿ 어렸을 때 결핵을 앓았습니다.

²²⁰¹ 子供のときに 結核になりました。

고도모노 도끼니 겟까꾸니 나리마시따

✿ 3년 전에 맹장 수술을 받았습니다.

²²⁰² 3年前に 盲腸の手術を 受けました。

산넴 마에니 모─쵸─노 슈쥬쯔오 우께마시따

✿ 수술은 한 번도 받은 적이 없습니다.

²²⁰³ 手術は 一度も 受けた ことが ありません。

슈쥬쯔와 이찌도모 우께따 고또가 아리마셍

✿ 올해 들어와서는 건강진단을 받지 않았습니다.

²²⁰⁴ 今年になってからは 健康診断を 受けていません。

고또시니 낫떼까라와 겡꼬─ 신당오 우께떼 이마셍

✿ 정신과 치료를 받은 적이 없습니다.

²²⁰⁵ 精神科の治療を 受けた ことが ありません。

세─싱까노 치료─오 우께따 고도가 아리마셍

✿ 소변검사를 받아야 합니까?

²²⁰⁶ 尿の検査を 受けないと いけませんか。

뇨─노 겐사오 우께나이또 이께마셍까

검사결과를 알려 주시겠어요?

<ruby>検査<rt>けんさ</rt></ruby>の<ruby>結果<rt>けっか</rt></ruby>を <ruby>教<rt>おし</rt></ruby>えていただけますか。

겐사노 겟까오　　　오시에떼 이따다께마스까

혈압이 오른 것 같은데요.

<ruby>血圧<rt>けつあつ</rt></ruby>が <ruby>上<rt>あ</rt></ruby>がっていると <ruby>思<rt>おも</rt></ruby>いますが。

게쯔아쯔가　아갓떼이루또 오모이마스가

저는 어디가 안 좋은가요?

<ruby>私<rt>わたし</rt></ruby>は どこが <ruby>悪<rt>わる</rt></ruby>いのでしょうか。

와따시와 도꼬가　　와루이노데쇼-까

치료는 어떻게 하면 됩니까?

<ruby>治療<rt>ちりょう</rt></ruby>は どうしたら いいですか。

치료-와　　도-시따라　　이-데스까

Unit4 진료를 마쳤을 때

다음에는 언제 오면 될까요?

<ruby>今度<rt>こんど</rt></ruby>は いつ <ruby>来<rt>き</rt></ruby>たら いいでしょうか。

곤도와　　이쯔　기따라　　이-데쇼-까

몇 번 통원해야 합니까?

<ruby>何回<rt>なんかい</rt></ruby> <ruby>通院<rt>つういん</rt></ruby>しないと いけませんか。

낭까이　쓰-인 시나이또　　이께마셍까

진찰해 주셔서 감사합니다.

ご<ruby>診察<rt>しんさつ</rt></ruby> ありがとうございます。

고신사쯔　　아리가또- 고자이마스

✺ 지시하신 대로 꼭 따르겠습니다.

2214 ご指示には きちんと 従います。
しじ　　　　　　　　　　したが

고시지니와　기찐또　시따가이마스

✺ 오늘 진찰료는 얼마입니까?

2215 今日の 診察代は おいくらですか。
きょう　しんさつだい

코ー노　신사쯔다이와　오이꾸라데스까

✺ 내일 또 와야 합니까?

2216 明日、また 来なければなりませんか。
あした　　　　こ

아시따　마따　고나께레바 나리마셍까

✺ 선생님, 고맙습니다.

2217 先生、ありがとうございます。
せんせい

센세ー　아리가또ー 고자이마스

Unit5 입·퇴원할 때

✺ 어머니는 병이 재발해서 입원했습니다.

2218 母は 病気が 再発して 入院しました。
はは　びょうき　さいはつ　　にゅういん

하하와 뵤ー끼가　사이하쯔시떼　뉴ー인시마시따

✺ 입원에는 어떤 수속이 필요합니까?

2219 入院には どんな 手続きが 必要でしょうか。
にゅういん　　　　　てつづ　　ひつよう

뉴ー인니와　돈나　데쓰즈끼가　히쯔요ー데쇼ー까

✺ 가능하면 개인실이 좋겠는데요.

2220 できれば 個室が いいのですが。
こしつ

데끼레바　고시쯔가　이ー노데스가

큰 병실도 괜찮습니다.

大部屋で 結構です。
おお べ や　　けっこう

오-베야데　겟꼬-데스

❀ 수술 전에 어느 정도 입원해야 합니까?

2222 手術の前に どのくらい 入院してないと いけませんか。
しゅじゅつ まえ　　　　　　　　　にゅういん

슈쥬쯔노 마에니　도노쿠라이　뉴-인시떼 나이또　이께마셍까

❀ 오늘은 몇 시에 선생님에게 진찰을 받을 수 있습니까?

2223 今日は 何時に 先生に 診ていただけますか。
きょう　　なんじ　　せんせい　　み

쿄-와　난지니　센세-니　미떼 이따다께마스까

❀ 퇴원은 언제 됩니까?

2224 退院は いつになりますか。
たいいん

타이잉와　이쯔니 나리마스까

Unit6　병문안할 때

❀ 입원환자 병동은 어디에 있나요?

2225 入院患者病棟は どこでしょうか。
にゅういんかんじゃびょうとう

뉴-잉칸쟈뵤-또-와　도꼬데쇼-까

❀ 외과병동은 몇 호실입니까?

2226 外科病棟の 何号室ですか。
げ か びょうとう　　なんごうしつ

게까뵤-또-노　낭고-시쯔데스까

❀ 이 병원의 면회시간을 알고 싶은데요.

2227 この病院の 面会時間を 知りたいのですが。
びょういん　　めんかい じ かん　　し

고노 뵤-인노　멩까이 지깡오　시리따이노데스가

오늘은 몸이 어때요?

2228
今日の具合は どうですか。
쿄-노 구아이와 　　　도-데스까

생각보다 훨씬 건강해 보이네요.

2229
思ったより ずっと 元気そうですね。
오못따요리 　　즛또 　　겡끼소-데스네

※思(おも)ったより 생각보다, 생각했던 것보다

꼭 곧 건강해질 겁니다.

2230
きっと すぐ 元気になりますよ。
깃또 　　스구 　　겡끼니 나리마스요

무엇이든 편히 생각하고, 느긋하게 마음먹으세요.

2231
何でも 気楽に 考えて、ゆったりしてください。
난데모 　　기라꾸니 　강가에떼 　윳따리시떼 구다사이

굳게 마음먹고 병과 싸워 이기세요.

2232
しっかりして 病気に 負けないでください。
식까리시떼 　　뾰-끼니 　　마께나이데 구다사이

아무쪼록 몸조리 잘 하세요.

2233
くれぐれも お大事に。
구레구레모 　　오다이지니

※병문안 갔을 때 환자에게 하는 인사 표현이므로 잘 익혀 두자.

일본은 우리보다 앞서 의약분업이 실시된 나라로 의사의 진단이 없이는 약을 함부로 조제받을 수 없다. 따라서 몸이 아플 때는 병원에 가서 의사의 처방전을 받아 약국에서 구입해야 한다.

여기서 조제해 줍니까?
2234
こちらで 調剤_{ちょうざい}してもらえますか。

고찌라데　쵸-자이시떼 모라에마스까

이 처방전으로 조제해 주세요.
2235
この処方_{しょほう}せんで 調剤_{ちょうざい}してください。

고노 쇼호-센데　쵸-자이시떼 구다사이

몇 번 정도 복용하는 겁니까?
2236
何回_{なんかい}くらい 服用_{ふくよう}するのですか。

낭까이 쿠라이　후꾸요-스루노데스까

한 번에 몇 알 먹으면 됩니까?
2237
一回_{いっかい}に 何錠_{なんじょう} 飲_のめば いいですか。

익까이니　난죠-　노메바　이-데스까

진통제는 들어 있습니까?
2238
痛_{いた}み止_どめは 入_{はい}っていますか。

이따미도메와　하잇떼 이마스까

Unit8 약을 구입할 때

일본은 간단한 약을 사는 데도 의사의 처방이 있어야 할 경우가 많으므로 상비약을 준비하여 가도록 하며, 지병이 있는 경우에는 한국 의사의 소견서를 가지고 가는 게 좋다.

이건 복통에 듣습니까?

2239
これは 腹痛に 効きますか。
고레와 후꾸쓰-니 기끼마스까

※頭痛(ずつう) 두통, 腰痛(ようつう) 요통, 歯痛(しつう) 치통

감기약은 있습니까?

2240
風邪薬は ありますか。
가제구스리와 아리마스까

※風(かぜ)を引(ひ)く 감기에 걸리다

변비에는 무엇이 좋을까요?

2241
便秘には 何が いいでしょうか。
벰삐니와 나니가 이-데쇼-까

이 약으로 통증이 가라앉을까요?

2242
この薬で 痛みが とれますか。
고노 구스리데 이따미가 도레마스까

피로에는 무엇이 잘 듣습니까?

2243
疲れ目には 何が 効きますか。
쓰까레메니와 나니가 기끼마스까

바르는 약이 필요한데요.

2244
塗り薬が ほしいのですが。
누리구스리가 호시-노데스가

안약이 필요한데요.

目薬が ほしいのですが。

메구스리가 호시-노데스가

살갗이 튼 곳에 잘 듣는 약은 없습니까?

ひびに効く 薬は ありませんか。

히비니 기꾸   구스리와 아리마셍까

이 약은 나에게는 듣지 않습니다.

この薬は 私には 効きません。

고노 구스리와 와따시니와 기끼마셍

붕대와 탈지면을 주세요.

包帯と 脱脂綿を ください。

호-따이또 닷시멩오   구다사이

거즈와 반창고를 주세요.

ガーゼと 絆創膏を ください。

가-제또   반소-꼬-오 구다사이

소형 구급상자를 주세요.

小型の救急箱を ください。

고가따노 규-뀨-바꼬오 구다사이

무조건 따라하면 통하는
일상생활 영어 여행회화 365

이원준 저 | 128*188mm | 368쪽
14,000원(mp3 파일 무료 제공)

무조건 따라하면 통하는
일상생활 일본 여행회화 365

이원준 저 | 128*188mm | 368쪽
14,000원(mp3 파일 무료 제공)

무조건 따라하면 통하는
일상생활 중국 여행회화 365

이원준 저 | 128*188mm | 368쪽
14,000원(mp3 파일 무료 제공)

무조건 따라하면 통하는
일상생활 베트남 여행회화 365

FL4U컨텐츠 저 | 128*188mm | 368쪽
14,000원(mp3 파일 무료 제공)

가장 알기 쉽게 배우는
바로바로 영어 독학 단어장
이민정, 장현애 저 | 128*188mm
324쪽 | 14,000원(mp3 파일 무료 제공)

가장 알기 쉽게 배우는
바로바로 일본어 독학 단어장
서지위, 장현애 저 | 128*188mm
308쪽 | 14,000원(본문 mp3 파일 무료 제공)

가장 알기 쉽게 배우는
바로바로 중국어 독학 단어장
서지위, 장현애 저 | 128*188mm
324쪽 | 14,000원(본문 mp3 파일 무료 제공)

가장 알기 쉽게 배우는
바로바로 베트남어 독학 단어장
FL4U컨텐츠 저 | 128*188mm
324쪽 | 14,000원(본문 mp3 파일 무료 제공)

가장 알기 쉽게 배우는
바로바로 프랑스어 독학 단어장
김정란 저 | 128*188mm | 328쪽
14,000원(본문 mp3 파일 무료 제공)

가장 알기 쉽게 배우는
바로바로 독일어 독학 단어장
양혜영 저 | 128*188mm | 324쪽
14,000원(본문 mp3 파일 무료 제공)

탁상용 1일 5분 영어 완전정복

이원준 엮음 | 140*128mm | 368쪽
14,000원(mp3 파일 무료 제공)

탁상용 1일 5분 일본어 완전정복

야마무라 지요 엮음 | 140*128mm | 368쪽
14,000원(mp3 파일 무료 제공)

탁상용 1일 5분 중국어 완전정복

최진권 엮음 | 140*128mm | 368쪽
14,000원(mp3 파일 무료 제공)